高 等 职 业 教 育 教 材

YAOPIN SHICHANG
YINGXIAO JISHU

药品市场营销技术

第二版

2

THE SECOND EDITION

刘黎红　乔昂子　主编

化学工业出版社

·北京·

内容简介

《药品市场营销技术》(第二版)以药品营销岗位(药店营业员、医药销售专员等)工作为依据,以项目为载体,按照其典型工作内容设计项目和任务内容,设计了医药流通市场认知、医药营销人员基本能力与素质训练、面向药店进行药品营销、面向医院进行药品营销、面向消费者进行药品营销、药品线上营销六个项目。每个项目都设计了教学导航、项目小结及多个具体任务;每个任务都设计了任务引入、基本知识、任务实施、课后作业等内容。教材内容紧紧围绕岗位所需要的职业知识与技能,体现了理论实践一体化的高职教材特色。

本书不但可以作为高等职业院校药品经营与管理专业的教材,还可以作为医药生产企业销售岗位人员及药品经营企业从业人员的培训用书。

图书在版编目(CIP)数据

药品市场营销技术 / 刘黎红,乔昂子主编. — 2 版. —北京:化学工业出版社,2024. 10. — ISBN 978-7-122-46662-4

Ⅰ. F763

中国国家版本馆 CIP 数据核字第 2024W20139 号

责任编辑:王 芳 于 卉　　文字编辑:李 双 刘 璐
责任校对:宋 玮　　　　　装帧设计:王晓宇

出版发行:化学工业出版社
　　　　　(北京市东城区青年湖南街 13 号　邮政编码 100011)
印　　装:河北延风印务有限公司
787mm×1092mm　1/16　印张 15¾　字数 355 千字
2025 年 3 月北京第 2 版第 1 次印刷

购书咨询:010-64518888　　　售后服务:010-64518899
网　　址:http://www.cip.com.cn
凡购买本书,如有缺损质量问题,本社销售中心负责调换。

定　　价:46.00 元

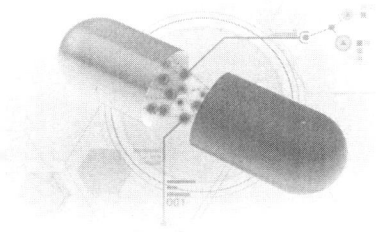

在两票制、"4＋7"带量采购等医药改革的推动下，传统营销模式逐渐向学术营销模式转变，对医药营销人员的要求也越来越高。

本教材在第一版的基础之上，依据教育部关于"以工作分析为依据，以项目、任务、活动、案例等为载体编写教材"的相关文件要求，对教材内容进行了项目化改造。同时根据国家两票制、"4＋7"带量采购等方面的改革，对相关内容进行了更新。本教材的特点如下：

① 教材是以药品营销岗位（药店营业员、医药销售专员等）工作为依据，以项目为载体、任务为驱动的项目化教材。

② 理论与实践相结合：通过实际项目任务来引导学生学习和实践，更加符合实际工作场景，学生不仅可以掌握相关理论知识，还可通过实践操作巩固和应用所学知识。

③ 校企合作编写：本教材由长春职业技术学院等院校与上海通量信息科技有限公司、修正药业合作编写，教材内容更加贴近企业实际需求。

本书共设计了六个项目，项目一由江苏师范大学乔昂子编写，项目二由河北化工医药职业技术学院赵璇编写，项目三由长春职业技术学院刘黎红编写，项目四由长春职业技术学院邵佳甲编写，项目五由上海通量信息科技有限公司张凌辉编写，项目六由北京农业职业学院王黎霞编写。吉林职业技术学院贺帅负责全书数字资源的美化和审读。刘黎红负责全书的编写组织与统稿工作。

本书在修订过程中，得到了上海通量信息科技有限公司、北京欧倍尔软件技术开发有限公司、修正药业等企业的大力支持，在此向有关专家、老师及樊友林总经理表示衷心的感谢。由于编者水平有限，书中难免有不当与疏漏之处，恳请广大读者批评指正。

编者
2024 年 5 月

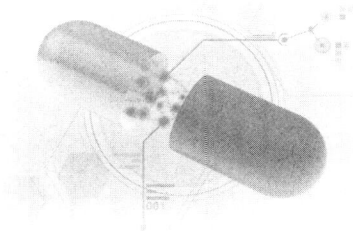

医药流通市场认知

教学导航

学习目标	知识目标： 1. 了解医药行业与医药流通市场 2. 掌握药品营销渠道的组成和类型 3. 掌握药品市场营销宏观环境及微观环境影响因素 4. 了解药品营销人员的岗位设置情况 5. 熟悉药品营销人员的分类和岗位职责
	能力目标： 1. 能够选择和初步设计药品营销渠道 2. 能够制定药品营销人员的主要岗位职责 3. 能够查阅药品流通市场行政监管的法律法规和文件
	素质目标： 1. 具有较强的心理承受能力及自我调节能力 2. 具有较强的自我学习能力 3. 具备勤劳的工作作风及爱岗敬业的工作精神 4. 具有良好的团队意识 5. 具有良好的遵纪守法意识
学习重点	1. 药品营销渠道 2. 医药市场营销环境分析 3. 药品营销人员的岗位职责
学习难点	1. 药品营销渠道 2. 医药市场营销环境分析
教学方法	案例分析法、角色扮演法、小组讨论法
建议学时	8 学时

任务 1　医药市场现状及发展趋势分析

🌐 任务引入

王明从学校毕业后到一家医药公司实习，充满希望要做一名 OTC（非处方药）代表。可是刚开始他一头雾水不知从哪里着手，他的师傅告诉他，首先必须了解医药行业与医药流通市场。

📖 基本知识

一、医药行业与医药流通业

1. 医药行业

医药行业是与医药相关的生产、营销与服务行业的总和，可以划分为：化学原料药及制剂、中药材、中药饮片、中成药、抗生素、生物制品、生化药品、放射性药品、医疗器械、卫生材料、制药机械、药用包装材料及医药商业。其中行业规模排名前列的为化学制剂药、化学原料药、中成药、生物制品、卫生材料和中药饮片等。医药行业在保护和增进人民健康、提高生活质量、计划生育、救灾防疫、军需战备以及促进经济发展和社会进步方面均具有十分重要的作用。医药行业是世界上公认的最具发展前景的国际化高技术产业之一，也是世界贸易增长最快的朝阳行业之一。

2. 医药流通业

流通业是指商品从生产者到消费者一切流通贸易关系的总和，包括商流、物流、信息流、资金流。医药流通业是连接上游医药生产企业和下游零售终端承上启下的中间环节。中国医药流通业有三个环节：医药批发企业、医药零售企业和医院门诊药房。

二、医药流通市场类型

1. 按医药产品类别划分

分为药品市场、医疗器械市场、保健品市场。

（1）药品市场　按照药品来源分为化学制药、中药、生物制药市场；按照药品功能分为抗生素类心脑血管、呼吸系统、消化系统、血液系统等药品市场；从药品使用安全管理角度分为处方药市场、非处方药市场；按药品使用范围和支付方式分为国家基本药物、基本医疗保险药物、自费药物市场。

（2）医疗器械市场　根据使用安全性分为一、二、三类医疗器械。第一类为通过常规管理足以保证其安全性、有效性的医疗器械；第二类为对其安全性、有效性应当加以控制的医疗器械；第三类用于植入人体或支持、维持生命，对人体具有潜在危险，对其安全性、有效性必须严格控制的医疗器械。

（3）保健品市场　可分为一般保健食品、保健药品、保健化妆品、保健用品等。保健食品具有食品性质，如茶、酒、蜂制品、饮品、药膳等，对色、香、形、质有要求，一般在剂量上无要求；保健药品具有营养性、食物性、天然药品性质，应配合治疗使用，有用法用量要求，带"健"字批号；保健化妆品具有化妆品的性质，有局部小修饰、透皮吸收、外用内效等作用，如霜膏、漱口水等；保健用品具有日常生活用品的性质，如健身器、按摩器等。

2. 按购买者及购买目的划分

分为医药消费者市场和医药组织市场。医药消费者市场是由最终购买医药产品的消费者组成的，购买目的是满足个人或家庭的消费；医药组织市场是由购买医药产品的医药企事业单位组成的，购买目的是生产、销售或服务。因此，医药消费者市场需求是最根本的，医药组织市场的需求是根据消费者市场的需求派生出来的。

3. 按营销区域划分

分为国际、国内市场。国内市场分为城市、农村、城乡接合市场。

4. 按商品流通环节划分

分为药品批发市场、药品零售市场。药品零售市场包括实体药店和网上药店。

三、医药流通市场中的药品

1. 药品的定义

我国对药品的定义是：是指用于预防、治疗、诊断人的疾病，有目的地调节人的生理机能并规定有适应证或者功能主治、用法和用量的物质，包括中药材、中药饮片、中成药、化学原料药及其制剂、抗生素、生化药品、放射性药品、血清、疫苗、血液制品和诊断药品等。

世界卫生组织对药品的定义是：任何治疗、缓解、预防或诊断人和动物的疾病、身体异常或症状的，或者恢复、矫正或改变人或动物的器官功能的单一物质或混合物。

一般，"医药市场营销"中所指的药品是医药商品或医药产品的总称。

2. 药品自身的特殊性

药品是人们用来防病治病、康复保健、计划生育的特殊商品。它直接关系着每一个人的身体健康和生命安危，关系到千家万户的幸福与安宁，所以说它是特殊商品。其特殊性主要表现在如下几方面：

① 药品作用具有两重性，药品可以防病治病、康复保健，但多数药品又有不同程度的毒副作用。

② 药品具有很强的专用性，若滥用药物就很可能造成中毒或产生药源性疾病。

③ 药品质量具有重要性，药品符合质量标准要求，才能保证疗效，不符合标准要求，则意味着疗效得不到保证。

④ 药品具有限时性，药品是治疗疾病的物质，根据其药效和安全性，药品有一定的有效期。这就要求药品生产、经销部门及医疗卫生单位对药品要有适当的储备数量。

⑤ 药品等级具有一致性，药品只有合格与不合格之别，凡不合格的药品绝不能出厂、销售和使用，否则，就是违法。

⑥ 药品质量监督管理要求有很强的科学性。

3. 药品流通的特殊性

医药流通市场就是医药商品经销、物流与仓储的市场。药品作为特殊商品，在流通过程中至少会表现出以下四个特殊性。

（1）无法完全替代性　药品不同于其他普通商品，同类药品在使用时无法完全替代。换言之，药品在使用方面具有非常明显的专用性。

（2）效用的两重性　使用不当或缺乏监管，就会危害人的身体健康甚至威胁生命，增加社会的不稳定因素。

（3）消费信息不对称　患者虽然是购买主体，但药品购买的选择权被拥有专业优势的医务人员掌握，患者不可能因为药价高或药量大而拒绝购买，因而相对被动。

（4）需求的价格弹性弱　药品价格的上涨对其市场需求量变动的影响甚微，药品价格即使虚高数倍，消费需求也不会因此同比例减少。

药品的上述特殊性质，迫切要求它在流通过程中，必须将其安全性、有效性、专用性放在首位，而不是其盈利性和商品性。

四、医药流通市场发展趋势

1. 转型升级将成为行业发展新常态

我国已全面建成小康社会，随着中国式现代化建设步伐的加快，人民生活水平的不断提高，老龄化社会的到来，医改的深化，大健康产业的发展，医药市场容量将继续释放。无论大型还是中小微企业，或是从业人员，都将抓住市场机遇，集中优势资源完善网络布局，构建贴近医疗保健需求个性化、服务便利化的新业务组合，强化内部管理做好外部服务，完善药品供应链安全高效管理，把实现转型升级作为新常态。

2. 医改新政推进行业结构调整提速

"三医联动"系列改革持续深化（"三医联动"——医保体制改革、卫生体制改革与药品流通体制改革联动），招标新政、医保控费、集中采购、药价放开、市场监管趋严等政策，将会对医药市场产生重大影响。虽然药品市场刚性需求仍将持续，但药品临床需求及零售市场销售已进入"量增利减"阶段。企业应加速组织结构、经营结构及品种结构的调整，创新药品经营和服务模式，转变发展方式，练好内功，增强适应能力和盈利能力。

> **实例**
>
> ## 药房托管
>
> "药房托管"就是指医院药房在所有权不发生变化的前提下，医疗机构（主要为医院）通过契约形式，将其交给具有较强经营管理能力并能承担相应风险的医药企业，进行有偿的经营和管理。作为"医药分开"的过渡模式，有的省份已经出台《关于加强全省公立医院药房托管工作管理的指导意见（试行）》，为革除"以药养医"诟病做出改革尝试。

3. 信息技术应用快速推动行业发展转型

现代信息技术的应用将改变医药流通企业与上下游企业之间的关系，加速医药供应链之间的战略合作，拓宽药品流通渠道，提升流通效率，降低流通成本，重构药品流通行业供应链服务管理新格局。传统药品流通企业将抓住时机加速转型，应用先进互联网技术构建网络化、智能化、个性化、协同化的利益相关方供应保障生态体系，加速互联网与大健康产业的深度融合，拓展业务链，实现转型、创新发展。

4. 药品流通行业已进入"互联网＋""大数据""AI"新的发展时期

在国家"互联网＋"战略推动下，医药电商潜在发展空间巨大。未来医药电商的跨界融合与发展将是行业服务模式转型的关键。医药互联网发展将促进健康产业的生态发展，构筑全新的药品流通行业智慧健康生态圈。企业将改变医药电商以流量为中心的传统模式，其应用模式由电脑端逐步转向移动客户端，推动医疗健康大数据的应用，提高行业服务能力和管理水平，改变行业的竞争格局。

> **实例**
>
> ## 医药电商
>
> "医药电商"是指以医疗机构、医药公司、银行、医药生产商、医药信息服务提供商、第三方机构等以营利为目的的市场经济主体，凭借计算机和网络技术（主要是互联网）等现代信息技术，进行医药产品交换及提供相关服务的行为。

5. 资本市场将促进药品流通行业实现跨越式发展

资本市场比以往更加关注药品流通行业，影响药品流通企业的运行。资本市场将以并购方式对药品流通企业资源集中占据；以互联网方式对传统药品流通商业模式进行改造，对消费者需求准确把握，稳步实现行业转型升级，促进药品流通行业效率的快速提升。

实例

PBM 与 GPO

医保控费需求对医药工业而言压力较大，但也会催生出药品福利管理（PBM）、药品集中采购组织（GPO）等医药领域新业态。医院的药品收入通常占比达到四五成。而支付方式如果改成总额预付后，药品就从收入项转变为成本项，商业公司 PBM、GPO 等新模式符合未来行业的趋势。借助于这两大模式，医药商业公司可以扩大正常配送市场份额，也可以通过从降低的药品成本中抽成，提升利润率，未来医药商业公司价值有望进一步提升。

⊕ 任务实施

‹ 任务目标 ›

掌握药品市场细分标准和方法，对药品市场进行细分。

‹ 任务描述 ›

某医药生产企业在进行新产品生产之前，要对这一新药品整体市场进行细分，通过划分出各细分子市场，从而确定企业所要进入的目标市场。现以感冒药市场、补血产品市场、降压药市场为例，请各组同学为这三个市场选择合适的市场细分标准和方法进行细分。

‹ 任务准备 ›

1. 教师前一节课布置本实训任务。

2. 学生课后按要求查找资料，集体讨论、分析。

3. 教师按所要求时间考核学生完成情况。

（1）将全班同学分组，每组 6～8 人，学生在讲台上陈述自己的观点。

（2）课后要求每组同学上交书面观点。

4. 学生课堂陈述后，教师针对完成情况做口头评价；对于学生书面观点，教师做书面评语。

‹ 任务实施步骤 ›

第一步：医药市场类型分析、不同药品市场特点分析。

以组为单位，每组选派一名代表，以 PPT 的形式，向大家介绍一种药品市场特点。

第二步：讲述本组市场细分标准与方法，并说明理由。

根据本组对药品市场的调查与分析，阐述自己对某一类药品市场所采用的细分标准和方法，并说明理由。

第三步：思考与点评。

通过各小组的阐述，分析不同市场应采用的标准和方法。大家讨论与交流，思考小组分析是否到位，还需进行哪些补充与完善，对于这种类型的药品市场，是否还有更好的细分标准与方法。

第四步：点评与交流。

针对各组阐述，全班讨论与交流自己的想法与收获。

◁ 任务评价标准 ▷

教师明确任务目的和要求，适时指导，学生分组自主组织开展；任务结束后，进行总结交流，师生共同评价工作成果，考核内容如表 1-1 所示。

表 1-1　任务评价表

考核项目	考核标准	配分	得分
市场细分标准	每类药品市场细分因素选择正确,资料充分	30 分	
市场细分方法	每类药品市场细分方法选择正确,资料充分	30 分	
实验报告	表达较有条理,认真、具体	20 分	
团结协作	组内成员分工合理、团结协作	20 分	
合计		100 分	

◁ 完成任务提示 ▷

1. 细分市场应可衡量。它的规模能定量地测定，也有明晰的界限，这样才能有效地针对不同细分市场制定营销组合。

2. 细分市场应可进入。即指产品和服务能够进入该细分市场，从而占有一定的市场份额。

3. 细分市场应可盈利。应具有一定的规模和消费能力。

4. 细分市场应具有稳定性。变化太快，会造成营销宣传活动前后脱节和被动的局面。

5. 细分市场应具有差异性。对同一种宣传方式，不同细分市场应有不同的反应，否则，就没有必要进行细分了。

✎ 课后作业

一、名词解释

1. 药品　2. 医药流通市场

二、填空

1. 医药流通市场类型按医药产品类别划分为＿＿＿＿＿＿＿、＿＿＿＿＿＿＿、

＿＿＿＿＿＿＿。

2. 药品作为特殊商品，在流通过程中至少会表现出以下四个特殊性：＿＿＿＿＿＿＿、

＿＿＿＿＿＿＿、＿＿＿＿＿＿＿、＿＿＿＿＿＿＿。

三、简答题

1. 药品自身的特殊性主要表现在哪些方面？

2. 医药流通市场发展趋势如何？

药品营销渠道设计

📶 任务引入

王明在一家医药公司经过一段时间的实习，对医药行业与医药流通市场有了初步了解。接着公司把他分配到销售部实习，让他跟着李师傅学习药品营销渠道。李师傅派他与其他实习生一起做市场调研，了解制药企业一般有哪些营销渠道模式，并根据调研情况设计公司现在的营销渠道。他该怎么做呢？

📖 基本知识

一、药品营销渠道的概念

在商品生产条件下，药品生产企业生产的药品，不是为了自己消费，而是为了满足医疗保健市场的需要。只有通过市场流通过程，才能实现价值，保证药品生产企业再生产过程顺利进行。

药品营销渠道（也称药品分销渠道）就是指药品的市场销售渠道，渠道的起点是药品生产企业，终点是患者，中间环节由一系列的市场中介机构或个人组成。

药品分销渠道有两层含义：一是指药品实体从制药企业到患者手中的运输、储存过程，反映的是药品实体运动的空间路线；另一层含义是指把药品从生产企业送到患者手里的所有经营环节或经营机构，如大中小型医药批发公司、药品零售连锁药房、医院药房等，反映出药品价值形态变化的经济过程。企业的分销渠道策略就是对这两层含义所涉及的内容进行决策。

二、药品营销渠道的流程及功能

1. 药品营销渠道的流程

药品营销渠道的流程主要有实体流程、所有权流程、信息流程及促销流程（图 1-1）。

（1）实体流程　是指实体原料及成品从制造商转移到最终顾客的过程。在药品分销渠道中表现为：原、辅材料等从供应商运送到仓储企业，然后被运送到药品生产商的工厂制成药品。成品药品也须经过仓库仓储，然后根据商业客户（代理商）订单运交商业客户（代理商），再运交医院或药店等零售企业，最后再送到患者手中。

（2）所有权流程　是指货物所有权从一个分销机构到另一个分销机构的转移过程。在药品分销体系中，原、辅材料的所有权由原料供应商转移给制药企业，药品所有权则由制药企业转移到商业客户（代理商），而后转到医院、药店，最后到达患者手中。

（3）信息流程　是指在药品分销渠道中，各分销机构间相互传递信息的过程。

（4）促销流程　是指广告、人员推销、宣传报道、促销等活动由一单位对另一单位施加影响的过程。促销包括原料供应商向药厂推销其品牌及产品，药厂向商业客户推销其品牌及产品（称之贸易促销）等。药厂还可委托广告商向最终顾客推销自己的品牌及产品以便影响商业客户购买其药品（称之最终使用者促销）。

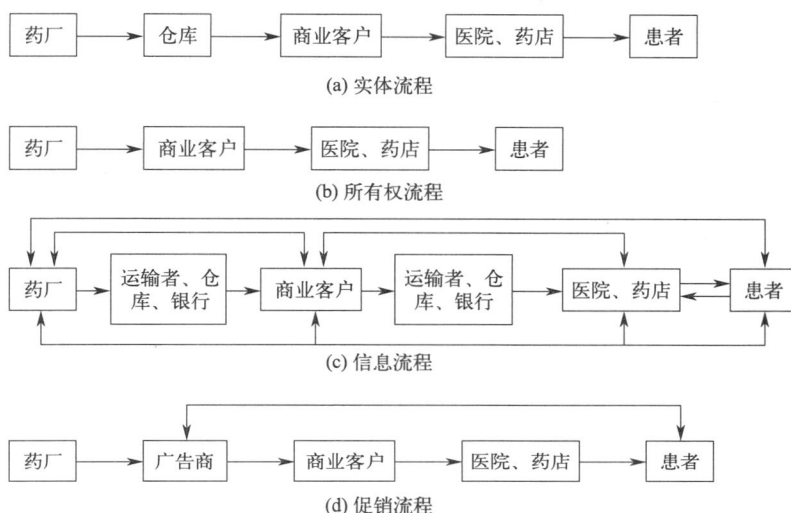

```
┌────┐   ┌────┐   ┌──────┐   ┌────────┐   ┌────┐
│药厂│──▶│仓库│──▶│商业客户│──▶│医院、药店│──▶│患者│
└────┘   └────┘   └──────┘   └────────┘   └────┘
              (a) 实体流程
```

```
┌────┐   ┌──────┐   ┌────────┐   ┌────┐
│药厂│──▶│商业客户│──▶│医院、药店│──▶│患者│
└────┘   └──────┘   └────────┘   └────┘
              (b) 所有权流程
```

```
┌────┐  ┌────────┐  ┌──────┐  ┌────────┐  ┌────────┐  ┌────┐
│药厂│◀▶│运输者、仓│◀▶│商业客户│◀▶│运输者、仓│◀▶│医院、药店│◀▶│患者│
│    │  │库、银行 │  │      │  │库、银行 │  │        │  │    │
└────┘  └────────┘  └──────┘  └────────┘  └────────┘  └────┘
              (c) 信息流程
```

```
┌────┐   ┌──────┐   ┌────────┐   ┌────────┐   ┌────┐
│药厂│──▶│广告商│──▶│商业客户│──▶│医院、药店│──▶│患者│
└────┘   └──────┘   └────────┘   └────────┘   └────┘
              (d) 促销流程
```

图 1-1　药品营销渠道流程中各成员关系

2. 药品营销渠道的功能

（1）药品的销售与促销　开发和传播有说服力的供应商消息。好的商业客户能建立合理的分销渠道，以促进产品的销售，并改善产品质量，使企业的产品能够快速到达目标人群。

（2）整买零卖　达成有关价格以及其他方面的协议，完成所有权或使用权的转换。

（3）仓储与运输　运输和储存货物。药品进入商业客户或销售渠道等环节的仓库，是药厂仓储和货物配送功能的延伸，减少了药厂直接销售时租赁仓储的开支。

（4）融资功能　获得和使用资金，补偿分销渠道的成本。从财务上来看，赊销对药厂来说意味着投资，对商业客户来说就意味着融资。很多大药厂都在控制在外货款，有的干脆实行款到发货，以避免投资风险，减少坏账的生成。

（5）承担风险　承担渠道工作中的风险。如果企业将药品供给商业客户，又及时收回货款，可避免医院拖欠货款的风险，也就是说商业客户承担了药厂的风险。当然，药品价格涨落时的滞后效应，也会产生风险承担问题，一般按双方协议规定或协商解决。

（6）信息沟通　收集和发布营销环境中相关者和相关因素的市场研究和情报信息，用于制订计划和帮助调整。搜集信息及进行信息传递的功能一般随着销售渠道的形成而形成。

三、药品营销渠道的类型

现代的分销渠道系统都是渠道成员之间采取不同程度的一体化经营或联合经营而形成的

分销渠道系统。一方面，大公司为了控制和占领市场，实行集中和垄断，往往采取一体化经营或联合经营的方式。另一方面，广大中、小批发商和零售商为了在激烈竞争中求生存与发展，也往往走联合经营的道路。在这种渠道中，各层次的成员之间形成一种更密切的联系。

现代分销渠道系统主要有四种。

1. 垂直销售渠道系统

垂直销售渠道是由制造商、批发商和零售商形成的专业化统一体，它们协商行动，形成专业化管理与集中性控制的网络，实现规模经营，并与传统销售渠道系统进行有效的竞争。这种垂直销售渠道在一些发达国家已成为药品市场的主要分销形式，也是我国药品分销渠道发展的主要趋势。垂直销售渠道系统和传统销售渠道的比较见图 1-2，不同产品垂直销售渠道的比较见图 1-3。

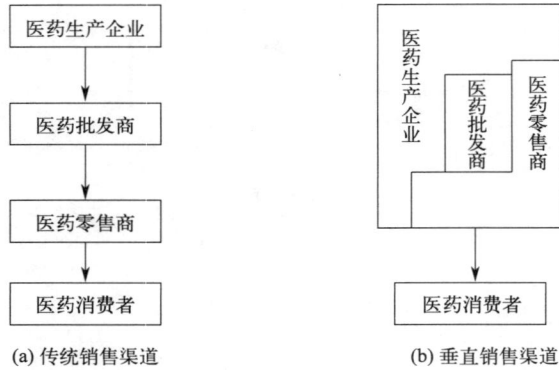

(a) 传统销售渠道 　　　　(b) 垂直销售渠道

图 1-2　垂直销售渠道和传统销售渠道的比较

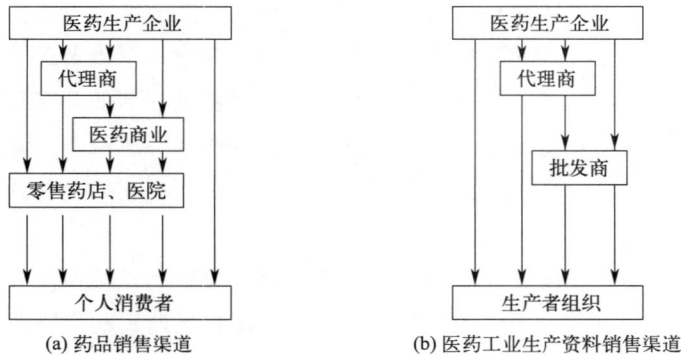

(a) 药品销售渠道 　　　　(b) 医药工业生产资料销售渠道

图 1-3　不同产品垂直销售渠道的比较

根据系统中成员结合方式的不同，垂直销售渠道系统又可分为三种主要类型：

(1) 公司式垂直销售渠道系统　是指整个销售渠道的所有部分都为一个公司所有，且整个销售渠道系统中的所有管理职能由一个公司来完成。这种销售系统的重要特点就是拥有系统所有权的公司统一管理一系列工厂、批发机构和零售机构，控制渠道的若干层次甚至整个销售渠道，容易实现对系统的协调与控制。这种系统又分为："工商一体化"经营，以工业为主营；"商工一体化"经营，以商业为主营。

（2）管理式垂直销售渠道系统 这种渠道系统与传统的销售渠道系统类似，即销售渠道系统中各个成员是相互独立的。但不同点是系统中成员间的关系由对立变为合作，即共同协调、共同努力，使得整个渠道系统达到最大效益。一般来讲，是以系统中其他成员认可的、实力强、声誉好、管理先进、影响力大的一家企业为核心，周围拥有若干小企业，大企业为小企业提供某种特定的服务或支持，小企业愿意听从大企业的指挥。

（3）合同式垂直销售渠道系统（增值伙伴关系） 是指不同层次的独立的药品生产企业和中间商获得单独经营达不到的积极效益而以合同为基础建立的联营系统。联合体不是独立法人，而各成员是独立法人。

2. 水平销售渠道系统

水平销售渠道系统是指由两个以上独立渠道成员通过建立联合关系，统一它们的资源和计划来开发一个新的市场营销机会，或共同开拓一个新市场。采取这种联合，可以克服单个企业在资金技术、生产力等方面的不足，同时也可以减轻单个企业在开发新的市场机遇方面所承担的风险，以取得比单个企业经营更大的效益。这种销售渠道系统，可以分为暂时的松散型联合体和长期的固定型联合体。

3. 多渠道系统

随着市场经济的发展，我国医药企业的生产规模、产品数量和种类不断扩大。对于一个医药企业所生产的全部药品，如果只通过一种类型的销售渠道系统来销售，会因为不同药品销售特点的不同而产生问题，所以必须通过各种不同的销售渠道来共同销售。这种使用多种销售渠道来把自己的产品销售给同一或不同的细分市场的销售渠道系统，就叫多渠道系统。多渠道系统一般包括两种类型：第一种是医药生产企业通过两种或两种以上的竞争性分销渠道销售同一商标的药品，通过竞争提升效率；第二种是医药生产企业通过两种或两种以上分销渠道销售同一公司生产的不同品牌的差异性药品，扩大市场占有率，满足不同顾客的需求。

4. 网络营销系统

网络营销系统是指生产或经营企业通过互联网发布商品及服务信息，接受消费者和用户的网上订单，然后由自己的配送中心或直接由制造商邮寄或送货上门。它有两种模式。一种是企业之间的交易，称为B2B方式。它是一个将买方、卖方及中介机构如银行之间的信息交换和交易行为集合到一起的电子运作方式，这种方式交易的金额大，有严格的电子票据和凭证交换关系。另一种是企业与消费者之间的交易，称为B2C方式。消费者利用电子钱包可以在瞬间完成购物活动，足不出户就能买到世界上任何地方的药品。

总之，医药分销渠道系统的产生与发展，是要和整个社会经济发展水平相适应的。随着医药商品流通规模的扩大，市场供求矛盾不断转化，分销渠道系统也必须随之变化，各种更有效的分销渠道系统也就不断出现，以适应医药市场的迅速发展。

四、医药中间商

1. 医药中间商的概念

医药中间商是指处在分销渠道中间环节的市场中介机构或个人，即进行药品批发、零售或代理的专业公司，是联系药品生产企业和患者的中间环节。如图1-4、图1-5所示，如果3个药厂的药品要到达3位患者手中，没有中间商时需要9条路径。如果有中间商则只需3条，大大降低了药厂的销售成本。所以，药厂在药品销售中都要选择合适的中间商即商业客户。

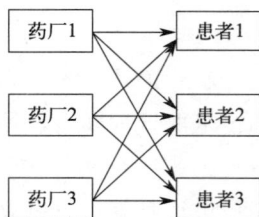

图1-4　没有中间商的销售途径　　　　　　　　图1-5　中间商建立后的销售途径

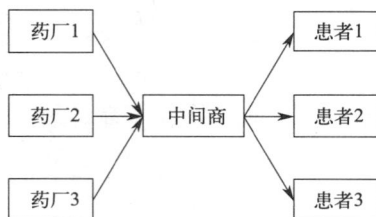

2. 医药中间商的类型

按其在流通中的作用地位不同，中间商可分为批发企业（批发商）、零售企业（零售商）、代理商和经销商等。

（1）药品批发企业（批发商）

① 药品批发企业和批发商的定义。《中华人民共和国药品管理法实施条例》对药品批发企业的定义是："药品批发企业是指将购进的药品销售给药品生产企业、药品经营企业、医疗机构的药品经营企业。"

药品批发商是处于医药商品分销渠道的中间环节，是医药商品分销渠道的重要组成部分。药品批发商经营的特点是成批购进和成批出售，它们并不直接服务于最终消费者。

② 药品批发企业的功能作用。一是降低药品销售中交易次数。这是指药品销售时，若由生产企业直接与零售商交易，其交易次数大大高于通过批发企业再销售与零售商的交易次数。

> **知识链接**
>
> ### 如何计算交易次数
>
> 交易次数可以通过以下方法计算。1000家药厂向5万家药房销售药品，每月交易一次，则交易次数为5000万次，每年为6亿次。若每天交易一次，则每年为180亿笔交易，这显然是办不到的。若改为通过250家药品批发公司与200家药房进行交易，1000家药厂每周与

250 家药品批发公司交易一次，每家药品批发公司每日与 200 家药房交易一次，每年折为 50 周、 260 个工作日，则交易次数为 2600 万。

1000（生产者）× 250（批发企业）× 50（周）+ 250（批发企业）× 200（药房）× 260（工作日）= 25500000（年交易次数）

因为每一次交易都有费用及一系列活动，减少交易次数就可减少费用和人力物力的投入，并可减少差错发生率。由此可见通过药品批发企业销售药品所产生的经济效益有多大。

二是集中与分散功能。药品批发企业在沟通产销的过程中，从各生产企业调集各种药品，又按照医院需要的品种、数量分散给药房，担任着繁重的集散各地各种药品的任务，起着调节供求的蓄水池作用。它们为药品生产企业服务，大批量购进药品，减少生产企业的库存。同时也为零售药房、医疗机构药房服务，使它们能就近、及时买到药品，并减少了药房库存费用。一般来说药房三分之二的资金受到购买和库存再销售的限制，库存周转率对药房经营影响很大。药房从邻近的药品批发商处购买药品，使提高库存周转率得以保证。药品批发企业的集中与分散（又被称为调配）的功能，是使药品价格增值的重要因素。

③ 药品批发企业的类型。一是商人批发商。商人批发商又称独立批发商，对其经营的药品拥有所有权，是批发商中最主要的部分，占 50%～60%。

二是大型制药企业的分销机构和销售办事处。制药企业的分销机构和销售办事处是制药企业自行经营其产品批发业务的独立商业机构。这种形式有利于企业掌握药品市场动态和加强药品促销活动。

（2）药品零售企业（零售商）

① 药品零售企业的概念。《中华人民共和国药品管理法实施条例》对药品零售企业的定义是："药品零售企业（简称零售商）是指将购进的药品直接销售给消费者的药品经营企业。"

零售商和批发商都是商品流通渠道的中间商，批发商是流通领域的起点或中间环节，零售商是流通环节的终端。二者根本不同之处是批发商的销售对象是零售商或另一批发商，而零售商的销售对象是最终消费者。

② 药品零售企业的类型。广义的药品零售机构，包括药品零售经营企业，又称零售药房，以及医疗机构药房（含医院药房、诊所药房及各种保健组织的药房）。零售药房和医疗机构药房不同之处是，前者为企业性质，要承担投资风险。后者是医疗机构的组成部分，不具法人资格，不承担投资风险。

a. 零售药房（社会药房）。零售药房是指直接向病人提供其所需的药品和保健服务的机构。一方面零售药房遍及城乡、数量众多，将成批的多品种药品拆零，供应给附近的病人，使病人可以很方便地买到所需的各种药品。另一方面，零售药房销售药品时，为病人提供服务，从药房的橱窗布置、药品宣传内容，到答复患者购药询问，记录患者购药记录卡等服务活动来看，不仅专业技术性强，而且对病人防病治病有很重要的作用。因此，零售药房与一般消费品零售商店不相同，是医疗保健系统的重要组成部分。

我国的零售药房包括如下四种。

一是零售药房和零售连锁企业。零售药房在我国药品零售业中占的比例很大。药品零售连锁企业由总部、配送中心和若干门店构成。总部是连锁企业经营管理的核心。配送中心是连锁企业的物流机构，只准向该企业连锁范围内的门店进行配送，不得对该企业外部进行批发、零售。门店按总部的制度、规范要求，承担日常药品零售业务，不得自行采购药品。

二是经营处方药、甲类非处方药的零售药店和经营乙类非处方药的零售药店（或零售点）。经营处方药、甲类非处方药的零售药店，必须配备执业药师或其他依法经资格认定的药学技术人员。经营乙类非处方药的零售药店，可以不配备执业药师，但应配备经县级或市级药品监督管理局组织考核的业务人员。

三是经营中药饮片的零售药店。这是指以调配中医处方为主的中药零售药店。这类药店应配备执业中药师，经依法认定资格的中药技术人员和资深老药工。

四是定点零售药店。是为城镇职工基本医疗保险参保人员提供处方外配服务的零售药店。处方外配是指参保人员持定点医疗机构处方，在定点零售药店购药的行为。定点零售药店必须配备执业药师或依法经资格认定的药学技术人员，具备及时供应基本医疗保险用药和24小时提供服务的能力。

零售药房与医院药房相比，具有以下特点。一是数量众多，分布很广。我国的药品零售经营企业有14万家左右，城乡到处都有药房、售药柜，使药品成为患者在防治疾病时最容易得到的物品。二是具有企业性质。一般来说，零售药房是在必须保证药品质量的前提下，为营利而进行自主经营的企业性质的经济组织。三是经营的品种较多，除处方药、非处方药外还销售保健用品。

b. 医院药房（医院药店）。在原先的医疗体制中，医疗、药品混在一起，形成"以药养医"的情况，造成医疗制度落后，与医药业的现状相脱离。国家《关于城镇医药卫生体制改革的指导意见》中明确指出，实行医药分开核算，分别管理。解决当前存在的以药养医问题，必须切断医疗机构和药品营销之间的直接经济利益联系。

医药卫生体制改革的目标是医药分家，即医药要分开核算，分别管理。医院开药店后药店实施独立核算，照章纳税，也就避免了医院对药品销售的垄断。有了医院药店，患者既能得到医生的诊断和处方，又能在医院不远处的医院药店就买到便宜的药。医院药店的出现，相互之间的竞争，促进了医院的医药改革，而医院的医药分开又可以进一步促进整个医药市场的发展。

③ 药品零售企业其他试点。为了适应市场服务大众，出现了新型药品零售企业：村级药品连锁专柜、汽车零售药店、药品平价大卖场等。

（3）药品代理商　是指与药品生产企业或供货商建立合作关系的商业组织或个人，它们通过合同或契约获得授权，在特定区域内代表制药企业销售其药品。药品代理商不直接拥有所销售药品的所有权，而是通过销售活动赚取佣金或利润。药品代理商是药品供应链中的一个重要环节，它们连接着药品生产企业和终端市场（如医院、药店、诊所等），通过专业的销售网络和营销策略，将制药企业的产品推向市场，满足患者的用药需求。药品代理商分为生产代理商、销售代理商和采购代理商三类。

（4）药品经销商　药品经销商是医药市场营销渠道中的一个广泛群体，利用经销商促进销售也是营销渠道中较为常见的营销模式。一般由生产企业负责市场开发，经销商负责产品的销售。借助经销商健全的销售网络，生产企业通过与之建立良好的合作关系，形成能够共存共荣的联合体，从而促进经销商完成生产企业在目标市场的销售目标。经销商也可通过其销售网络为生产企业搜集市场信息，及时地反馈给生产企业，以推动产品开发和技术改进。

药品代理商与经销商的主要区别如下。一是药品代理商只是受制药企业委托代理药品销售业务，但不拥有药品的所有权，而药品经销商拥有药品的所有权。二是药品代理商经营的是代销业务，所以无须垫付药品资金，但药品经销商要根据合同预先垫付部分资金，才能购进所经营的药品。三是药品代理商赚取的是委托销售的制药企业支付的代理费用，而药品经销商赚取的是药品购进与销出价之间的差额。四是药品代理商更偏重于某一领域的同类医药产品，如医疗器械代理商或者药品代理商，而药品经销商经营的产品种类更多，业务繁杂，可能医疗器械与药品同时经营。

🌐 任务实施

❮ 任务描述 ❯

十滴水是由樟脑、干姜、大黄、小茴香、肉桂、辣椒、桉油、乙醇等制成的一种暑湿类非处方药药品，具有健胃、祛风、清凉等功效，对于中暑所致头晕、恶心、腹痛、胃肠不适等症甚有良效，故又名"救急十滴水"。另外，十滴水不仅内服治疗暑湿，外用还可治痱子。在20世纪七八十年代，因其效果显著、价格低廉，广受消费者好评，其市场销量巨大。但随着科技的进步，十滴水那苦涩的味道、难闻的气味越发让消费者不再接受，而逐步被提纯度更高、味道相对好闻的新型产品藿香正气液、藿香正气胶囊、藿香正气水等产品代替，慢慢地淡出市场。难道效果好、价格便宜的十滴水真的就要从此退出市场吗？怎么才能帮助十滴水重新赢取市场呢？

❮ 任务目标 ❯

要使学生切实掌握药品营销的各类渠道，能切实感受营销渠道策略对企业营销的影响，能在传统营销落后的营销手段的基础上进行改进和完善，以更好地适应市场的需求与变化，为后续营销知识的学习奠定基础，同时提高学生的学习兴趣，逐步锻炼其查阅资料、独立分析问题、解决问题的能力以及语言表达能力。

❮ 任务准备 ❯

1. 分组，6～8人为一组，确定组长。

2. 看书或自查资料（如任务实施为1学时，可提前布置）。

3. 分组讨论，用时15分钟。

4. 组长总结发言，用时10分钟。

5. 分组发言、本组补充，其他组可以质疑、提问，用时10分钟。

◀ 任务实施步骤 ▶

第一步：查阅十滴水产品及了解市场资料。

第二步：根据查阅或了解到的信息对十滴水目前的营销渠道进行分析。

第三步：根据所学知识，结合对现代营销观念的理解，对十滴水目前营销渠道策略进行改进和完善。

第四步：小组选派代表结合市场调查以及查阅的资料，对本次任务实施进行汇报。

◀ 任务评价标准 ▶

教师明确任务目的和要求，适时指导，学生分组组织开展；任务结束后，进行交流，师生共同评价工作成果。考核内容如表 1-2 所示。

表 1-2　任务评价表

考核项目	考核标准	配分	得分
资料准备	能正确查阅相关资料	20 分	
分析原策略	能正确分析十滴水原营销策略	20 分	
策划新策略	能重新设计十滴水营销策略，无明显缺陷	20 分	
实践报告	能对实训内容进行良好汇报	20 分	
团结协作	组内成员分工合理、团结协作	20 分	
合计		100 分	

◀ 完成任务提示 ▶

1. 夏季是药店销售的淡季，但是我们不能坐视淡季而不动，应该考虑怎样做到淡季不淡。每年都要有 1～2 个星期的暑热天气，而近年夏季极热天气时间延长，药店按照药品经营质量管理规范要求进行温度管理，大厅、阴凉区都开着空调。这样每天都吸引一批人来到药店纳凉，其中有不少人购买药品。夏季，药店可以根据季节的特点进行销售布局，开设消暑降温专柜或专区，其中包含性价比较高的经典消暑降温药十滴水等。

2. 现代经济时代，互联网使营销渠道四通八达，不仅企业可通过网络将产品信息迅速传达给消费者，大大减少了销售环节，降低成本，而且消费者也可通过网络与厂家销售部门进行沟通。十滴水体积小，重量轻，快递方便，选择网络营销更便捷。

✎ 课后作业

一、名词解释

1. 药品分销渠道　2. 垂直销售渠道　3. 中间商

二、填空题

1. 药品营销渠道（也称药品分销渠道）就是指药品的_____渠道，渠道的起点是_____，终点是_____，中间环节由_____组成。

2. 药品分销渠道的流程有：＿＿＿＿＿＿＿＿、＿＿＿＿＿＿＿＿、＿＿＿＿＿＿＿＿、＿＿＿＿＿＿＿＿。

3. 现代分销渠道系统主要有：＿＿＿＿＿＿＿＿、＿＿＿＿＿＿＿＿、＿＿＿＿＿＿＿＿、＿＿＿＿＿＿＿＿。

三、简答题

1. 医药企业选择分销渠道时应考虑哪些因素？

2. 什么是垂直销售渠道系统？垂直销售渠道系统的主要形式有哪些？

3. 中间商的选择内容主要包括哪些？主要的选择标准包括哪些？

4. 试结合实际谈一谈医药企业应如何选择、创建、完善分销渠道。

任务3 药品营销环境分析

🌐 任务引入

王明跟着李师傅学习药品营销渠道，与其他实习生做了市场调研后回到公司开始撰写调研报告。他发现医药市场营销环境是影响企业营销活动的关键因素。医药市场营销环境是什么？主要因素有哪些？其中哪些因素是影响企业营销活动的关键？

📖 基本知识

市场营销环境泛指一切影响、制约企业营销活动的各种因素的总和。这些因素既广泛又复杂，不同的因素对营销活动各个方面的影响和制约也不尽相同，同样的环境因素对不同的企业所产生的影响和形成的制约也会大小不一。医药市场营销环境就是对医药企业营销活动产生影响和冲击的各种因素及社会力量的总和，是影响医药企业生存和发展的各种内外部条件的总和。根据医药企业的营销活动受制于营销环境的紧密程度划分，医药市场营销环境主要包括微观环境要素和宏观环境要素。

医药市场营销微观环境又称直接营销环境，即指与医药组织紧密相连，直接影响其营销能力的各部分参与者，这些参与者包括医药企业的供应商、营销中介、顾客、竞争者、公众和影响营销管理决策的企业内部各个部门。

医药市场营销宏观环境又称间接营销环境，是由一些大范围地间接影响医药企业营销活动的社会约束力量构成的，包括人口环境、经济环境、政治法律环境、科学技术环境、自然地理环境和社会文化环境等。

微观环境直接影响和制约企业的市场营销活动，而宏观环境主要以微观环境为媒介间接影响和制约企业的市场营销活动。微观环境受制于宏观环境，宏观环境通过微观环境对医药企业产生作用，其构成如图1-6所示。

图 1-6 企业市场营销环境构成

一、医药市场营销宏观环境

企业与它们的供应商、营销中介、顾客、竞争者和公众等，都在一个更大的宏观环境中运作，它们创造机会，也带来威胁。这些力量不可控制，但企业必须监测并对此作出反应。为了应对迅速变化的宏观环境，营销者必须监测六个主要的环境力量：人口、经济、政治法律、自然地理、科学技术、社会文化。

1. 人口环境

人口是构成市场的第一位因素。因为市场是由那些想购买商品同时又具有购买力的人构成的。因此，人口的多少直接决定市场的潜在容量，人口越多，潜在市场规模就越大。而人口的年龄结构、地理分布、婚姻状况、出生率、死亡率、人口密度、人口流动性及其文化教育等人口特性，会对市场格局产生深刻影响，并直接影响企业的市场营销活动和企业的经营管理。企业必须重视对人口环境的研究，密切注视人口特性及其发展动向，不失时机抓住市场机会，当出现威胁时，应及时、果断调整营销策略以适应人口环境的变化。

（1）人口数量与增长率对企业营销的影响　人口规模是指一个国家或地区人口数量的多少。人口增长率是指一个国家或地区人口出生率与死亡率的差，它反映了一个国家或地区人口增长速度的快慢。一个国家或地区的人口规模和增长率能够反映这个国家或地区市场规模的大小以及发展潜力。一般情况下，企业在决定投资方向和投资规模时，一定要考虑所进入市场人口数量的多少以及人口增长速度的快慢。

世界人口的增长有 80％集中在发展中国家，世界较为发达国家和地区人口仅以每年 0.6％的比率递增，而发展中国家却以每年 2％的比率递增。按人口数目可大略推算出市场规模，中国人口众多，随着中国经济的发展，人民收入的不断提高，中国已被视作世界最大的潜在市场。

（2）人口结构对企业营销的影响　人口结构主要包括人口的年龄结构、性别结构、家庭结构、社会结构以及民族结构。

① 年龄结构。同年龄的消费者对商品的诉求不一样。根据 2020 年第七次全国人口普查结果，中国人口年龄结构的显著特点是：0 到 14 岁人口占 17.95％，15 到 59 岁人口占 63.35％，60 岁及以上人口占 18.7％。反映到市场上，婴幼儿和少年儿童医药用品需求显著；按照国际通行标准，中国人口年龄结构早已经开始进入老年型，老年人的用药需求将呈现迅速增加的趋势。

② 性别结构。人口的性别不同，其市场需求结构和需求方式也有明显的差异，反映到市场上就会出现男性用品市场和女性用品市场。例如，中国市场上，女性通常购买家庭生活用品及杂货、衣服等，男性则主要购买电子产品、大件物品等。又如，在保健品市场上，女性以购买减肥、美容类产品为主，男性则以购买强身壮体、补充体能类的保健品为主。

③ 家庭结构。家庭是购买、消费的基本单位。家庭的数量直接影响到某些商品的数量。目前，世界上普遍呈现家庭规模缩小的趋势，越是经济发达地区，家庭规模就越小。欧美国

家的家庭规模基本上户均 3 人，亚非拉等发展中国家户均 5 人。《中华人民共和国人口与计划生育法》第十八条规定：国家提倡适龄婚育、优生优育。一对夫妻可以生育三个子女。随着各种配套鼓励政策的落实，中国家庭将由普遍的三口之家向四口及更多人口家庭转变。随着中国职业妇女增多，单亲家庭、丁克家庭和独身者的涌现，家庭数量剧增，必然会引起家具、家电、家庭医疗保健器械和住房等需求的迅速增长。

④ 社会结构。在 2020 年第七次全国人口普查中，城镇人口占 63.89％，乡村人口占 36.11％。与 2010 年第六次全国人口普查相比，城镇人口比重上升 14.21 个百分点。城镇居民的数量增加，市场规模更加扩大；同时农村医药市场也有着巨大的潜力，在激烈的医药市场竞争中，很多企业正在开发乡村第三终端市场。

⑤ 民族结构。中国除了汉族以外，还有 50 多个少数民族。民族不同，其生活习惯、文化传统也不相同。反映到市场上，就是各民族的市场需求存在着很大的差异。因此，企业营销者要注意民族市场的营销，尊重民族习惯，重视开发适合各民族特性、受其欢迎的商品。

（3）人口的地理分布及流动性对企业营销的影响　人口地理分布指人口在不同地区的密集程度。由于自然地理条件以及经济发展程度等多方面因素的影响，人口的分布绝不会是均匀的。这样的情况对企业营销活动的影响表现在两个方面：一是直接影响着各个地区市场需求量的大小；二是影响着购买对象和需求结构。

随着经济的活跃和发展，人口的区域流动性也越来越大。人口流动性是指人口流动的多少以及流向等。人口的流动必然引起购买力的转移，从而引起各地区的市场需求量发生变化。例如，乡村劳动力进城务工的流动人口增加，造成医药市场的流动，购买力也随之转移，企业应该关注并提供相应的需求。

因此，企业在拓展各个地区市场时，不仅要分析当地登记人口的多少，还要分析流动人口数量，从而才能够制定出有针对性的营销策略。

2. 经济环境

经济环境指医药企业营销活动所面临的外部经济因素，如消费者收入与支出、经济发展状况等，其运行状况及发展趋势会直接或间接地对企业营销活动产生影响。

（1）直接影响营销活动的经济环境因素

① 消费者收入水平。消费者收入，是指消费者个人从各种来源中所得的全部货币收入，包括消费者个人的工资、退休金、红利、租金、赠予等收入。消费者的购买力来自消费者的收入，但消费者并不是把全部收入都用来购买商品或劳务，购买力只是收入的一部分。

② 消费者支出模式和消费结构。随着消费者收入的变化，消费者支出模式会发生相应变化，继而使一个国家或地区的消费结构也发生变化。西方一些经济学家常用恩格尔系数来反映这种变化。恩格尔系数表明，一个家庭收入越少，其总支出中用来购买食物的比例就越大；随着家庭收入的增加，用于购买食物的支出占总支出的比重下降，而用于其他方面的支出如住房、教育、医疗、奢侈品、保险和储蓄等方面的开支所占的比重将上升。一般来说，食物开支占总消费量的比重越大，恩格尔系数越高，则生活水平越低；反之，食物开支所占比重越小，恩格尔系数越小，生活水平越高。

消费结构指消费过程中人们所消耗的各种消费资料（包括劳务）的构成，即各种消费支出占总支出的比例关系。优化的消费结构是优化的产业结构和产品结构的客观依据，也是企业开展营销活动的基本立足点。长期以来，政府在住房、医疗、交通等方面实行福利政策，从而引起了消费结构的畸形发展，并且决定了中国居民的支出模式以食物、衣物等生活必需品为主。近年来，随着中国市场经济的发展，以及国家在住房、医疗制度等方面改革的深入，人们的消费模式和消费结构都在发生明显的变化。企业要重视这些变化，尤其应掌握拟进入的目标市场中支出模式和消费结构的情况，输送适销对路的产品和劳务，以满足消费者不断变化的需求。

③ 消费者储蓄和信贷情况。消费者的购买力还受储蓄和信贷的直接影响。消费者个人收入中可能有一部分以各种形式储蓄起来，这是一种推迟了的、潜在的购买力。消费者储蓄一般有两种形式：一是增加现有银行存款额；二是购买有价证券。当收入一定时，储蓄越多，现实消费量就越小，但潜在消费量愈大；反之，储蓄越少，现实消费量就越大，但潜在消费量愈小。企业营销人员应当全面了解消费者的储蓄情况，尤其是要了解消费者储蓄目的的差异。储蓄目的不同，往往造成潜在需求量、消费模式、消费内容、消费发展方向的不同。

所谓消费者信贷，就是消费者凭信用先取得商品使用权，然后按期归还贷款，以购买商品。这实际上就是消费者提前支取未来的收入，提前消费。信贷消费允许人们购买超过自己现实购买力的商品，从而创造了更多的就业机会、更多的收入以及更多的需求；同时，消费者信贷还是一种经济杠杆，它可以调节积累与消费、供给与需求的矛盾。

（2）间接影响营销活动的经济环境因素

① 经济发展水平。企业的市场营销活动要受到一个国家或地区的整体经济发展水平的制约。经济发展阶段不同，居民的收入不同，顾客对产品的需求也不一样，从而会在一定程度上影响企业的营销。例如，从消费者市场来说，经济发展水平比较高的地区，在市场营销方面，强调产品款式、性能及特色，品质竞争多于价格竞争。而在经济发展水平低的地区，则较侧重于产品的功能及实用性，价格因素比产品品质更为重要。

② 地区与行业发展状况。中国地区经济发展很不平衡，逐步形成了东部、中部、西部三大地带和东高西低的发展格局。这种地区经济发展的不平衡，对企业的投资方向、目标市场以及营销战略的制定等都会带来巨大影响。比如，如果西部建立医药企业，可能劳动力成本比较低，但将产品推向东部的话，储运等费用就会增高。同时，行业和部门发展由于政府支持程度等不同也有所不同。

③ 城市化程度。城市化程度是指城市人口占全国总人口的百分比，它是一个国家或地区经济活动的重要特征之一。城市化是影响营销的环境因素之一。这是因为城乡居民之间存在着某种程度的经济和文化上的差别，进而导致不同的消费行为。城市居民一般受教育较多，思想较开放，容易接受新生事物，而农村相对闭塞，农民的消费观念较为保守，故而一些新产品、新技术往往首先被城市接受。针对中国这样一个城乡二元制非常明显的国家来说，医药企业在开展营销活动时，要充分注意到这些消费行为方面的城乡差别，相应地调整营销策略。

3. 政治法律环境

政治与法律是影响企业营销的重要宏观环境因素，是指在特定社会中影响和限制各个组织与个人的法律、政府机构及压力集团。

（1）政治环境　政治环境指企业市场营销活动的外部政治形势和状况以及国家方针政策的变化对市场营销活动带来的或可能带来的影响。

① 政治、经济体制。政治、经济体制等对医药企业营销有一定影响，比如在经济、政治体制改革之前，中国的医药企业可以说是政府的附属物，没有多大的自主权，而在进入市场经济后，才真正成为独立的市场主体，自主经营、自负盈亏。

② 政府方针政策。各个国家在不同时期，根据不同需要会颁布一些经济政策、经济发展方针。这些方针、政策不仅影响本国企业的营销活动，而且影响外国企业在本国市场的营销活动。

医药行业直接与人们的生命健康状况相联系，是一种特殊的行业，所以政府对其宏观指导甚至管制非常多。比如，制药行业和药品经营企业必须遵守相关规定，药品进入医院应该进行招标，药品经营场所必须实行药品分类摆放，药品的广告设计符合法律规定等都对医药企业营销产生一定影响。

③ 政治局势。政治局势是指医药企业营销所处国家或地区的政治稳定状况。一个国家的政局稳定与否会给企业营销活动带来重大的影响。如果政局稳定，生产发展，人民安居乐业，就会给企业造成良好的营销环境。相反，政局不稳，社会矛盾尖锐，秩序混乱，不仅会影响经济发展和人民的购买力，而且对企业的营销心理也有重大影响。

（2）法律环境　法律是体现统治阶级意志，由国家制定或认可，并以国家强制力保证实施的行为规范的总和。对企业来说，法律是评判企业营销活动的准则，只有依法进行的各种营销活动，才能受到国家法律的有效保护。如果从事国际营销活动，企业既要遵守本国的法律制度，还要了解和遵守市场国的法律制度和有关的国际法规、国际惯例和准则，这方面因素对国际企业的营销活动有深刻影响。

中国在发展社会主义市场经济的同时，也加强了市场法制方面的建设，陆续制定、颁布了一系列与企业有关的重要法律法规，如《中华人民共和国公司法》《中华人民共和国广告法》《中华人民共和国商标法》《反不正当竞争法》《中华人民共和国消费者权益保护法》《食品安全法》《中华人民共和国药品管理法》《药品注册管理办法》等，与医药营销有关的法律还有很多，这对规范企业的营销活动起到了重要作用。

4. 自然地理环境

一个国家、一个地区的自然地理环境包括该地的自然资源、地形地貌和气候条件，这些因素都会不同程度地影响企业的营销活动，有时这种影响对企业的生存和发展起决定作用。企业要避免由自然地理环境带来的威胁，最大限度利用环境变化可能带来的市场营销机会，就应不断地认识和分析自然地理环境变化的趋势，根据不同的环境情况来设计、生产和销售产品。

（1）自然物质环境 自然物质资源是指自然界提供给人类各种形式的物质财富，如矿产资源、森林资源、土地资源、水力资源等。这些资源分为三类：一是"无限"资源，如空气、水等；二是有限可再生的资源，如森林、粮食等；三是有限不可再生资源，如石油、锡、煤、锌等矿物。不容乐观的是，自然物质环境出现了让人担忧的局面：资源日益短缺和环境污染日趋严重。

企业到某地投资或从事营销必须了解该地的自然资源情况，如果该地对本企业产品需求大，但缺乏必要的生产资源，那么，企业就适宜向该地销售产品。如果该地有丰富的生产资源，企业就可以在该地投资建厂，当地生产就地销售。比如，中药企业设置在中药种植基地附近一般会降低原材料价格及运输成本等，这样在其他方面类似的情况下，选择在基地附近建厂其产品价格方面就具有竞争优势，这会给企业营销带来好处。更值得注意的是，企业的生产经营要符合绿色营销的要求，贯彻"绿水青山就是金山银山"的理念，保护生态环境。

（2）地理环境 一个国家或地区的地形地貌和气候，是企业开展市场营销所必须考虑的地理环境因素，这些地理特征对市场营销有一系列影响。例如，气候（温度、湿度等）与地形地貌（山地、丘陵等）特点，都会影响产品和设备的性能及使用。在沿海地区运转良好的医用、制药等器械设备到了内陆沙漠地区就有可能发生性能的变化。各种地形地貌复杂，气候多变，企业必须根据各地的自然地理条件生产销售与之相适应的产品，才能适应市场的需要。例如，中国南方炎热，在夏天防暑降温的一些常用药就有比北方大得多的需求；南方湿度大，对风湿类药物的需求也比北方地区的需求要多。因此企业开展营销活动，必须考虑当地的气候与地形地貌，开发适销对路的产品，并制定适合的市场营销策略。

5. 科学技术环境

科学技术是影响人类前途和命运的巨大力量，每一种新技术的产生都是一种"创造性的毁灭力量"。技术进步对企业生产和市场营销的影响也更为直接和显著。现代科学技术是社会生产力中最活跃的和最具决定性的因素，它作为重要的营销环境因素，不仅直接影响企业内部的生产和经营，而且同时与其他环境因素相互依赖、相互作用，影响企业的营销活动。

（1）科学技术的发展直接影响企业的经济活动 在现代，生产力水平的提高，主要依靠设备的技术开发（包括原有设备的革新，改装以及设计、研制效率更高的现代化设备），创造新的生产工艺、新的生产流程。同时，技术开发也扩大和提高了劳动对象利用的广度和深度，而且科技进步可以不断创造新的原材料和能源。这些都不可避免地影响到企业的管理程序和市场营销活动。科学技术既为市场营销提供了科学理论和方法，又为市场营销提供了物质手段。

（2）科学技术的发展和应用影响企业的营销决策 科学技术的发展，使得每天都有新品种、新款式、新功能、新材料的商品在市场上推出。因此，科学技术进步所产生的效果，往往可以借助消费者和市场环境的变化而间接影响企业的市场营销活动。营销人员在进行决策时，必须考虑科技环境带来的影响。

（3）科学技术的发明和应用会使新的行业冲击原有的行业 例如，太阳能、核能等技术的发明应用，使得传统的水力和火力发电受到冲击。再如，晶体管取代电子管，后又被集成电路所取代；生物制药挑战化学制药；新的药物制剂工艺冲击传统的制剂技术；等等。这一切无不说明，伴随着科学技术的进步，新行业替代、排挤旧行业，这对新技术拥有者是机会，但对旧行业却是威胁。

（4）科学技术的发展使得产品更新换代速度加快，产品的市场寿命缩短　今天，科学技术突飞猛进，新原理、新工艺、新材料等不断涌现，要求企业不断地进行技术革新，赶上技术进步的浪潮。否则，企业的产品跟不上更新换代的步伐，跟不上技术发展和消费需求的变化，就会被市场无情地淘汰。

（5）科学技术的进步使人们的生活方式、消费模式和消费需求结构发生变化　例如，在美国，汽车工业的迅速发展，使美国成了一个"装在车轮上的国家"，现代美国人的生活方式，无时无刻不依赖于汽车。电视机已经使人们习惯于待在家里，电脑、互联网和智能手机进一步使居家办公和网上购物成为可能。生活方式的改变，迫使企业营销方式发生改变，如基于互联网的电子商务成为一种高效的营销手段。

6. 社会文化环境

社会文化是指一个社会的民族特征、价值观念、生活方式、风俗习惯、伦理道德、教育水平、语言文字、社会结构等的总和。每个人都生长在一定的社会文化环境中，并在一定的社会文化环境中生活和工作，他们的思想和行为必定要受到这种社会文化的影响和制约。企业的市场营销人员应该了解、分析和研究社会文化环境，以针对不同的文化环境制定不同的营销策略。

（1）教育水平　教育是按照一定目的要求，对受教育者施以影响的一种有计划的活动，是传授生产经验和生活经验的必要手段，反映并影响着一定的社会生产力、生产关系和经济状况，是影响企业市场营销的重要因素。教育水平对营销活动的影响：一方面是教育水平高的人更容易接受医疗服务、药品、保健品等，这些会给企业带来机遇；另一方面，教育使人们自我保护、自我预防意识增强，这会降低卫生服务潜在需求。

（2）宗教信仰　无论古今中外，不同民族、宗教的消费者的消费行为和习惯往往是不同的。某些国家和地区的宗教组织在教徒购买决策中也有重要的影响。比如，当出现一种新产品的时候，宗教组织有可能因该产品与宗教信仰相冲突而提出限制，禁止使用。所以，不同的宗教信仰有不同的文化倾向，从而影响人们认识事物的方式、价值观念和行为准则，影响着人们的消费行为，带来特殊的市场需求，与医药企业的营销活动有密切关系。

（3）价值观念　价值观念就是人们对社会生活中各种事物的态度和看法。不同的文化背景下，人们的价值观念相差很大。消费者对商品的需求和购买行为深受价值观念的影响。对于不同的价值观念，企业的市场营销人员就应该采取不同的策略。对于一些注重传统喜欢沿袭传统消费方式的消费者，企业在制定促销策略时应该把产品与目标市场的文化传统联系起来。

（4）消费习俗　不同的消费习俗，具有不同的商品需要。研究消费习俗，不但有利于组织好消费用品的生产与销售，而且有利于争取、主动地引导健康的消费。了解目标市场消费者的禁忌、习俗、避讳、信仰、伦理等是企业进行市场营销的重要前提。

（5）生活形态　生活形态可以通过人们的活动、兴趣、意见来表示。某些生活形态有其特定的名称，如嬉皮、雅痞、保守派等。了解目标消费者的生活形态，可以更好地分析他们的消费行为，对企业营销至关重要。

二、医药市场营销微观环境

企业的微观环境主要由企业的供应商、营销中介、竞争者、顾客、公众以及企业内部参与营销决策的各部门组成。

1. 医药企业内部环境

面临相同的外部环境，不同企业的营销活动所取得的效果往往并不一样，这是因为它们有着不同的内部环境要素。企业在制订市场营销计划和开展市场营销活动的时候，会受到企业内部其他部门如企业的高层管理部门及财务、研究与开发、采购、生产等部门的影响，这些部门构成了企业内部环境。因此，市场营销部门在制订营销计划时，应与企业的其他部门密切合作，征求这些部门的意见，取得这些部门的密切配合，才能收到预期的效果。

2. 供应商

供应商是影响企业营销的微观环境的重要因素之一。供应商是指向企业及其竞争者提供生产产品和服务所需资源的企业或个人。供应商所提供的资源主要包括原材料设备、能源、劳务、资金等。如果没有这些资源作为保障，企业就根本无法正常运转，也就无所谓提供给市场所需要的商品。因此，社会生产活动的需要，形成了企业与供应商之间的紧密联系。

供应商对企业营销活动的影响主要表现在以下几点：

（1）供货的稳定性与及时性　原材料、设备等货源的保证是医药企业营销活动顺利进行的前提。供应量不足或短缺，都会使企业无法按期交货，从而导致销售额损失及企业信誉损害。

（2）供货的价格变动　医药企业最重要的目的之一就是赢得利润，即以最小成本获得最大产出。但是，供货的价格毫无疑问将直接影响到企业的成本，进而影响企业的销售量和利润。

（3）供货的质量水平　供货的质量水平主要指供应商提供的商品本身的质量，是保证医药企业生产出合格产品的前提；同时，供应商的各种售前和售后服务水平也会影响到供货的质量。比如，医疗器械的售后定期维护和故障维修就严重影响到医院是否为患者提供服务或合格的服务。

3. 营销中介

营销中介是指协助企业促销、销售和配销其产品给最终购买者的企业或个人，包括中间商、实体分配机构、营销服务机构和金融中间机构。这些都是市场营销不可缺少的环节，大多数企业的营销活动，都必须通过它们的协助才能顺利进行。例如生产集中与消费分散的矛盾，就必须通过中间商的分销来解决；资金周转不灵，则须求助于银行或信托机构等。随着市场经济的发展，社会分工愈来愈细，那么，这些中介机构的影响和作用也就会愈来愈大。

（1）营销中间商　营销中间商是协助医药企业寻找顾客或直接与顾客交易的企业、个人。中间商一般可分为批发商和零售商两类。选择中间商并与之合作并不是一件容易的事情，现在小规模的独立的医药中间商越来越少，取而代之的是大规模的中间商组织。医药企业为了争取"货架空间"，往往要花费很大功夫。

医药企业在与中间商建立合作关系后，要随时了解和掌握其经营活动，并可采取一些激励性合作措施，推动其业务活动的开展，而一旦中间商不能履行其职责或市场环境变化时，企业应及时解除与中间商的关系。

（2）物流企业　物流企业主要是协助厂商储存货物并把货物从产地运送到目的地的专业企业。这些物流企业的物流成本和物流服务水平在很大程度上会影响医药企业的营销效果，因此，在企业营销活动中，应当尽量选择专业的物流企业。物流企业的作用在于帮助企业创造时空效益。

（3）营销服务机构　营销服务机构主要有营销调研公司、广告公司、传播媒介公司和营销咨询公司等。在现代，大多数企业都要借助这些服务机构来开展营销活动，如请广告公司制作产品广告，依靠传播媒介传播信息等。企业选择这些服务机构时，须对他们所提供的服务、质量、创造力等方面进行评估，并定期考核其业绩，及时替换那些不具有预期服务水平和效果的机构，这样才能提高经济效益。

（4）金融中介机构　金融中介机构包括银行、信用公司、保险公司和其他协助融资或保障货物的购买与承担销售风险的公司。在现代经济生活中，医药企业与金融机构有着不可分割的联系，大多数公司和客户都需要借助金融机构来为交易提供资金，资金成本的高低与信贷额度都会影响营销的绩效。因此，企业必须与金融中介机构建立密切的关系，以保证企业资金需要的渠道畅通。

4. 竞争者

竞争是商品经济的基本特性，企业在目标市场进行营销活动的过程中，不可避免地会遇到竞争者（竞争对手）的挑战。因为竞争者的营销战略以及营销活动的变化，如价格、广告宣传、促销手段的变化，新产品的开发，售前售后服务的加强等，都将直接对企业造成威胁。因而企业必须密切注视竞争者的任何细微变化，并做出相应的对策，这对营销有重要的意义。医药企业的竞争者可分为愿望竞争者、普通竞争者、产品形式竞争者和品牌竞争者。

（1）愿望竞争者　指提供不同的产品或服务满足不同需求的竞争者，如生产药品的厂商可以将生产医疗器械、健身器械等满足不同需求的厂商作为自己的竞争者，因为如果消费者使用了健身器材后，身体康复了，那么就没有必要购买药品了。

（2）普通竞争者　指提供不同的产品和服务但能够满足相同需求的竞争者，如生产青霉素的厂商可以将生产头孢氨苄的厂商作为自己的竞争对手。

（3）产品形式竞争者　指生产的产品相同但规格、型号、款式不同的竞争者，如同种药品的冲剂、胶囊剂、片剂等不同剂型和规格的产品之间的竞争。

（4）品牌竞争者 指产品相同，规格型号等也基本相同，但品牌不同的竞争者，如感冒药不同品牌之间的竞争。

企业在开展市场营销活动中，经常与上述不同的竞争对手形成竞争关系，而且这种竞争关系受多种因素影响而处于不断变动中，如何适时调整竞争策略，取得竞争优势，是企业必须考虑的问题。

5. 顾客

企业的一切营销活动都是以满足顾客需要为中心的，因此，顾客是企业最重要的环境因素。顾客是企业服务的对象，是企业的目标市场。顾客可以从不同角度以不同的标准进行划分，按照购买动机和类别分类，顾客市场可以分为以下五种。

（1）消费者市场 指为满足个人或家庭消费需要而购买商品和服务的市场。由于药品的特殊性，消费者在购买药品时，特别关注药品对身体健康带来的益处，因而更注重其功效和品牌，并且需求弹性较小。

（2）生产者市场 指以赚取利润为目的而购买商品和服务用来再生产产品和服务的市场。

（3）中间商市场 指为获取利润而购买商品和服务用以转售的市场。由于药品的特殊性，各国对医药经销商的运作、资格等往往都有比较多的限制条件。

（4）政府集团市场 指为提供公共服务或将商品与服务转给需要的人而购买商品和服务的政府及非营利机构。

（5）国际市场 指国外买主，包括国外的消费者、生产者、中间商和政府等。企业要认真研究所服务的不同顾客群，研究其类别、需求特点、购买动机等，使企业的营销活动能针对顾客的需要，符合顾客的愿望。

6. 公众

公众是指对企业实现其目标的能力感兴趣或发生影响的任何团体或个人。公众对于医药营销具有十分重要乃至决定性的意义。一般来说，对医药营销有决定性影响的公众有以下几种。

（1）金融公众 指那些关心和影响医药企业取得资金能力的集团。包括银行、投资公司、证券公司、保险公司等。

（2）媒介公众 指那些联系医药企业和外界的大众媒介，包括报纸、杂志、电视台、电台等。

（3）政府公众 负责监控医药企业的生产、经营活动的政府机构及医药企业主管部门，如国家卫生健康委员会、国家药品监督管理局等。

（4）公民行动公众 指有权指责医药企业经营活动破坏环境质量、医药企业生产的产品损害消费者利益、医药企业经营的产品不符合民族需求特点的团体和组织，包括消费者协会、保护环境团体等。

（5）地方公众　主要指医药企业周围居民、当地团体组织等，如同企业的"邻居"，他们对医药企业的态度会影响企业的营销活动。

（6）一般公众　指在医药企业经营活动中，能深刻地影响着消费者对企业及其产品的看法的其他团体和个人。一般公众对企业形象影响较大，如产品代言人、慈善团体等。

（7）内部公众　是指企业内部全体员工。企业内部公众的工作积极性、有效性等积极态度会对企业营销活动产生直接或间接影响。

🌐 任务实施

◀ 任务描述 ▶

某医疗器械销售公司在上海的年销售额为 500 万元左右，市场份额还不是很大，因此，还有进一步发展的空间。目前，该公司的目标市场是医疗机构和经销商，且市场定位在中高价位、中等质量的产品销售。在制订新一年的销售计划之前，公司准备进行一次市场调研，完成上海市场环境分析报告。目前，调研团队正在搜集企业宏观环境的信息资料，完成宏观环境分析的部分。

◀ 任务目标 ▶

思考如何进行市场营销宏观环境分析，针对企业现在所处的市场情况，完成市场环境分析报告中的"宏观环境分析"及"微观环境分析"部分。

◀ 任务准备 ▶

（1）分组，6～8 人为一组，确定组长。

（2）查阅资料（可提前布置）。

（3）分组讨论，用时 15 分钟。

（4）组长总结发言，用时 10 分钟。

（5）其他组质疑、提问，用时 10 分钟。

（6）教师点评，用时 10 分钟。

◀ 任务实施步骤 ▶

第一步：查阅该企业产品及了解市场资料。

第二步：根据查阅或了解到的信息对该企业营销宏观环境与微观环境进行分析。

第三步：小组选派代表结合市场调查以及查阅的资料，对本次任务实施进行汇报。

◀ 任务评价标准 ▶

教师对各小组表现进行考核打分，依据讨论和总结进行评定。

◀ 完成任务提示 ▶

1. 分析宏观环境主要从经济环境、科学技术环境、社会文化环境、政治法律环境和自然地理环境等方面进行。

2. 分析微观环境主要从企业自身、供应商、顾客、竞争者及公众等方面进行。

课后作业

一、单项选择题

1. 恩格尔系数越大，说明这个家庭（或国家）的生活水平（　　）。

A. 越高　　　　　　B. 越低　　　　　　C. 不变　　　　　　D. 难以确定

2. 购买商品和服务供自己消费的个人和家庭，被称为（　　）。

A. 生产者市场　　　B. 消费者市场　　　C. 转售市场　　　D. 组织市场

3. 旅游业、体育运动消费业、图书出版业及文化娱乐业为争夺消费者而相互竞争，它们彼此之间是（　　）。

A. 愿望竞争者　　　B. 普通竞争者　　　C. 产品形式竞争者　D. 品牌竞争者

4. 哪项是医药企业营销环境最重要的微观环境因素，是企业服务的对象，也是企业的目标市场？（　　）

A. 供应商　　　　　B. 经销商　　　　　C. 顾客　　　　　　D. 公众

5. 下列不属于微观环境因素的是（　　）。

A. 竞争者　　　　　B. 供应商　　　　　C. 顾客　　　　　　D. 亚文化群

二、简答题

1. 简析企业分析市场营销环境的意义。

2. 简述市场营销环境的特征。

任务 4 药品营销人员职业定位

任务引入

王明在一家医药公司实习，经过一段时间的医药市场调研，他与团队顺利完成了公司近期"药品营销渠道设计"，得到领导好评。现在他可以返回公司总部上 HR 指导课了，结业时他必须做出在本公司的职业定位。他要好好弄清楚公司的岗位设置及岗位职责。

基本知识

一、药品营销的岗位设置和人员分类

下面分别介绍医药批发公司、零售药店的药品营销人员的分类。

1. 医药批发公司的岗位和人员分类

一般较大规模的医药批发公司与药品营销业务相关的主要部门及人员设置如图 1-7：

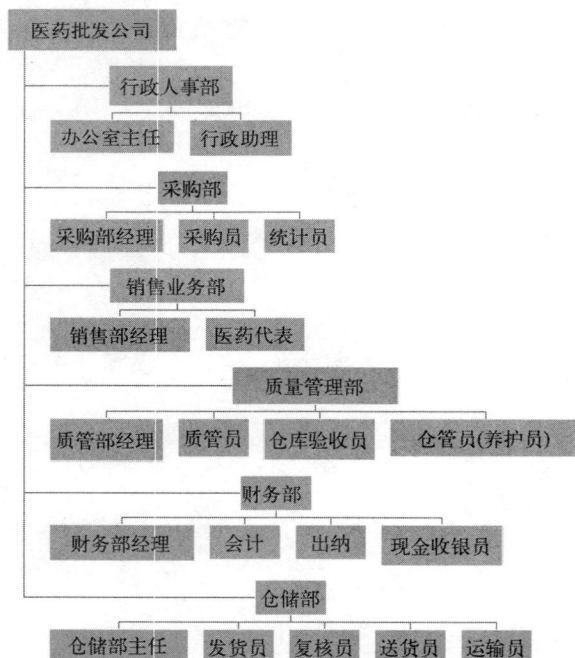

图 1-7　医药批发公司岗位设置

2. 零售药店的岗位和人员分类

一般零售药店的主要岗位与人员设置如图 1-8：

药店管理（药店各岗位及
主要工作职责）

图 1-8 零售药店岗位设置

二、药品营销人员的岗位职责

下面主要介绍采购部、销售部、零售药店人员岗位职责。

（一）采购部人员岗位职责

1. 采购部经理岗位职责

（1）主持采购部全面工作，根据销售部所报的采购计划，结合公司现有商品库存，按照采购工作程序组织采购工作实施，确保各项采购任务保质保量保价完成。

（2）随时掌握药品供应、价格的市场变化情况，指导并监督下属开展业务，确保采购到门店满意的药品和保证公司利润最大化。同供应商经常沟通，解决合作中出现的问题，务必以有效的资金，保证最大的商品供应。

（3）要熟悉和掌握公司所需各种药品的名称、型号、规格、单价、用途和产地。检查购进药品质量是否合格，对公司采购的药品和质量负有领导责任。

（4）参与大批量药品订货的业务洽谈，提供供货商信息，协助公司选择供应商，对供应商进行管理及考评，每年按一定比例更新供应商。

（5）认真监督检查各采购员的采购流程及做好价格控制，督导采购人员在从事采购业务活动中，要遵纪守法，讲信誉，不索贿，不受贿，与供货单位建立良好的关系，在平等互利的原则下开展业务往来。

（6）提供首营新品的基本信息，呈总经理及主管副总经理，以便做新品选择决策。负责跟踪收集新品到店的销售情况，为优胜劣汰品种提供依据。

（7）随时掌握库存数量，保证满足各店销售需要，不出现门店商品断货情况。

（8）指导库管对库存商品进行规范化管理，确保货物摆放合理，环境适合药品存放要求，并定期监督库管对库存商品进行盘点。

（9）对滞销和超过有效期商品及时进行调拨、退换，使所有药品都能在有效期以前被销售。

（10）负责部门人员的思想、业务、服务意识培训，提高员工的综合素质。

（11）完成领导交给的其他临时性工作。

2. 采购员岗位职责

（1）协助部门经理完成采购部日常事务工作。

（2）负责公司中西药品的采购工作，属招标采购的品种按有关规定执行。

（3）规范、协调采购政策和行为，把握进货渠道的合法性。保证药品质量优良，价格合理。

（4）保证临床用药，对临时需要或抢救急用的药品要及时解决。

（5）了解药品信息及价格，正确执行药品价格政策，保证药品价格的准确性。退入库手续清楚，单据齐全。文件、单据妥善保存。

（6）与医药公司互通信息，做好剩余药品、缺药、破损药品、超过有效期药品的协调工作。

（7）负责药品信息的维护，保证其准确性。维护计算机及其他设备，确保设备处于良好状态。

（8）负责药品入库、出库、调价、报损、盘点等中西药库及制剂的日常业务的计算机管理工作。

（9）协助库管人员管理药品，做到账物相符。

（10）为财务、审计提供各种报表及其他药品报表工作。完成其他与采购相关的事宜，处理日常办公事务。

（二）销售部人员岗位职责

1. 销售部经理岗位职责

（1）分析市场状况，正确作出市场销售预测报告。

（2）拟订年度销售计划，分解目标，报批并督导实施。

（3）拟订年度预算，分解、报批并督导实施。

（4）根据中期及年度销售计划开拓完善经销网络。

（5）根据网络发展规划合理进行人员配备。

（6）汇总市场信息，提报购进药品计划和建议。

（7）洞察、预测渠道危机，及时提出改善意见报批。

（8）把握重点客户，控制 70% 以上的产品销售动态。

（9）关注所辖人员的思想动态，及时沟通解决。

（10）根据销售预算进行过程控制，降低销售费用。

（11）参与重大销售谈判和签订合同。

（12）组织建立、健全客户档案，并维护好公司客户网络。

（13）指导、巡视、监督、检查所属下级的各项工作。

（14）向直接下级授权，并布置工作。

（15）根据工作需要调配直接下级的工作岗位，报批后实行并转人力资源部备案。

（16）负责制定销售部门的工作程序和规章制度，报批后实行。

（17）受理直接下级呈报的合理化建议，并按照程序处理。

（18）填写直接下级过失单和奖励单，根据权限按照程序执行。

（19）每周定期组织例会，总结本部门的工作情况。

2. 医药代表岗位职责

（1）负责完成公司分配区域的客户订单的报价、输入处理，维护和建立良好的客户关系。

（2）对客户的投诉及意见进行登记、反馈和处理。

（3）完成营销渠道管理工作：

① 掌握所经营品种的产品知识、价格、销售政策、流程等情况，严格按照公司制度办事。

② 熟悉客户业务各项流程，定期对区域内的终端客户进行业务拜访。建立并完善区域销售网络。

③ 保持、促进本公司产品在客户处的销售，并保证应收账款的回笼。

④ 密切关注本公司产品在客户处的销售动态，并及时调整预防近效期货及因滞销而造成的退货的发生。

（4）市场信息搜集反馈工作：

① 采集本公司产品销售、库存数据以及进行一切相关信息的搜集、反馈。

② 搜集有关竞争对手及产品的信息。

③ 搜集市场方面对于产品的反应性信息。

④ 搜集客户的动态信息。建立完善的客户信息档案，并确保该资料的完整性和准确性。

（三）零售药店人员岗位职责

1. 药店店长岗位职责

（1）贯彻执行《中华人民共和国药品管理法》和《药品经营质量管理规范》等法律法规，确保企业依法经营，保证消费者用药的安全、有效、及时、方便。

店长日常工作

（2）在"质量第一"的思想指导下进行经营管理，组织本单位人员认真学习和贯彻执行国家有关药品监督管理的法律法规，加强药店质量管理，对本药店所经营的药品质量负领导责任。

（3）组织、督促有关人员建立和完善各项规章制度，并负责签发质量管理制度。

（4）督促企业质量管理工作的落实，保证质量管理负责人有效行使职权。

（5）定期召开质量管理工作会议，研究、解决质量工作方面的重大事项。

（6）保证企业员工不断增强法律意识、业务素质和质量管理水平。

（7）重视客户意见和投诉的处理，支持质量事故的处理、重大质量问题的解决和质量改进。

（8）督促、检查各岗位履行质量职责，监督质量管理制度的落实、执行情况。

（9）定期检查门店的环境及人员卫生情况，组织员工定期接受健康检查。

2. 采购员岗位职责

（1）树立"质量第一"的观念，严格执行《中华人民共和国药品管理法》和《药品经营质量管理规范》等法律法规，确保经营行为的合法性，保证购进药品质量。

（2）对药店依法经营，杜绝购进假劣药品。

（3）坚持按需进货、择优采购的原则，把好进货质量第一关。

（4）认真审查供货单位的法定资格及购进药品的合法性，确保依法经营。

（5）负责建立合格供货方及合格经营品种目录，建立完善的供货企业、经营品种管理档案。

（6）签订购货合同时必须按规定明确必要的质量条款。

（7）负责索取首营企业合法证照及首营品种生产批准证明文件、产品质量标准和首批样品等相关资料。

（8）了解供货单位的生产状况、质量状况、及时反馈信息，为质量管理部门开展质量控制提供依据。

（9）自觉接受质量负责人的监督指导，不断提高法治意识和质量意识。

（10）及时收集分析药店所经营药品及同类产品的质量情况，为"择优选购"提供依据。

3. 营业员岗位职责

（1）认真执行《中华人民共和国药品管理法》《药品经营质量管理规范》等有关药品的法律法规，依法经营，安全合理销售药品。

营业员日常工作　　执业药师日常工作

（2）营业员上岗前必须经过业务培训并合格，取得地市级以上药品监督管理部门核发的上岗证书。

（3）每年定期进行健康检查，取得健康合格的有效证明后方可上岗。

（4）营业时应统一着装，佩戴胸卡，主动热情，用语文明，站立服务。

（5）正确销售药品，向顾客正确介绍药品的性能、用途、用法、用量、禁忌和注意事项，对顾客所购药品的名称、规格、数量、价格进行核对，确认无误后，将药品交与顾客。

（6）认真执行处方药分类管理规定，按规定程序和要求做好处方药的配方、审方、发药工作。

（7）做好相关记录，字迹端正、表达准确、记录及时，做到账款、账物、账货相符，发现质量问题及时报告质量管理员。

（8）负责对陈列的药品按其性质分类摆放，做到合理、正确、整齐有序。

（9）对有效期不足 6 个月的品种，应将药品的名称、数量、有效期逐一登记并及时上报质量管理员。

（10）对缺货药品要认真登记，及时向业务部传递信息。

（11）负责营业场所的环境卫生，每日班前、班后应对营业场所进行卫生清洁。

（12）为消费者提供用药咨询和指导，指导顾客安全、合理用药。

⊕ 任务实施

◀ 任务描述 ▶

学生按照科学的步骤，用学到的产品销售演示的方法，在讲台上当众进行药品的销售演示；或在校园进行真实小商品零售促销。

◀ 任务目标 ▶

掌握药品营销人员的分类，理解医药营销人员的工作内容和职业责任，能分析药品营销人员职业使命认知中存在的问题和原因。

◀ 任务准备 ▶

1. 分组，6～8 人为一组，确定组长。

2. 推销商品：所推销的商品可以是模拟的药品，也可以是本校或本公司的真实商品，或者是批发来的生活用品；查阅相关商品的资料和市场信息。

3. 分配角色：区域医药经理和客户、医药代表和医生、药店业务员和顾客。

◀ 任务实施步骤 ▶

首先对客户购买信号进行识别，然后进行促成交易技巧的练习。最后，进行角色扮演练习，并灵活运用促成交易的技巧。

◀ 任务评价标准 ▶

成立以教师为首的考核小组，依据促销演示感染力或真实销售业绩评定成绩，记入本次任务成绩。

◀ 完成任务提示 ▶

1. 建议把一个班的同学分成三类小组，分别模拟区域医药经理和客户、医药代表和医生、药店业务员和顾客。

2. 小组内一半同学分别对照区域医药经理、医药代表、药店业务员的岗位职责进行角色模拟训练，小组内其他同学分别对应模拟客户、医生和顾客给以配合，在讲台进行药品销售情景演示，其他组同学观摩学习。扮演上述角色的同学进行角色轮换训练。

课后作业

1. 试谈一谈医药营销人员的主要分类。
2. 药店一般设置哪些岗位？其中药店店长的岗位职责有哪些？

项目小结

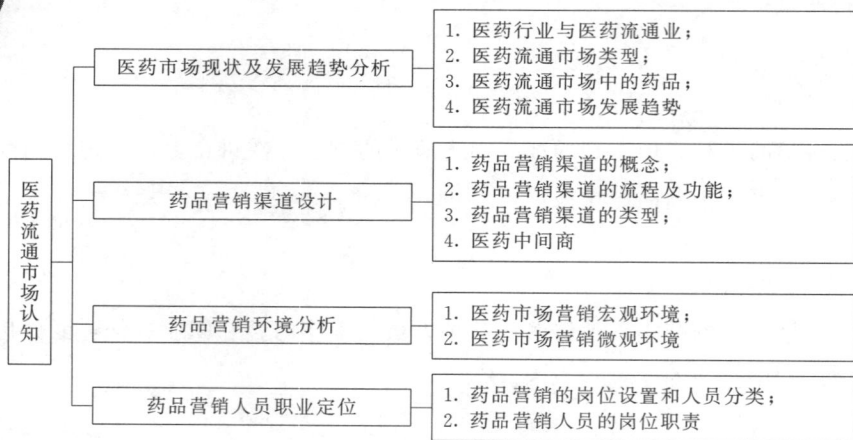

医药流通市场认知

医药市场现状及发展趋势分析
1. 医药行业与医药流通业；
2. 医药流通市场类型；
3. 医药流通市场中的药品；
4. 医药流通市场发展趋势

药品营销渠道设计
1. 药品营销渠道的概念；
2. 药品营销渠道的流程及功能；
3. 药品营销渠道的类型；
4. 医药中间商

药品营销环境分析
1. 医药市场营销宏观环境；
2. 医药市场营销微观环境

药品营销人员职业定位
1. 药品营销的岗位设置和人员分类；
2. 药品营销人员的岗位职责

医药营销人员基本能力与素质训练

教学导航

学习目标	知识目标： 1. 了解医药营销人员应具备的相关知识 2. 掌握医药营销工作的基本礼仪知识
	能力目标： 1. 能够根据场合的不同，有针对性地修饰和美化自己的仪容、仪态 2. 能够根据着装的 TPO 原则选择得体的服装并搭配配饰 3. 能够在不同的情景下使用规范、适当的语言，形成使用礼貌用语的习惯 4. 能够正确运用自己的表情和手势，举止动作规范优雅
	素质目标： 1. 具备踏实的工作作风及勤劳的工作精神 2. 具备医药营销人员应有的职业道德和心理素质 3. 具有医药营销人员必备的职业能力
学习重点	医药营销人员应具备的职业礼仪
学习难点	将职业礼仪知识综合应用于医药营销实践工作
教学方法	案例分析法、角色扮演法、小组讨论法、任务驱动法
建议学时	12 学时

任务 1　医药营销人员知识结构分析

🌐 任务引入

李强应聘了一家医药公司的医药代表，负责推介一种肿瘤病人化疗期间使用的特种药。他了解到医药代表的工作内容有：通过分析试验数据来介绍药品各方面特征、向医生询问药品的使用感受和总体评价、收集药品疗效和副作用信息、解答医生在临床用药中的疑问、向医生介绍药品的最新试验结果、邀请医生参加学术研讨会等。李强应该具备哪些知识才能胜任医药代表的工作呢？

▽ 基本知识

党的二十大报告提出："推进健康中国建设。人民健康是民族昌盛和国家强盛的重要标志。把保障人民健康放在优先发展的战略位置，完善人民健康促进政策。""健康中国"战略的实施，对医药营销人员提出了新的更高要求。丰富的专业知识是医药营销人员开展工作的基础，也是营销技术和能力实施的基本保证，因此优秀的医药营销人员必须储备以下几个方面的知识。

一、药学知识

药品是关系到人民生命安全的特殊商品，具有极强的专业性，医药营销人员必须对药学知识有较全面的掌握和理解。医药营销人员不仅要掌握本企业所生产或经营的药品的特点、价格、销售等方面的情况，还要掌握药品的功效、适应证、用法用量、不良反应、配伍禁忌、贮藏保管等方面的知识。有了药学知识，医药营销人员就能将自己产品的特征转化为可带给客户的利益，进而支持其销售。

二、医学基础知识

医药营销人员还应掌握一些医学基础知识，包括人体结构和功能、常见病病因、临床表现、治疗方法、治疗药物等方面的知识。医学基础知识可以帮助医药营销人员理解药品知识，并与客户进行专业的深入探讨。

三、营销相关技能与技巧

医药营销人员还应具有营销相关技能与技巧，如市场调查研究技能、消费行为分析技能、产品的销售技巧、谈判技巧等。在实际工作中，医药营销人员运用各种营销技能，可以了解产品的市场趋势规律和市场行情动向，发现消费者需求，以便制定出相应的营销策略，达到销售的目的。

四、其他相关知识

1. 法律法规知识

首先，医药营销活动是一种经济活动，受到国家各项法律规范的约束，如经济法、税法、公司法等；其次，医药营销活动是针对医药行业的，还受到药事法规的约束，如《中华人民共和国药品管理法》《中华人民共和国药品管理法实施条例》《药品经营质量管理规范》等。医药营销人员应当熟悉相关法律法规知识，做到依法营销。

2. 管理学知识

医药营销人员具备管理学知识，可以了解医药营销过程中的目标制定、计划组织、监控实施、区域时间与客户管理知识等。

3. 计算机和外语知识

医药营销人员具备一定的计算机和外语知识，能较快地适应现代医药企业计算机管理和开展医药产品的最新成果推广工作。

课堂思考

分析自己的知识结构

医药营销人员作为消费者与企业之间的桥梁，是医药供销环节中至关重要的因素。我国医药产业的不断蓬勃发展，要求医药营销人员必须具备极高的综合素质，不仅要掌握扎实的专业基础知识，还须具备高超的销售技巧和职业素养。你做好准备了吗？

问题 1：你已经具备了哪些知识？

问题 2：目前还有哪些欠缺？

任务实施

任务描述

对医药销售专员、药店营业员等医药营销岗位所需的知识结构进行分析。

任务目标

能够明确主要医药营销岗位所需的知识要求。

任务准备

1. 全班同学分组，每 3～5 人一组，小组内合理分工。

2. 多媒体机房。

‹ 任务实施步骤 ›

1. 各组查阅资料，了解医药销售专员、药店营业员等医药营销岗位的工作要求。
2. 各组以 PPT 或思维导图等形式总结各个岗位所需的知识结构，并展示汇报。
3. 教师组织学生讨论并点评。

‹ 任务评价标准 ›

1. 知识结构总结全面、合理。
2. 展示汇报详略得当、条理清晰。
3. 组内分工明确、组织高效，团队协作良好。

‹ 完成任务提示 ›

1. 每组展示汇报完毕，教师组织学生进行讨论，总结与分析医药营销各个岗位知识结构的异同点。
2. 实训结束后，每位学生撰写实训报告，对自己的实训情况进行总结。

课后作业

结合医药营销主要岗位（如医药销售专员、药店营业员等）的工作要求，查找自身知识结构的薄弱环节，拟订一个未来的学习计划。

任务 2　医药营销人员职业礼仪训练

任务引入

张梅是一家医药公司的业务员，要去某公司与客户洽谈业务。张梅希望能够给客户留下良好的第一印象，她在着装、仪态、会见等方面需要注意哪些基本礼仪？

知识链接

礼仪概述

礼仪是在人际交往中，以一定的约定俗成的程序方式来表现的律己敬人的过程，涉及穿着、交往、沟通、情商等方面的内容。

我国是具有悠久历史的文明古国，素有"礼仪之邦"的美誉。《春秋左传正义》云："中国有礼仪之大，故称夏；有服章之美，谓之华。"礼仪，是中华传统美德宝库中的一颗璀璨的明珠，是中华文化的精髓。

现代社会中，礼仪的重要性日益凸显。对公司而言，礼仪是企业文化的重要组成部分，体现整个公司的人文风貌；对个人而言，良好的礼仪能够树立个人形象，体现个人的综合素质和修养；对客户而言，享受更上层的服务，能提升对整个商务过程的满意度。

因此，掌握并运用好商务活动中的礼仪规范，是医药营销人员在竞争激烈的社会中取胜的一个重要法宝。

基本知识

仪表是指人的外表，包括人的容貌、服饰、仪态、表情、谈吐等方面。在人际交往的最初阶段，仪表是最能引人注意的，是构成交际"第一印象"的基本因素。适当注意仪表修饰，不仅是一种工作需要，也是对交往对象的礼貌和尊重。

一、容貌修饰

1. 头发修饰

在人际交往中，我们对他人的判断，往往是从头开始的。头发修饰的基本要求是干净、整齐、长短适当，发型的选择应与脸型、年龄、气质、职业、身份相符。在工作场合，男士的头发不应该过长，一般要求前发不覆额，侧发不掩耳，后发不及领，头发不要过厚，鬓角不要过长；女士的头发不宜长于肩部，不宜挡眼，可将长发盘起或束起，不宜披头散发。

2. 面部修饰

面部修饰的重点在眼部、口部、鼻部和耳部，通过修饰，应使之整洁、卫生、简约、端庄。此外，医药营销人员在平时工作中适于化淡妆，通过恰当的淡妆修饰可以使人更加自然、清新、大方。化妆不只是女士的专利，男士也有必要进行恰当的化妆。男士的妆容以整洁和反映男子自然具有的肤色、五官轮廓和气度为佳。

3. 肢体修饰

肢体修饰主要包括手部和脚部的美化。要养成勤洗手、勤剪指甲的良好习惯。可以使用无色或者自然肉色的指甲油，不宜在手指甲上涂抹彩色指甲油，也不宜在手背、胳膊上使用贴饰、刺字或者刻画。双脚不但易出汗，且易产生异味，因此平时要注意勤洗脚部、勤换鞋袜。

课堂思考

请对照表 2-1 的问题检查自己的仪容：

表 2-1　职业仪容自检表

男性	女性
1. 头发是否干净、无头屑、梳理整齐？	1. 头发是否干净、无头屑、梳理整齐？
2. 头发长度合适吗？	2. 头发是否染了过分鲜艳的颜色？
3. 头发是否染彩色？	3. 头饰是否过于特别？
4. 胡须剃干净了吗？	4. 口中是否有异味？
5. 口中是否有异味？	5. 手及指甲干净吗？
6. 手及指甲干净吗？	6. 是否涂了颜色鲜艳的指甲油？
7. 身上是否有异味？	7. 化了淡妆吗？
8. 鼻毛修理了吗？	8. 化妆品的香气是否过重？

二、着装礼仪

在人际交往中，着装直接影响到别人对你的第一印象，关系到对你个人形象的评价，同时也关系到一个企业的形象。

1. 着装的基本原则

（1）整洁原则　着装要整齐、干净、完好，扣子等配件应齐全。

（2）TPO 原则　TPO 是英语单词时间（time）、地点（place）和场合（occasion）的缩写，即着装应该与当时的时间、所处的地点和场合相协调。

（3）和谐原则　衣着应与体型、肤色、脸型相协调，能起到修饰形体、容貌等作用，形成和谐的整体美。

2. 男士西装礼仪

西装是一种国际性服装，男士穿起来给人一种彬彬有礼、潇洒大方的深刻印象，所以现在越来越多地被用于正式场合，也是商务人士必备的服饰之一。

（1）穿着西装的"三个三"规则

① 三色原则。在正式场合穿着西装时，全身颜色应该在三种以内。

② 三一定律。鞋子、腰带、公文包的色彩应该一致，首选黑色。

③ 三大禁忌。一是没有拆去袖口上的商标，二是正式场合穿夹克或短袖衬衫打领带，三是穿深色皮鞋配白袜子。

（2）穿着西装应遵循的礼仪

① 西装面料。西装面料的选择应力求高档，纯毛面料为首选，含毛的混纺面料也可以，化纤面料尽量不要选择。

② 西装颜色。西装套装上下装颜色应一致，商务交往中穿着的西装首推藏蓝色，也可以选择灰色或棕色。

③ 西装纽扣系法。西装纽扣有单排、双排之分，纽扣系法有讲究，一般最下一粒纽扣不扣。双排扣西装应把纽扣都扣好，或者只扣上面一粒。单排扣西装：三粒扣的可扣中、上两粒，或者扣中间一粒；两粒扣的可扣上面一粒，下面一粒不扣或者两粒都不扣；一粒扣的，扣上端庄，敞开潇洒。坐下时，可解开纽扣。如图 2-1 所示。

图 2-1　西装纽扣系法

④ 西装口袋。西装的上衣口袋和裤子口袋里不宜放太多的东西。外侧左胸袋可放置装饰性手帕，内侧左右的胸袋可放钢笔、钱包或名片夹。

⑤ 衬衫。配西装的衬衫颜色应与西装颜色协调，不能是同一色。白色衬衫为首选，面料以纯棉为主。正式场合男士不宜穿色彩鲜艳的格子或花色衬衫。打领带时衬衫领口扣子必须系好，不打领带时衬衫领口扣子应解开。衬衫袖口应长出西装袖口 1～2 厘米，扣好袖口，不可卷起袖子。衬衫下摆必须扎在西裤里。

⑥ 领带。穿西装在正式庄重场合必须打领带，其他场合不一定都要打领带。领带质地一般以真丝、纯毛为宜，尼龙也可以，棉、麻、绒、皮革等质地的领带不适宜商务场合。领带的颜色、图案应与西装相协调，系领带时，领带的长度以触及皮带扣为宜，领带夹戴在衬衣第四、第五粒纽扣之间。

⑦ 皮鞋与袜子。穿西装套装必须穿皮鞋，布鞋和旅游鞋都不合适。皮鞋首选黑色，也可以选择深咖啡色。与皮鞋配套的袜子应为纯棉毛制品，最好是深色或者是西装和皮鞋之间

的过渡色。袜子应长一些，坐下跷脚时不应露出小腿。

⑧ 穿着。不穿西装外套只穿衬衫打领带仅限室内，而且正式场合不允许。

3. 女士套裙礼仪

西装套裙，简称套裙，上装为西装，下装为开衩直筒裙，是女士的标准职业装。职业女性穿着套裙，会使其神采奕奕、成熟干练、优雅文静，烘托出女性的气质和知性美。

（1）职业女性穿着套裙的四大禁忌

① 正式场合忌讳穿着黑色皮裙。

② 套裙与鞋、袜不搭配。

③ 忌讳光脚穿套裙。

④ 忌讳出现"三截腿"的现象。

（2）穿着套裙应遵循的礼仪

① 套裙面料与造型。正式场合穿着的套裙上衣和裙子要采用同一质地、同一色彩的素色面料。上衣注重平整、挺括、贴身，较少使用饰物和花边进行点缀。裙子要以窄裙为主，并且裙长要到膝或者过膝。

② 套裙色彩。色彩方面以冷色调为主，可体现着装者的典雅、端庄和稳重。藏青、炭黑、茶褐、土黄、紫红等稍冷一些的色彩都可选择。鲜亮抢眼的颜色不宜选择。套裙的上衣和裙子可以是一色，也可以是上浅下深或上深下浅等两种不同的色彩。

③ 衬衫。应选择与套裙配套的衬衫。衬衫的面料要求轻薄柔软，如真丝、麻纱、府绸等，如果选择纯棉衬衫，要将衬衫熨烫平整。衬衫的颜色可以是多种多样的，如白色、黄白色和米色与大多数套装都能搭配。

④ 衬裙。穿丝、棉、麻等薄型面料或浅色面料的套裙时，应该穿衬裙。衬裙应为单色，如白色、肉色等，必须和外面套裙的色彩相互协调。不要出现任何图案。衬裙裙腰不可高于套裙裙腰而暴露在外。应将衬衫下摆掖入衬裙裙腰与套裙裙腰之间，不可将其掖入衬裙裙腰之内。

⑤ 穿着。在正式场合穿着套裙时，上衣的衣扣必须全部扣上。不要解开部分或者全部的扣子，也不要当着别人的面随便将上衣脱下，不可将上衣披在身上或搭在身上。

⑥ 化妆与配饰。穿着套裙时适宜化淡妆，不可化浓妆或者不化妆，不宜佩戴过度张扬的耳环、项链、手镯、脚链等首饰。

⑦ 个人仪态。穿着套裙时要注意个人仪态。站立时，要站得又稳又正；就座时，不要双腿分开过大；走路时，不能大步地奔跑。

4. 配饰的选择与佩戴礼仪

为了使个人形象更加完美，可以选择一些配饰，能对服装起着辅助、美化的作用。男士常用的饰品有公文包、钱包、名片夹、手表、钢笔、腰带等，女士常用的饰品有手提包、首饰、丝巾等。

饰品佩戴的原则如下。①饰品的选择应与穿戴者的身份、所处的场合和着装相协调。②宜少不宜多。在必要时，可以不佩戴饰物；如果想同时佩戴多种饰品，如女性戴戒指、项链、耳环、胸针等，最好不要超过 3 种，每一种不多于 2 件。③同质同色。如果同时佩戴两件或两件以上饰品，饰品的质地、色彩应该一致。如佩戴了黄金戒指，则同时佩戴的项链也应该是黄金材质的。

三、姿态

姿态包括站姿、走姿、坐姿、手势等方面，不同的姿态显示着人们不同的精神状态和礼仪教养。举止落落大方，动作合乎规范，是姿态礼仪方面最基本的要求。

（一）站姿

站立是人们在交际场所最基本的姿势，是其他姿势的基础。优美的站姿能显示个人的自信，衬托出美好的气质和风度，并给他人留下美好的印象。

1. 基本要求

身体应与地面垂直，头正、颈直、挺胸、收腹、双肩放松、腿并。双臂自然下垂或在体前交叉，手指自然弯曲，掌心向内轻触裤缝，或将右手搭在左手上贴放在腹部。眼睛平视，面带笑容。

男士站立时两膝并严，脚跟靠紧，脚掌分开呈"V"字形，双手放置于裤缝处；或者两腿分开、两脚平行，两脚间距离不超过肩宽，两手交叉在体前或叠放在背后，如一手持公文包，另一只手可自然垂放。

女士站立时两脚跟靠紧，脚掌分开呈 V 字形，或者双脚呈垂直方向接触，其中一脚跟靠在另一脚窝处，两脚尖对两斜角，如一"丁"字，形成丁字步。

男、女士站姿如图 2-2。

图 2-2　站姿

2. 禁忌

站立时不要歪脖、耸肩、驼背、塌腰、屈腿等；双腿不要叉开过宽或扭在一起；双脚不可肆意乱动；不宜将手插在裤袋里或交叉在胸前，更不要下意识地做些小动作，那样不但显得拘谨，给人缺乏自信之感，而且也有失仪态的庄重。

（二）走姿

走姿能够体现动态的美感，从一个人的走姿就可以看出其精神是奋发进取或失意懒散，以及是否受人欢迎等，它最能体现出一个人的精神面貌。

1. 基本要求

标准的走姿要求行走时上身挺直，头正目平；双肩平稳，手臂伸直放松，手指自然弯曲，摆动时，以肩关节为轴，上臂带动前臂，向前、后自然摆动；收腹立腰，重心稍向前倾，提髋由大腿带动小腿向前迈步。

2. 注意要点

① 步幅适当。
② 步速平稳。
③ 身体协调，造型优美。
④ 遵守行走礼仪。两人并行的时候，右者为尊；两人前后行的时候，前者为尊；三人并行，中者为尊，右边次之，左边更次之；三人前后行的时候，前者就是最为尊贵的。如果道路狭窄又有他人迎面走来，则应该退至道边，请对方先走。

3. 禁忌

在行走时应避免：方向不定，忽左忽右；摇头、晃肩、扭臀，左顾右盼；外八字或内八字；与多人走路时勾肩搭背，或奔跑蹦跳、大声喊叫；双手反背于背后或插入裤袋等。

（三）坐姿

文雅、端庄的坐姿，不仅给人以沉着、稳重、冷静的感觉，而且也是展现个人气质与修养的重要形式。

1. 基本要求

入座时要轻稳，动作协调从容。女士穿着裙装入座时，应用双手拢平裙摆再坐下；男士穿西装时应解开上衣纽扣。一般不坐满座位，应坐在椅子的 2/3 处。落座后腰背挺直，两肩齐平，双臂自然弯曲，双手自然放在桌面、双腿上或椅子、沙发扶手上，掌心向下。双腿自然弯曲，双膝自然并拢（男性可略分开，不超过肩宽为宜），双脚平落地上或并拢交叠。离座时要自然稳当，动作不要过猛。

入座礼仪"左入"还是"右入"？

在古时的西方，男女都佩剑防身。这个传统如今我们依然可以在某些欧洲王室的护卫队演习中看得到。因为佩剑是挂在左腰间的，所以为了使剑身不妨碍入座，当时的人们都会站在椅子的左边，然后右脚向前跨一步后入座。沿袭至今，这个站在椅子左侧入座的方式也自然而然成了入座礼仪的一部分。

在正式场合从椅子后面入座，如果椅子左右两侧都空着，应该从左侧走到椅前入座。离座时，也应从椅子左侧离开。

2. 商务场合常用的坐姿

女士坐姿有标准式、前交叉式、侧挂式、侧点式等，男士坐姿有标准式、重叠式、前伸式、侧身前伸式等（图 2-3）。

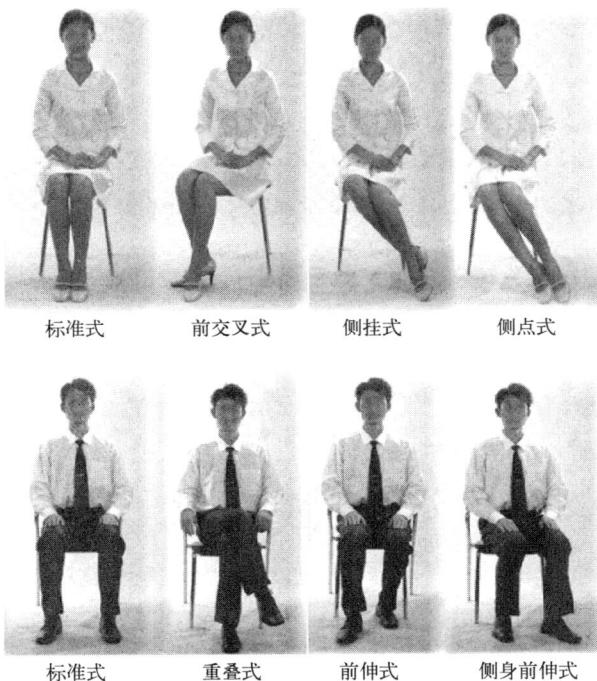

| 标准式 | 前交叉式 | 侧挂式 | 侧点式 |

| 标准式 | 重叠式 | 前伸式 | 侧身前伸式 |

图 2-3　坐姿

3. 禁忌

坐时不可前倾后仰，东倒西歪；双手不可放于臀部下面、两腿中间或撑椅；双腿不可过于叉开或长长地伸出；腿、脚不要抖动；不要脚跟落地、脚尖离地；脚尖不要指向他人，不要把脚架在椅子或沙发扶手、茶几上；坐下后不可随意挪动椅子；无论何种坐姿，女士切忌两膝盖分开或两脚呈八字形。

（四）手势

手势是运用手指、手掌和手臂的动作变化发出信息、表达感情的一种态势语言。医药营销人员在工作中恰当地运用手势表情达意，可为交际形象增辉。

1. 握手

握手是世界通用的礼节，是沟通思想、交流情感、增进友谊的重要方式，这一礼节常用于商务活动中见面、接待、迎送等场合。

知识链接

握手的由来

握手，是人类在长期交往中逐渐形成的一种重要礼节，最早可以追溯到"刀耕火种"的原始时代。那时，人们以木棒或石块为武器，进行狩猎或战争。狩猎中遇到不属于本部落的陌生人，或敌对双方准备和解时，双方就要放下手中的武器，伸出手掌，让对方摸一下手心，以示友好。这种习惯后来演变成现代握手礼。

（1）握手的姿态 行至距握手对象 1 米处，双腿立正，上身略微前倾，右臂自然弯曲向前伸出，手臂抬至腰部，掌心向左微向上，四指并拢，拇指张开与对方右手相握。握手时适当用力，上下轻摇三四次，随即松开手，恢复原状。与人握手时，神态要专注、热情、友好、自然，面带微笑，目视对方，同时向对方问候。如图 2-4 所示。

图 2-4　握手的姿态

（2）握手的力度与时间 握手是为了表示热情友好，应当稍许用力以示热情，但以不握痛对方的手为限度。握手时间的长短可根据握手双方亲密程度灵活掌握。初次见面者，一般应控制在 3 秒钟以内，切忌握住异性的手久久不松开。

（3）握手的顺序　握手应遵循"尊者优先"和"女士优先"的原则。上下级握手，下级要等上级先伸出手；长幼握手，年轻者要等年长者先伸出手；男女握手，男士等女士伸出手后，方可伸手握之，若女方不伸手，无握手之意，男方可点头或鞠躬致意；宾主握手，主人应向客人先伸出手，而不论对方是男是女。总而言之，社会地位高者、年长者、女士、主人享有握手的主动权。朋友、平辈见面，先伸出手者则表现得更有礼貌。

（4）握手的禁忌

① 忌左手握手，除非右手有残疾（特殊情况应向对方说明原因）。

② 忌交叉握手。

③ 忌出手太慢。

④ 忌在对方无意的情况下强行与其握手。

⑤ 忌戴手套或墨镜与他人握手。如果女士戴有装饰性的手套则可以不摘。

⑥ 忌握手时另外一只手放在口袋里。

⑦ 忌在手不干净时与他人握手。

⑧ 忌握手后立刻用纸巾或手帕擦手。

2. 递接名片

现代社会，名片是一个人身份的象征，已成为人们社交活动的重要工具。因此，名片的递送、接受、存放也要讲究礼仪。

> **知识链接**
>
> ## 递送名片的时机
>
> ① 初次相识，自我介绍或别人为你介绍时；
>
> ② 当双方谈得较融洽，表示愿意建立联系时；
>
> ③ 当双方告辞时，可顺手取出自己的名片递给对方，以示愿结识对方并希望能再次相见，这样可加深对方对你的印象。

（1）名片的递送　递出名片时要注意递送名片的顺序，一般是地位低的人先向地位高的人递名片，男性先向女性递名片。当对方不止一人时，应先将名片递给职务较高或年龄较大者；或者由近至远处递，依次进行，切勿跳跃式地进行，以免对方误认为有厚此薄彼之感。

在递送过程中，应面带微笑，稍欠身，注视对方；名片正面朝上，文字内容正对对方；用双手的拇指和食指分别持握名片上端的两角送给对方。如果你正在座位上，应当起立或欠身递送。递送时可以说一些"我叫××，这是我的名片"或是"我的名片，请您收下"之类的客气话。在

图 2-5　递接名片的姿态

递名片时，切忌目光游移或漫不经心（图 2-5）。

（2）名片的接受　在接受他人的名片时，应面含微笑，用双手的拇指和食指接住名片的下方两角，切记不要只使用左手接名片。

接过名片之后，应该先向对方致谢，然后将名片从头到尾默读一遍，也可以将重要内容读出来。切勿将他人的名片随意乱揉乱折、乱丢乱放。应该谨慎地置于名片夹、上衣的口袋、公文包或办公桌，并与本人的名片区别放置。

接受名片后应立刻回送给对方一张自己的名片。如果自己的名片用完了，应当向对方做出合理的解释并致以歉意或待他日补送名片。

（3）名片的存放　一般自己的名片可装入名片夹内放在西装上衣内侧左口袋中或公文包内。不要把别人的名片与自己的名片放在一起，以免慌乱中误将他人的名片当作自己的名片送给对方。

3. 引领手势

引领手势常用于引路、请人进门、请人入座等，使用时应注意身体各种体态的协调。引领手势的要求是：五指伸直并拢，注意将拇指并严，手与前臂成一条直线，肘关节自然弯曲，掌心斜向上方，手背与地面形成约 45°角，身体稍向前倾，肩下压，面带微笑，目视来宾（图 2-6）。

4. 禁忌的手势

① 不卫生的手势。
② 不稳重的手势。
③ 失敬于人的手势。

图 2-6　引领手势

四、语言

语言是人类交际的媒介，是人们表达意愿、沟通情感、交流思想的重要工具。医药营销人员应掌握语言交际礼仪的基本知识，才能在洽谈业务中运用得体的语言展示公司和自己。

（一）交谈礼仪

1. 交谈的基本要求

① 尊重对方、理解对方。
② 礼让对方。
③ 与对方保持适当的距离。

人际交往的距离

1. 亲密距离

范围是 50 厘米之内，只限于恋人、夫妻等之间，在同性之间，往往只限于贴心朋友。亲密距离适用于私下情境，很少用于大庭广众之下。

2. 私人距离

范围是 50~120 厘米，一般表现为伸手可以握到对方的手，但不容易接触到对方的身体。人际交往中，私人距离通常是在非正式社交情境中使用，在正式社交场合一般使用社交距离。

3. 社交距离

范围是 120~360 厘米，近可相距两三步，远可相距五六步或更远些。一般在工作环境和社交聚会上，人们大多保持这种程度的距离。

4. 公众距离

范围是 360 厘米以上，一般指公共场合中演讲者与台下听众，教室里老师对学生，舞台上演员与观众的距离。

④ 恰当地称呼他人。

⑤ 态度和气、语言得体。

2. 礼貌用语

礼貌用语是对他人表示友好和尊敬的语言，在交谈中运用礼貌用语，不仅能表现一个人的语言修养、文化程度、思想品德，还能反映整个社会的文化程度。

常见的基本礼貌用语，主要有以下几种：欢迎语、问候语、祝贺语、请托语、感谢语、道歉语、应答语、道别语、征询语。

3. 交谈的内容

与人交谈时，可以选择双方共同关注的话题，除了工作内容外，还可以选择政治、经济、文化、新闻的焦点，或者文学、艺术、哲学、历史、地理、建筑等话题。

交谈中不宜谈论下列内容：①倾向错误的内容。②个人隐私。③国家机密和商业机密。④令人不愉快的话题。⑤非议他人。⑥失敬于人的话题。

4. 交谈的禁忌

① 打断对方，即插嘴。

② 补充对方。

③ 纠正对方。

④ 质疑对方。

⑤ 挖苦对方。

（二）称呼礼仪

称呼，是在人与人交往中使用的称谓和呼语，用以指代某人或引起某人注意，是表达人的不同思想感情的重要手段。人际交往选择正确、得体的称呼，不仅反映着自身的修养和对对方的尊重程度，在一定程度上还体现着双方之间关系的亲疏。常用的称呼方式如下。

1. 泛称

泛称是适合于各种社交场合的称呼。泛称可以单独使用，如先生、阁下、女士、夫人、太太等。在正式场合，泛称可以与姓名、姓氏、职业性称呼分别组合在一起使用，如"李梅女士""张先生""护士小姐"等。

2. 行政职务性称呼

行政职务性称呼是以对方的职务来进行称呼。行政职务性称呼可分为三种情况：①仅称职务，如"董事长""经理""主管""主任"等；②在职务之前加上姓氏，如"李经理""赵主管""陈秘书"等；③在职务之前加上姓名，这仅适用于极其正式的场合，如"李强董事长"。

3. 技术职称性称呼

技术职称性称呼是对具有职称，特别是中、高级职称者，直接以其职称相称。如果在有必要强调对方的技术水准的场合，尤其需要以职称来称呼对方。技术职称性称呼可分为三种情况：①仅称技术职称，如"教授""工程师"等；②在职称前加上姓氏，如"王教授""张工程师"等；③在职称前加上姓名，适用于正式场合，如"张伟教授""李月主任医师"等。

行政职务性称呼和技术职称性称呼在使用时，一般遵循"就高不就低"的原则，直接以正职称呼。如"李副经理"称为"李经理"，"王副教授"称为"王教授"。

4. 学术头衔性称呼

对于有学术头衔者，特别是具有较高学术头衔者，以学衔进行称呼，可增加被称呼者的权威性，有助于增强现场的学术气氛。学术头衔性称呼可分为四种情况：①仅称学衔，如"博士"；②在学衔前加上姓氏，如"张博士"；③在学衔前加上姓名，如"张明博士"；④将学衔具体化，说明其所属学科，并在其后加上姓名，如"经济学博士张明"等，此种称呼最为正式。

5. 职业性称呼

在人际交往中，若不了解交往对象的具体职务、职称、学衔，可直接以职业性称呼或约定俗成的称呼相称。职业性称呼可分为两种情况：①以其职业相称，如"老师""医生""师傅""警官"等；②在职业前加上姓名，如"陈老师""赵医生""吴师傅""王警官"等。

6. 姓名性称呼

在工作中，对于同事、熟人之间可以直接称呼其姓名。姓名性称呼可分为三种情况：①直呼姓名，如"王丽"，适用于长辈对晚辈或者平辈之间；②只呼其姓，不称其名，但要在姓氏前加上"老""大""小"等进行称呼，如"老刘""大李""小王"；③只称其名，不呼其姓，一般用于同性之间，如称"李丽君"为"丽君"，一般上司称呼下级，长辈称呼晚辈、亲友、同学、邻里之间，均可使用这种称呼。

除了以姓名相称，还可用"您"和"你"，一般称呼长辈、上级和熟识的人用"您"，以示尊重；而称呼自家人、熟人、朋友、平辈、晚辈和儿童用"你"，表示亲切、友好和随和。

五、表情

在人际交往中，表情起着重要的作用。优雅的表情可以给人留下深刻的第一印象。构成表情的主要因素有笑容和眼神。

（一）微笑

在商务场合，最适宜的笑容是微笑，能够给人以一种亲切、和蔼、热情的感觉。

1. 微笑的技能要领

微笑时面部肌肉要放松，唇部向上移动，略呈弧形，露出 6～8 颗上牙，不要露出牙龈和下牙，不要出声。

2. 微笑的禁忌

不要虚假地笑，即皮笑肉不笑；不要冷笑，容易使人产生敌意；不要放肆大笑，使人感到缺乏礼貌；不要捂着嘴角不自然地微笑等。

（二）眼神

眼神是面部表情的核心。在人际交往中，要注意注视对方的时间、角度、位置，讲究眼神的礼仪规范。

1. 注视的时间

① 表示友好：不时地注视对方，注视对方的时间约占相处时间的 1/3。

② 表示重视：常常把目光投向对方，注视对方的时间约占相处时间的 2/3。可用于听报告、请教问题时。

③ 表示感兴趣：目光始终盯在对方身上，偶尔离开一下，注视对方的时间多于相处时间的 2/3。

④ 表示敌意：目光始终盯在对方身上，专注而严厉，注意对方的时间多于相处时间的2/3。

⑤ 表示轻视：目光常游离对方，注视对方的时间不到相处时间的1/3。

2. 注视的角度

（1）平视　视线呈水平状态，与对方正面相向，也叫正视。平视表示理性、平等、自信、坦率，令人感觉平等、亲切，一般适用于普通场合与身份、地位平等的人之间的交往。

（2）侧视　是平视的特殊情况，当位于对方侧面时，要面向并平视对方。侧视的关键在于面向对方，否则为斜视对方，是很失礼的。适用于与位于自己左右的人交往。

（3）仰视　抬眼向上注视他人。仰视表示尊重、期待、敬畏之意，适用于晚辈对长辈、下级对上级之间。

（4）俯视　抬眼向下注视他人。俯视可表示对晚辈的宽容、爱护，也可表示对他人的轻慢、歧视。一般用于身居高处之时。

3. 注视的位置

（1）公务注视　注视的位置在对方的双眼或双眼与额头之间的三角区域，表示严肃、认真、公事公办，能制造紧张气氛。一般用于洽谈、磋商、谈判等场合。

（2）社交注视　注视的位置在对方的双眼与嘴唇之间的三角区域，表示礼貌、友好，容易形成平等感。一般用于舞会、酒会、朋友聚会。

（3）亲密注视　注视的位置在对方的双眼和胸部之间的区域，表示亲密、友善。一般用于亲人、恋人、家庭成员等亲近人员之间，不适用于陌生人。

4. 注视的禁忌

① 人际交往中，冷漠、呆滞、疲倦、轻视、眯眼、斜视、闭眼、左顾右盼的眼神都是不礼貌的。

② 不要对关系一般的人或异性长时间凝视。

③ 与陌生人谈话时，不能不看对方。

④ 眼睛转动幅度不能过快或过慢。

⑤ 在与多人交谈时，要不时地与不同角度的听众进行目光接触，不要只顾与一两个人交谈而冷落他人。

课堂思考

拜访客户时应该注意些什么？

小王大学毕业后进入一家医药公司做业务员，第一次拜访客户时他穿戴不整洁，也不敢正视客户的眼睛，即使勉强与客户对视，也会立即把眼神游离到别的地方。在客户说对产品的看法时，小王打断客户，对产品的特点进行说明。客户听完后含糊其辞地"哦"了一声就开始转换话题，几分钟就把小王打发走了，根本没有谈具体的合作事宜。小王此次的拜访以失败告终。

问题1：小王的表现有哪些不妥的地方？

问题2：拜访客户时应该注意些什么？

⊕ 任务实施

‹ 任务描述 ›

模拟进行客户拜访，在拜访客户中将所学的着装、姿态、语言、表情等礼仪进行综合运用。

‹ 任务目标 ›

能够根据商务活动中实际情景运用相关的礼仪技巧。

‹ 任务准备 ›

1. 全班同学分组，每2～3人一组，1人扮演营销人员，其余人员扮演客户。

2. 实训环境：模拟营销实训室。

3. 物品：名片、公文包、笔、记事本、领带、丝巾、办公桌椅等。

‹ 任务实施步骤 ›

1. 学生自行选定身份，选择合适的产品，设计对白，模拟进行营销人员与客户之间的业务洽谈。

2. 教师组织学生讨论并点评。

‹ 任务评价标准 ›

1. 男生必须学会至少一种领带的系法，女生必须学会至少一种丝巾的系法。

2. 能熟练地握手、递接名片，并正确称呼对方。

3. 站姿、走姿、坐姿、手势等姿态规范，表情、语言恰当。

4. 评分标准见表2-2。

表 2-2 任务评价表

项目	领带/丝巾系法（10分）	握手（10分）	递接名片（10分）	称呼（10分）	站姿（5分）	走姿（5分）	坐姿（5分）	手势（5分）	表情（10分）	语言（10分）	内容安排（10分）	表演效果（10分）
得分												
合计												

◀ 完成任务提示 ▶

1. 每组学生用时 5～10 分钟。

2. 每组模拟完毕，由所有同学和教师进行评分，教师组织学生对表演过程中的不妥之处进行讨论。

3. 实训结束后，每位学生撰写实训报告，对自己的实训情况进行总结。

✎ 课后作业

判断下列情景中各个人物做法的正误，并说明理由。

1. 小王是一家医药公司的业务员，他去拜访一位客户，一进门就坐在沙发上，跷起二郎腿，点起香烟。

2. 业务员小李进入一家公司，问接待人员小张："哎，这里是××公司吗?"小张没有理小李，继续与旁边的同事小声聊天。

3. 杨先生戴着墨镜在路上遇到了客户李小姐，李小姐伸手与之相握，李先生伸出双手并用力摇晃。

4. 在某次招商会上，小陈掏出名片，欲递与一客户，正巧这时手机响，仓促之间，小陈腾出右手拿手机听电话，左手夹着名片递与客户。

任务 3 医药营销人员职业素质养成

🌐 任务引入

张梅要对公司产品销售情况进行市场调研，主要的工作有走访客户，收集、整理资料并最终形成调研报告。张梅向师傅询问市场调研的注意事项，师傅告诉她可以先查些资料，制订出调研计划，然后逐一拜访客户详细了解产品的销售情况，最后对所有的情况汇总分析形成调研报告。师傅还告诉她，不要随便查些资料应付工作，应该以认真、踏实的态度对待工作。工作中应该遵守哪些职业道德？保持什么样的工作态度？

📖 基本知识

一、职业道德

职业道德是同人们的职业活动紧密联系的符合职业特点所要求的道德准则、道德情操与道德品质的总和。它既是对本职人员在职业活动中提出的行为标准和要求，同时又是职业对社会所负的道德责任与义务。它是人们在从事职业的过程中形成的一种内在的、非强制性的约束机制。

医药营销人员应具备的基本职业道德有：

1. 遵纪守法

医药营销人员在从事营销活动的过程中，首先应该做到的就是遵纪守法，既要遵守国家的法律法规，还要遵守企业的章程及管理制度，如劳动纪律、组织纪律、保密纪律等。

2. 爱岗敬业

爱岗敬业是对人们工作态度的一种普遍的要求，就是干一行爱一行，爱一行钻一行，钻一行精一行。爱岗，就是热爱自己的本职工作，能够为做好本职工作尽心尽力；敬业，就是要用一种恭敬严肃的态度来对待自己的职业，即对自己的工作要专心、认真、负责任。

3. 诚实守信

诚实守信是做人做事的基本准则，也是医药营销人员与他人建立长久合作关系的基础。诚实，就是忠诚老实；守信，就是信守诺言，讲信誉，重信用，忠实履行自己应该承担的业务。诚实守信是指对雇主、同事、股东和企业忠诚，严守企业的商业秘密；对客户要诚实，维护客户的利益，讲信誉、重信用，重视合同和约定。

4. 办事公道

办事公道是处理职业内外关系的重要行为准则，是指医药营销人员在办事情、处理问题时，要站在客观公正的立场上按照同一标准和同一原则公平合理地做事和处理问题。

5. 开拓创新

医药营销人员应主动学习最新的专业技能知识，探索更好的工作方法，不断提高自身的业务水平，并且在理论知识和实践工作中要不断创新。

6. 奉献社会

奉献社会是职业道德中的最高要求，也是做人的最高境界，是为人民服务和集体主义精神的最好体现。奉献社会是指一心为社会贡献，在公与私、义与利、奉献和索取之间，把前者放在首位。每个公民无论在什么行业、什么岗位，从事什么工作，只要他爱岗敬业，努力工作，就是在为社会做出贡献。如果在工作过程中不求名、不求利，只奉献、不索取，则体现出宝贵的无私奉献精神，这是社会主义职业道德的最高境界。

二、工作态度

工作态度是对工作所持有的评价与行为倾向，包括工作的认真度、责任度、努力程度等。以什么样的心态对待工作，直接决定着医药营销人员的工作质量。

医药营销人员必备的心态有：

1. 积极的心态

医药营销人员每天都要面临很多新的问题与困难，要学会用积极的心态去面对。

知识链接

积极心态的十个特征

（1）面临难题，认真思考，做出自己的选择；不可不动脑筋，安于现状。

（2）遇到挑战，从实际出发，求变创新；不可浑浑噩噩，回避矛盾。

（3）选取目标，计划事情，具体而明确；不可笼而统之，模糊不清。

（4）正视现实，负起责任，不管是愉快还是痛苦；不可否认、逃避现实，沉溺在幻想中。

（5）尊重事物规律，考察客观可能；不可拒绝真理，不顾实际，只凭主观愿望办事。

（6）独立自主，积极行动；不可依赖别人，消极等待情况变化。

（7）敢于冒险，不怕失败；不可躲避风险，贪图安逸。

（8）坚持自己的价值和能力，坚持靠自己；不可自我贬低，就怕别人看不起。

（9）有了错误，愿意承认并纠正；不可文过饰非，虚荣自负。

（10）冷静从容，能够选择控制自己的情感；不可急躁任性，感情用事。

2. 主动的心态

在竞争异常激烈的时代，"被动就会挨打"，只有怀着主动的心态做事，才能占据优势地位。在公司里，有很多的事情也许没有人安排你去做，但如果你主动行动起来，不但可以锻炼自己，也为自己的成功积蓄力量。

3. 空杯的心态

课堂思考

空杯的故事

古时候，有一个佛学造诣很深的人，听说某名山一座寺庙里有位德高望重的老方丈，于是他前去拜访。

到了寺里以后，先是老禅师的徒弟接待了他，他很是不高兴，心想：我是佛学造诣很深的人，也算小有名气，方丈却派个小沙弥来接待，太看不起我了吧？后来老方丈出来后，他对方丈也表现得十分不满，态度傲慢。结果老方丈还是非常恭敬地亲自为他沏茶，但在倒水时，明明茶杯已经满了，老方丈还不停地倒。

他不解地问："大师，为什么杯子已经满了，还要往里倒？"大师说："是啊，既然已经满了，为啥还倒呢？"老方丈的意思是，既然你已经很有学问了，为啥还要到我这里求教呢？

问题：上面的故事给了我们什么启示？

如果想学习到更多的销售方法和好的经验，就要把自己想象成"一个空着的杯子"，而不是骄傲自满。"空杯的心态"并不是完全的否定过去，而是要怀着否定或是放空过去的一种态度，重新整理自己的智慧，吸收别人正确、优秀的东西，去融入新的工作环境，对待新的工作、新的事物。

4. 双赢的心态

双赢的心态就是利己利人的心态，就是为自己着想的同时而不忘他人的权益，使双方都能受益。医药营销人员必须以双赢的心态处理自身与企业之间、企业与客户之间的关系。

5. 包容的心态

医药营销人员在工作中会接触到各种各样的客户，每个客户的需求、喜好都不相同。这就要求我们站在别人的立场看一看，或者换个角度想一想，学会包容他人的不同喜好，包容别人的挑剔。你的同事也许与你有不同的做事风格，有不同的喜好，你应该去包容。

6. 感恩的心态

人要懂得感恩，不要将拥有的一切都视为理所当然，需要以感恩之心对待我们周围的一切事物。作为医药营销人员，我们要对公司感恩，感谢公司为我们提供了较为优厚的待遇和物质生活的保障，构建了展现自我价值的平台；对领导感恩，感谢领导的信任支持，为我们提供了机会和空间；对同事和亲友感恩，感谢大家的相互支持、团结合作。

7. 行动的心态

"心动不如行动"，行动是最具有说服力的。医药营销人员需要用行动去证实自己的存在，证实自己的价值；用行动去关怀客户，去完成目标。营销的关键在于执行，再好的方案只能是方案，只能是规划与蓝图，关键是谁来描绘。因此在营销实践中，每个营销人员行动的心态才是最重要的。

8. 付出的心态

天下没有免费的午餐，没有人可以不劳而获，想要得到回报就要首先付出。我们做任何事情，不能首先想到自己会收获些什么，不要太计较眼前的得失，以免在工作中患得患失，影响自己的工作。

9. 学习的心态

在信息技术快速发展的今天，知识更新的速度日益加快，想要应对千变万化的世界，务必要做到"活到老，学到老"。医药营销人员只有不断学习、不断提高，才能与时俱进、顺应发展，成为职场上的胜者。

10. 老板的心态

老板的心态是指像老板一样思考，像老板一样行动。具备了老板的心态，你就会从全局的角度来考虑自己的工作，会找到工作的最佳方法，会把工作做得更加圆满出色。

三、良好的心理素质

医药营销人员不仅面临繁重的任务压力，而且还面临着巨大的心理压力，因此，要想做好医药营销工作，一定要有强大的心理素质。

医药营销人员良好的心理素质主要包括：强烈的自信心、顽强的意志、稳定的情绪、豁达的性格、足够的勇气。

1. 强烈的自信心

信心是力量的源泉，是成功的前提。一个人成功与否，除去与其智力因素有关外，非智力因素也起着至关重要的作用，而自信心又是非智力因素中一个很重要的方面。自信是人们事业成功的阶梯和不断前进的动力。

> **知识链接**
>
> **增强自信心的六大方法**
>
> （1）要做好坐在前面的思想准备；

（2）养成盯住对方的眼睛的习惯；

（3）把走路的速度提高 10%；

（4）主动和别人说话；

（5）默念一些经过时间检验的谚语或励志的语句来增强自信心；

（6）每天照三遍镜子。

2. 顽强的意志

药品销售工作不是一帆风顺的，会遇到许多困难与障碍，在面对挫折与失败时，不能轻易放弃，要锲而不舍，认真查找原因，改进工作方法，用坚强的意志力去克服挫折和困难。

3. 稳定的情绪

在面对压力或者遭遇挫折时，医药营销人员会感到气馁和沮丧，产生情绪的波动，消极的情绪状态对医药营销工作是十分不利的。因此，医药营销人员要有一定的情绪控制能力，才能在工作中保持稳定的情绪，以积极的心态投入营销活动中。

4. 豁达的性格

在医药营销过程中，即使做了万全的准备，也难免百密一疏，遇到不如意的情况，要练就"一笑了之"的豁达性格，学会谅解，不要耿耿于怀。

5. 足够的勇气

在医药营销工作中，有一些营销人员往往只注重对技能和知识的学习，却忽视了如何克服恐惧的训练。他们在与客户交流时，会因为恐惧而面红耳赤、语无伦次，给客户留下负面印象，导致工作的失败。产生这种现象的原因是"缺乏人际勇气"，或者说是"不敢与人打交道"。医药营销人员要敢于推销自己，要有足够的勇气和胆量来克服人际沟通中的心理障碍。

课堂思考

某公司总经理分别把销售部的员工小江、小杨、小刘叫到办公室，对他们说："请叫你们经理到我办公室来一趟。" 小江、小杨、小刘的做法是：

小江回到办公室发现经理不在，就回到自己办公桌前干起自己的事情来。总经理没有见到某部门经理，不知道是小江忘了自己的嘱咐，还是销售部经理知道后没有过来，没有办法布置新的销售任务。

小杨回到办公室发现经理不在，立即给总经理打电话说："我们经理不在。"总经理问："他去哪儿了。"小杨说："不知道"。总经理还是没有把新的销售任务布置下去。

小刘回到办公室发现经理不在，首先通过各种途径打听到经理把手机忘在家里了，正在回去取，预计半小时到单位，接着把这些情况告诉了总经理，总经理统筹后把工作布置给了别人。

问题 1：小江、小杨、小刘三者中谁的做法可取？为什么？

问题 2：他们在工作态度方面有什么不同？

🌐 任务实施

❮ 任务描述 ❯

以医药营销人员职业素养提升为题进行个人演讲。

❮ 任务目标 ❯

能够明确医药营销人员应具备的职业素质。

❮ 任务准备 ❯

多媒体机房。

❮ 任务实施步骤 ❯

1. 学生查阅资料，了解医药销售职业素质相关知识。

2. 学生根据自身特点撰写医药营销人员职业素养提升为主题的演讲稿。

3. 教师组织学生演讲并点评。

❮ 任务评价标准 ❯

1. 演讲稿符合主题要求、内容合理。

2. 演讲表达清晰，仪态大方得体。

3. 能合理使用网络查找资料，具备一定的信息素养。

❮ 完成任务提示 ❯

1. 每位同学演讲完毕，教师组织学生进行讨论与点评。

2. 实训结束后，每位学生撰写实训报告，对自己的实训情况进行总结。

✏️ 课后作业

案例分析：

李明大学毕业后进入某医药公司做业务员，公司安排他去拜访一位客户王经理。他听同事说王经理是一个大公司的老总，为人很严肃。于是李明心里便开始担心，害怕王经理为难自己，或者干脆把自己骂出来。他越想越害怕，甚至想要放弃，但是已经和王经理约定好了，于是硬着头皮前去。拜访过程中王经理对李明很客气，但是李明非常紧张，最后连自己说什么都不知道了。王经理见李明的表现，心里很不满意，就找了个理由让他离开了。这笔生意也不了了之。

李明拜访失败的原因是什么？应该怎么改善？

任务 4　医药营销人员职业能力训练

🌐 任务引入

张梅要对公司产品销售情况进行市场调研，主要的工作有走访客户，收集、整理资料并最终形成调研报告。想顺利完成这一项工作，张梅需要具有哪些能力？

🔰 基本知识

医药营销行业要求从业人员具备极高的综合素质与能力，成功的医药营销人员应具备以下几个基本的职业能力。

一、计划能力

医药营销人员应该根据自己的工作任务制订出详细的工作计划，这样才能有明确的工作目标和清晰的思路，并且能够统筹安排各项资源和时间，有利于减少失误和提高效率。

二、分析与总结能力

医药营销工作是一个系统而又复杂的过程，医药营销人员要能从纷繁复杂的表象中发现事物的本质，通过各种信息综合判断、寻找、发现销售机会，并及时将自己的时间和精力投入核心问题的解决上，才能取得事半功倍的效果。此外，医药营销人员还应及时对以往工作进行总结，这样可以正确分析以往工作中的优缺点，明确下一步工作的方向，提高工作效率。

三、执行能力

执行能力就是按质按量地完成工作任务的能力。如今已不仅仅是策略的时代，也是策略执行的时代。医药营销人员是企业的细胞，只有每个细胞都有活力，企业才有旺盛的生命力和战斗力。所以，我们要提升个人的执行能力，不仅要通过加强学习和实践锻炼来增强自身素质，更重要的是要端正工作态度。

四、沟通能力

沟通能力是指通过有效的听、说、读、写获取信息并有效传达信息的能力，它是医药营销人员成功的必要条件。医药营销人员拥有良好的沟通能力能够实现与客户、同事、领导的有效沟通，便于工作的顺利开展。

五、学习能力

学习能力就是学习的方法与技巧。当今世界科学技术突飞猛进，社会发展日新月异，知识更新节奏加快，学习对于一个人来说是一个终身课题。医药营销人员的学习能力决定了个人在企业中的位置与未来的职业生涯发展规划，想要成为未来市场上的抢手人才，必须由"学会"变为"会学"。谁会学习，谁学得更快，谁就更接近成功。

课堂思考

人际沟通中应注意些什么？

小李是某医药公司销售部的一名员工，为人比较随和，和同事的关系比较融洽。最近一段时间，同一部门的小王总是处处针对小李。小李不清楚原因，他认为大家都是同事，想着忍一忍就算了。但是小王愈演愈烈，甚至抢了小李好几个老客户，小李一赌气，找到部门经理告状。部门经理把小王批评了一通。从此，小李和小王成了冤家。

问题1：小李的做法妥当吗？是否有更好的解决办法？

问题2：你从这件事情中能得到哪些启示呢？

🌐 任务实施

〈 任务描述 〉

对于医药营销工作，分析自身已经具备的能力及欠缺的能力，拟订职业能力训练计划。

〈 任务目标 〉

明确胜任医药营销工作所需要的职业能力，通过实践锻炼提升自身能力。

〈 任务准备 〉

多媒体机房。

〈 任务实施步骤 〉

1. 查阅资料，对照医药营销工作所需要的职业能力要求，列举出学生自身已具备和仍欠缺的能力。

2. 根据专业课程、学校活动、社会实践等情况拟订自身职业能力提升计划。

3. 教师组织学生汇报并点评。

〈 任务评价标准 〉

1. 医药营销工作所需的职能能力总结全面、自身能力分析合理。

2. 展示汇报详略得当、条理清晰。

3. 能合理使用网络查找资料，具备一定的信息素养。

◀ 完成任务提示 ▶

1. 每位学生汇报完毕，教师组织学生进行讨论，总结与分析医药营销职业能力提升的方法。
2. 实训结束后，每位学生撰写实训报告，对自己的实训情况进行总结。

✎ 课后作业

案例分析：

美国一个制鞋公司要寻找国外市场，公司派了一名业务员去非洲一个岛国，以了解能否将本公司的鞋销售给他们。这名业务员到非洲后待了一天发回一封电报："这里的人不穿鞋，没有市场。我即刻返回。"公司又派出一名业务员，第二名业务员在非洲待了一个星期，发回一封电报："这里的人不穿鞋，鞋的市场很大，我准备把本公司生产的鞋卖给他们。"公司总裁得到两种不同的结果后，为了解到更真实的情况，于是又派去了第三个人，该人到非洲后待了三个星期，发回一封电报："这里的人不穿鞋，原因是他们有脚疾，他们也想穿鞋，过去不需要我们公司生产的鞋，是因为我们的鞋太窄。我们必须生产宽鞋，才能满足他们对鞋的需求。这里的部落首领不让我们做买卖，除非我们借助于政府的力量和公关活动搞大市场营销。我们打开这个市场需要投入大约 1.5 万美元。这样我们每年能卖大约 2 万双鞋，在这里卖鞋可以赚钱，投资收益率约为 15％。"

三个业务员的工作态度有什么不同？市场营销活动要求营销人员应具备什么样的素质与能力？

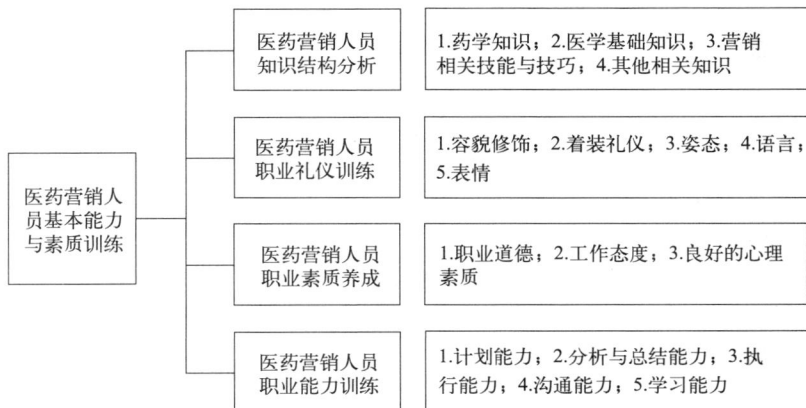

项目小结

医药营销人员基本能力与素质训练

- 医药营销人员知识结构分析 —— 1.药学知识；2.医学基础知识；3.营销相关技能与技巧；4.其他相关知识
- 医药营销人员职业礼仪训练 —— 1.容貌修饰；2.着装礼仪；3.姿态；4.语言；5.表情
- 医药营销人员职业素质养成 —— 1.职业道德；2.工作态度；3.良好的心理素质
- 医药营销人员职业能力训练 —— 1.计划能力；2.分析与总结能力；3.执行能力；4.沟通能力；5.学习能力

面向药店进行药品营销

教学导航

学习目标	**知识目标：** 1. 了解"潜在客户"的类型 2. 了解制定拜访路线的目的和原则 3. 了解店员培训的目的 4. 了解客户管理的目的与内容 5. 熟悉药品陈列的原则和方法 6. 熟悉店员培训的内容 7. 掌握常规拜访的基本流程、方法及技巧 8. 掌握药品促销的方式
	能力目标： 1. 能够进行新药店的市场开发 2. 能够合理制定拜访路线，做好拜访计划 3. 能够运用拜访技巧进行常规拜访 4. 能够进行药品的终端陈列
	素质目标： 1. 具备踏实的工作作风及勤劳的工作精神 2. 具备较强的沟通及谈判能力 3. 具有较强的自我学习能力 4. 具有较强的心理承受能力及自我调节能力
学习重点	1. 门店常规拜访 2. 终端陈列 3. 药品促销
学习难点	1. 新客户的开发 2. 拜访路线的制定
教学方法	案例分析法、角色扮演法、小组讨论法
建议学时	28学时

任务 1   制定拜访路线

🌐 任务引入

王明是一家医药公司的 OTC 代表。由于除了维护老客户以外，还要开发新门店，他现在每天要跑 15 家门店，工作量比以前增加了很多，每天下班都很晚。可是他奇怪地发现，和他一起入职的同事小张，虽然和他是一样的工作量，但每次都很早完成工作。他很困惑：小张有什么"扫街"窍门吗？

▼ 基本知识

一般来说，OTC 代表进行门店拜访，其目的之一就是开发新的药店客户（即铺货），二是提高现有药店的销售额（即上量）。每位 OTC 代表一天内至少要跑十几家药店，因此必须找到合适的方法，对拜访进行科学有效的规划。最好的方法就是制定科学合理的拜访路线，每天按照拜访路线进行拜访。

一、制定拜访路线的目的

一般来说，制定拜访路线的目的如下：

① 确保计划，不遗漏所辖区域的所有客户；

② 确保高效，减少途中不合理往返，节省时间、精力与成本；

③ 确保重点，按客户重要性确定拜访频率并确保对每位客户的拜访达到既定的频率；

④ 确保便利，利于药店与代表的沟通效率；

⑤ 确保透明，让上级主管领导知道自己的行踪，利于上级主管的督导；

⑥ 确保总结反馈，能够每月回顾和分析工作重点及工作量，及时总结和改进。

二、制定拜访路线的原则

1. 保证药店的覆盖率

在制定拜访路线的时候，一定要保证这些药店的覆盖率，不能遗漏每一个目标对象。

2. 保证各级药店的拜访频率

对各级药店的合理拜访频率，都要纳入考虑的范围，要根据药店的级别，合理确定药店的拜访频率，并保证按照要求的频率完成拜访。不能因为距离较远或工作时间不足而减少拜访的次数。

3. 保证时间的合理性

在一天的时间中，药店代表要拜访 10～15 家药店，拜访路线的有效制定，能很好地节约时间，提高工作效率。

4. 要有利于 OTC 代表的自我掌握

形成规律拜访。拜访路线一旦确定，就要形成工作规律，要根据拜访路线及工作实际，形成合理的拜访计划表，并保证严格按照计划表完成拜访。

5. 要有利于考核与评估

有利于药店代表的自行管理，有利于检查人员对他们工作的考核与评估。否则无法使考核与评估工作合理化、客观化。

三、制定拜访路线的方法

1. 本地区药店普查

首先对本地区的药店进行调查，掌握和确定本辖区内所有药店的数量和地址，了解目标药店的基本情况，包括药店的规模、单位性质、配货情况、主要负责人等，建立相应的药店档案（客户档案见项目三任务 7 客户管理）。

2. 对目标药店进行 A、B、C 级分类

根据药店的地理位置、营业面积、营业额、客流量、营业员数量、仓储能力等指标，按照各药店的具体情况，将辖区内的药店划分为 A、B、C 三个等级（客户分级方法见项目三任务 7 客户管理）。

3. 绘制药店地理分布图

将所辖区域画在一张纸上做成地图，画出所辖区域的主要街道，分别将 A、B、C 级药店用不同颜色标注在地图上，并将自己的住处也标注出来。如图 3-1 所示：

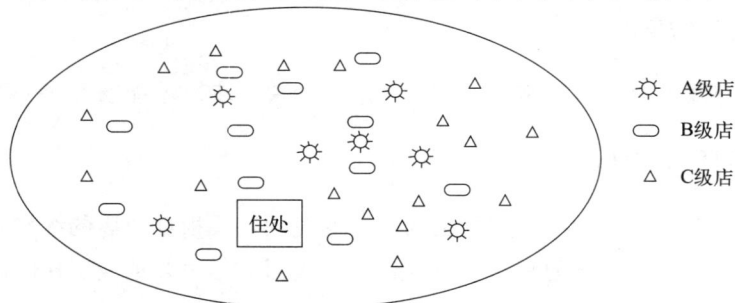

图 3-1　药店地理分布图

4. 进行拜访路线的设计

假设某 OTC 代表辖区内有药店 37 家，其中 A 级店 7 家，拜访频率为每周 1 次；B 级店 12 家，拜访频率为每两周 1 次；C 级店 18 家，拜访频率为每 4 周 1 次；每周拜访天数为 4 天。则设计拜访路线的步骤为：

（1）将 A 级店划分为 4 个区域，如图 3-2 所示：

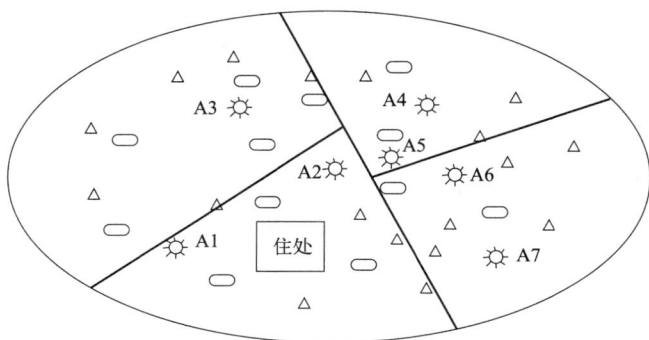

图 3-2　将 A 级店划分为 4 个区域

（2）制订每月 4 周的 A 级店的拜访计划表，如表 3-1 所示：

表 3-1　A 级店的拜访计划表

药店	1-1	1-2	1-3	1-4	2-1	2-1	2-3	2-4	3-1	3-2	2-3	3-4	4-1	4-2	4-3	4-3
A1	√				√				√				√			
A2	√				√				√				√			
A3		√				√				√				√		
A4			√				√				√				√	
A5			√				√				√				√	
A6				√				√				√				√
A7				√				√				√				√

注：1-1 表示第 1 周第 1 天，A1 表示第一家 A 级店，以此类推。

（3）在每个 A 级区域，以 B 为中心均分该区域，如图 3-3 所示：

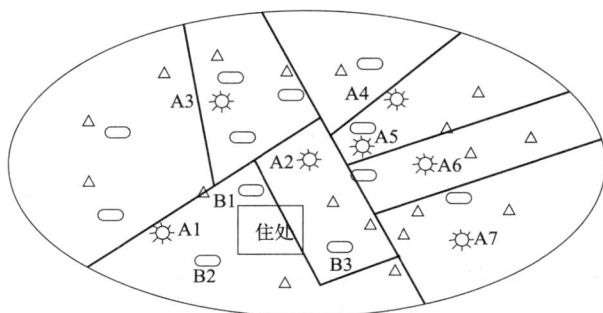

图 3-3　以 B 为中心均分该区域

（4）制订每月 4 周第一天的 B 级店的拜访计划表，如表 3-2 所示：

表 3-2　B 级店的拜访计划表

药店	1-1	1-2	1-3	1-4	2-1	2-1	2-3	2-4	3-1	3-2	2-3	3-4	4-1	4-2	4-3	4-3
A1	√				√				√				√			
A2	√				√				√				√			
B1	√								√							
B2	√								√							
B3					√								√			

然后再依次将每周第二天、第三天、第四天的 B 级店的拜访计划制订出来。

（5）在每个 A 级区域，以 C 为中心均分该区域，如图 3-4 所示：

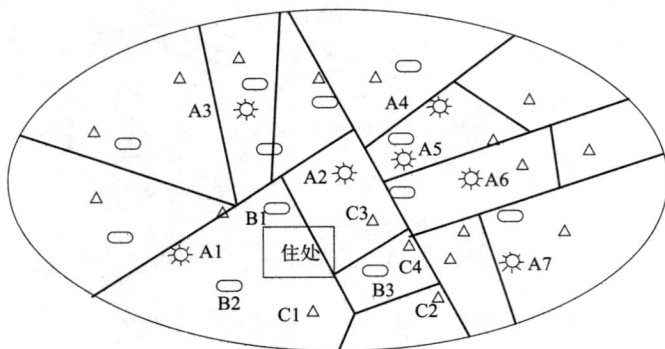

图 3-4　以 C 为中心均分该区域

（6）制订每月 4 周第一天的 C 级店的拜访计划表，如表 3-3 所示：

表 3-3　C 级店的拜访计划表

药店	1-1	1-2	1-3	1-4	2-1	2-1	2-3	2-4	3-1	3-2	2-3	3-4	4-1	4-2	4-3	4-4
A1	√				√				√				√			
A2	√				√				√				√			
B1	√								√							
B2	√								√							
B3					√								√			
C1	√															
C2									√							
C3					√											
C4													√			

5. 优化拜访路线

全面考虑每天拜访药店的数目是否平衡，药店位置及怎样的路线最节省时间，目标店员的上岗时间等方面确定拜访路线。按照计划路线进行拜访，把合理的线路固定下来，不合理的线路再进行修改，最终确定辖区内药店的规律拜访路线，并以此制作出每周的拜访计划表，如表 3-4 所示。

表 3-4　OTC 代表每周拜访计划表

城市：　　　　　行政区域：　　　　OTC 代表姓名：　　　　　月份：　　　周次：

序号	周一（　）		周二（　）		周三（　）		周四（　）		周五（　）	
	店名	时间段	店名	时间段	店名	时间段	店名	时间段	店名	时间段
1										
2										
3										
4										
5										
6										
7										
8										
9										
10										
11										
12										

任务实施

《 任务描述 》

假设你是某医药公司的 OTC 代表，你的辖区在公司附近方圆 10km 的范围，你住在公司宿舍。请制定你的药店拜访路线。

假定：A 级店占总门店数的 10％，B 级店占总门店数的 30％，C 级店占总门店数的 60％；拜访频率为 A 级店每周 1 次，B 级店每两周 1 次，C 级店为每 4 周 1 次；每月拜访天数为 20 天。

《 任务目标 》

1.掌握拜访路线的制定方法。

2.能够根据实际情况进行拜访路线的制定。

《 任务准备 》

1.导航软件。

2.A4 纸、彩色笔。

◀ 任务实施步骤 ▶

1. 利用导航软件查找方圆 10km 的所有药店的数量和地址，依据药店级别比例随机确定药店的级别，绘制药店地理分布图。

2. 设计拜访路线，并进行优化。

3. 制定 OTC 代表每周拜访计划表。

◀ 任务评价标准 ▶

1. 药店地理分布图绘制准确、不同级别药店区分标注、清晰明了。

2. 拜访路线设计合理，方法得当。

3. OTC 代表每周拜访计划表填写完整，时间分配合理。

◀ 完成任务提示 ▶

1. 线路拜访安排要结合药店的地理位置、药店的分级、各级药店所需的拜访频率、每天的总拜访数、拜访行程的次序安排等因素，才能合理设计拜访路线，每天进行有效的拜访。

2. 把每个标记当作一个公交车站，假如每月有 20 天需要跑街，就安排 20 条公交线路，代表每天的拜访路线。

3. 每条线路的起点和终点都是自己的住处。

4. 按不同级别药店的拜访频率，来确定通过每个站点的线路数量。

5. 如果自己平均每天需要拜访 10 家药店，每条公交线路须包括 10 个站点。

6. 要考虑每站需要花费的时间。

✎ 课后作业

1. 某市有大约 800 家大大小小的药店，其中需要进行人员拜访覆盖的约 500 家。这 500 家包括：A 级店 50 家、B 级店 150 家、C 级店 300 家。公司对于不同级别的药店，规定了拜访频率：A 级店每周一次，B 级店每两周一次，C 级级店每月一次。公司要求 OTC 代表每周一上午和每周五下午必须回公司参加例会和填写必要书面报告。而在外拜访时，每天必须拜访 12 家店。请你思考一下：该市需要安排多少名 OTC 代表？

2. 某 OTC 代表辖区内共有 150 家药店，其中 100 家药店需要进行定期的拜访。这 100 家药店包括：A 级店 10 家、B 级店 30 家、C 级店 60 家。公司对于不同级别的药店，规定了拜访频率：A 级店每周一次，B 级店每两周一次，C 级级店每月一次。公司要求 OTC 代表每周一上午和每周五下午必须回公司参加例会和填写必要书面报告。请你思考一下：该 OTC 代表每天要拜访多少家药店？

任务 2 铺货

王明参加工作已经有了一段时间，对 OTC 代表的工作已经有了一个清晰的认识，并取得了一定的成绩。今天，公司引进了一个新的品种，现在他的主要任务就是对该品种进行铺货，尽可能提高该品种的铺货率。这是他第一次独立开始工作，那么，他如何进行铺货呢？

🔻 **基本知识**

铺货，就是在限定的时间内根据公司的要求，将公司的产品销入所有目标药店，并摆上柜台。现代营销理论认为，购买者的方便程度，在很大程度上影响着产品的销量。所以，广泛地铺货，尽快铺满所有药店，是 OTC 代表的首要任务。铺货率的高低是药店零售经营成败的关键。

一、铺货的方式

铺货的方式常常包括以下几种。

（一）商业推广会形式铺货

与经销商合作，邀请目标终端客户集中开会，直接宣讲产品，使其认识产品，现场订货。这种铺货方式的优点是铺货快，品牌效应好，但费用要比其他的方式高。

（二）自然流通形式铺货

依据市场对药品的正常需求，使药品通过自然流通的形式进入药店。这种形式不需要人员及资金的投入，但铺货率很低。

（三）人员拜访形式铺货

OTC 代表对药店进行直接拜访，或跟随公司上级领导去拜访，向店长说明销售政策，将上市产品铺进药店。其优点是节约资金，降低成本，但存在着铺货时间长的问题。

二、铺货的作用

① 抢滩登陆作用，通过陈列使消费者看得见产品，这是实现销售的前提；
② 铺货是开展广告运动的前提；

③ 铺货可以掌握零售网络，从而可以掌握经销商；

④ 铺货即是挤货，使零售场所将有限的资金与货物空间用于购买和摆放本公司的产品，同时也会降低对手的进货量；

⑤ 铺货可以统一的价格卖给限定的区域，由于有 OTC 代表的管理和监督，可以控制价格。

三、铺货的标准流程

（一）开场白

开场白旨在说明这次拜访的原因，同时解释这次会面对客户有何意义。通常都是通过某种形式，营造亲切、自然、和谐等氛围，然后把议题和一些客户熟悉的事情或其他事件简洁地、重点突出地交替推出，引起客户的注意和兴趣，并顺利地引出议题，将话题转到公事上。常见的有以下几种形式。

1. 寒暄式

大多数的开场白的形式，如：

"上次见面时，您要我准备一些感冒健康手册，您看看放在哪里更好些？"

"我们的产品已经做了 3 个多月的电视广告，我想了解一下消费者的购买情况怎么样。"

2. 赞美式

如：

"你好！你今天气色很好！年轻就是好啊！"

"你好，这个货架摆得不错！是您在负责吧？"

3. 关心式

如：

"你好，今天有点冷，要穿厚点，小心感冒！"

"你好！你们站一上午挺累，回家要常用热水泡泡脚，解乏快，不容易得静脉曲张呢！"

"你好！我发现你们的工作也不容易，要是我老是站着，还很有耐心地招待顾客，有点难度。"

4. 好奇式

如：

"你好！咱们店好像今天进了不少新药？不是我看错了吧？"

"你好，你们中午能按时吃饭吗？老吃凉皮或麻辣烫也不行，对胃不好！要不，中午下班我请你吃饭？"

5. 攀认式

如：

"你好，听您口音您的老家不在这儿吧？我说呢，我家一个亲戚就在你们那儿安家落户了，过得挺好的！"

"你好！您在哪儿上的中学？这所中学还不错，我的一位朋友跟您还是校友。"

6. 请求式

如：

"你好，我这几天快累晕了！看见你们心情好多了！最近还要请您多推荐点，非常感谢！"

（二）介绍产品

介绍产品卖点和经营思路，可以先了解药店正在经营的同类品种状况，然后诉求差异卖点及差异思路，引起对方兴趣。

要按照一定主题介绍产品，这个主题可以参考最近市场畅销产品、季节、采购负责人的性别、公司重点产品，或者客户比较感兴趣的产品等。如根据季节介绍："张经理，您看现在是××疾病的高发季节，我们的××洗液最近日均出库200瓶……"根据公司重点产品："张经理，我们的××作为广告产品，几乎是药店必备品种，疗效确切、利润大，和一般的清火药不一样……"根据优势品种："张经理，我们10支装的××有市场价格维护，比6支装的利润大，还避免了价格战和儿童医院统一规格，××药店每月拿一件（60盒），您可以重点考虑一下。"

在介绍产品时，要围绕产品的优势进行介绍，产品的优势通常体现在：

1. 独特组方

很多中成药都来源于民族药，尤其是藏药和苗药，民族药疗效确切、安全性高，在市场上得到了消费者的认可；还有一部分药来自于传世名方，经过上百年甚至几千年的传承，其安全性和疗效在历史的长河里已得到认可。可以从这两个方面挖掘特色。例如：

"××胶囊是经典苗药，生津祛火，起效快、疗效好。"

"××颗粒组方来源于汉代医圣张仲景《伤寒杂病论》中的经典方剂'黄芪建中汤'，疗效显著、安全性高。"

2. 独特成分

如果某药品的某成分具有独特性，在治疗效果上起重要作用，那么这也是此药区别于其他药品的一个重要特点。例如：

"××胶囊所含的'土大黄'是贵州特有的道地药材，它在泻火方面比大黄、石膏等药材温和，不会导致脾胃不好的人出现拉肚子的现象，清火而不伤元气。"

3. 独特剂型

剂型不一样直接影响药物吸收和生物利用度，也直接影响药品的起效时间和疗效。例如：

"××凝胶采用卡波姆剂型的凝胶剂，能够直达病灶，起效快、药效持久、生物利用度高。"

4. 为临床产品

医院带动的产品在终端销售的阻力较小，患者对医生的信赖度高，比较容易推荐。例如：

"×××颗粒是儿童医院的临床产品，处方量大。"

5. 大品牌、大厂家生产

品牌意味着药品的质量高、安全性高、疗效确切，店员在推荐的过程中提及这个厂家，消费者更容易接受。例如：

"××软膏是广西玉林的一线品种，效果好、利润空间大。"

6. 为广告产品

广告产品意味着主动上门找的消费者多，店员向消费者推荐，消费者也比较容易接受。例如：

"××胶囊是广告产品，您在×××路公交车和大型商务写字楼的楼宇广告都能看得到。"

7. 为医保品种、基药品种

这类品种意味着市场容量大，是消费者熟知的品种，消费者更容易接受推荐。例如：
"×××××××是基药品种，效果好、利润率高，不合作太可惜了。"

8. 制造工艺先进

对于同一剂型，不同的制造工艺，生产出来的产品的疗效差异很大。例如：
"××颗粒采用超细粉碎技术，把药材粉碎到 60 微米以下，不但大幅提高有效成分的浓度，而且溶后无杂质、无沉淀、无糊状物，更容易被人体肠黏膜吸收，提升了产品疗效。"

注意：不同的厂家、规格、剂型等不能比较，保健品、器械号产品、药妆号产品是不能和药品比较的。

（三）呈现利益

分析产品给对方带来的好处，如品牌带来的质量信用，差价带来巨大利润，促销活动带来人气，售后服务增加其经营思路和提高其员工素质等。

1. 控销

"我们公司的经营方式是控销，对于上游采购厂家，一个单品只采用独家省代或全国总代。一个厂家对于下游药店客户，一条街上或一个镇上只与一家药店合作，保证不乱价。"

2. 店员培训

"产品进药店后，我们不是不管了，而是紧接着安排店员培训，传输产品的特点，指导药店店员推荐和联合用药，提高推荐成功率，提高销量，帮助促销。"

3. 送货上门

"没有金额限制，多少金额都送货上门。"

4. 无条件换货

"一周内觉得不好卖的产品无条件换货。"

5. 礼品配合

"针对一些季节性品种或是 VIP 客户，我们会定期配送礼品，帮助药店促销。"

（四）处理异议

处理客户的异议，以消除客户的后顾之忧。常见的异议及处理的方法举例如下。

1. 认为产品供货价太高

药店经理会认为产品的供货价太高，他们的销售利润空间太小，同时消费者会认为价格较贵，不愿意购买。这种情况，我们可以这样处理：

药店经理说："你的产品价格太贵了，我们的利润空间太小，还是不要了。"

OTC 代表说："我们的产品是广告产品，消费者容易接受，销量大。单品的利润高，一个产品进价 5 元，卖 10 元，一个月卖 100 盒，赚 500 元。另一个产品进价 1 元 1 盒，卖 20元，一个月卖 1 盒，也只能赚 19 元。店里的保健品是最好的例子，保健品赚钱，但销量不大，一样不赚钱。而我们的产品从销量和利润空间来说都比较大，您无需担心。"

2. 认为产品太普通

药店经理认为产品过于普通，同质化严重，没有卖点。这种情况，我们可以这样处理：

药店经理说："感觉你们的祛火药和其他的祛火药也没什么区别啊，我这儿已经有很多同类产品了，就不要了。"

OTC 代表说："我们的祛火药和同类产品不一样（此处进行产品介绍，要突出产品区别于同类产品的特点），所以，我们的产品不普通，销量大是大家公认的。"

3. 担心产品价格乱

药店经理担心其他的药店也销售同样的药品，但价格不统一，出现价格混乱的现象，销售额难以保证。这种情况，我们可以这样处理：

药店经理说："你们对价格如何控制啊？会不会出现乱价的情况啊？"

OTC代表说："我们实行一街一店的控销，是全国总代或者省代品种，物流和渠道都能控制，出现乱价的药店，屡教不改的，直接停止供货。"

4. 想做铺货代销

药店经理希望能销售后再结算货款，这样他们不用担心销售不好影响其利润，而医药公司或制药企业通常采取现款结算。这种情况，我们可以这样处理：

药店经理说："我们能不能铺货啊？月结货款如何？"

OTC代表说："我们公司目前是现款的制度，而且我们的合作不是为了提高铺货率，而是为了双方共同提高销量而获利。铺货的产品您不重视，销量自然不好，最后清场，大家都麻烦。现在，公司的制度比较灵活，一周内无条件退换货，可以少量尝试卖，我也会积极配合您。"

5. 担心产品不好卖

药店经理担心产品不好销售，销售额低。这种情况，我们可以这样处理：

药店经理说："你们的止咳片会不会不好卖啊？到时候卖不动怎么办啊？"

OTC代表说："××大药房一个单品一个月卖100多盒，消费者反映效果特别好。你的药店情况比它好，要是我们好好配合，一个月卖200盒是很容易的事（注意：列举的药店一定要在当地有一定的名气）。"

（五）建议成交

在处理完顾客的异议后，要技巧性地建议成交，否则，很有可能错失成交机会。建议成交的方法常见的有以下几种：

1. 二选一法

如："张经理，××胶囊您是要50盒还是30盒？"

2. 特殊性交易

如："张经理，我们现在一次性现款购入满1000元，送5瓶1kg洗衣液，建议您参加这个优惠活动。"

3. 尝试性订单

如："张经理，您先挑几个品种合作，给大家一个彼此合作的机会，也给我一个日后表现的机会。"

4. 直接要求订单

如："张经理，您对我们公司的产品比较认可，可以先拿 50 盒××××胶囊。"

（六）落实计划或获取订单

将采购计划落实到对方的采购计划表上，以免对方应付而产生无效劳动，或直接让对方下订单，以获得书面承诺。

（七）完成铺货

及时送货或电话跟踪督促进货。

> **知识链接**

如何说服药店购进自己的产品

首先必须对目标新药店进行充分而详细的分类了解，分析你的产品不同于其他产品的地方，然后再清晰明确地传达给药店的购进人员和门店人员。不同之处主要从以下几个方面进行挖掘：①价格；②利润；③适应证；④副作用；⑤推广手段或者促销活动（无论是针对顾客还是店员或者药店的）；⑥市场占有率；⑦人员支持（OTC 代表或者促销员等）。

四、铺货的注意事项

① 铺货数量第一次不宜大，待摸清月销售量情况后，再制定详细的铺货量。
② 目的明确，铺货不是目的，销售才是关键，要树立为客户赚钱的理念。
③ 制定合理的铺货线路，节约时间，提高效率。

🌐 任务实施

‹ 任务描述 ›

公司拟向某大药房（单体药店）进行铺货，公司与该药房有较深入的合作，与店长比较熟悉。请拜访药店，完成铺货任务。依据铺货的步骤，以组为单位，设计拜访脚本，完成拜访及铺货任务。

‹ 任务目的 ›

1. 掌握拜访药店的基本过程。
2. 能够通过拜访，初步实现铺货目的。
3. 提高团队合作能力和组织协调能力，强化 OTC 代表的综合职业能力与素质。

1. 新品相关资料（药品宣传彩页、药品样品、相关证明材料等）。
2. 小礼物等。

◀ 任务实施步骤 ▶

1. 下发相应材料。
2. 学生收集资料，熟悉产品。
3. 学生设计拜访脚本。
4. 学生进行拜访预演。
5. 学生拜访药店，完成铺货。
6. 对本地区铺货情况进行统计，确定新品铺货率。

◀ 任务评价标准 ▶

1. 脚本设计步骤完整、科学合理。
2. 能使用开场白的技巧。
3. 产品介绍体现独特卖点。
4. 利益呈现，介绍公司政策，使用利益推销法（FAB）句式。
5. 使用建议成交的技巧。

◀ 完成任务提示 ▶

1. 铺货的流程：访前准备→开场白→介绍产品→呈现利益→处理异议→建议成交→获取订单→完成铺货→确定新品铺货率

2. 新品铺货率＝该新品有货门店数÷连锁门店总数×100％

课后作业

您是一位 OTC 代表，现在您要拜访一家 A 级药店，该店目前还没有您的产品。这是您第一次拜访这家店，以前您只知道这是本市最大的一家药店，能否进货对您十分重要。您如何进行拜访？（请先向大家说明您本次拜访的详细目的。）

任务 3　门店常规拜访

📡 **任务引入**

　　王明是一家医药公司的 OTC 代表，前期通过本地区药店普查，他设计优化了拜访路线，并且制订出每周的拜访计划。按照拜访计划进行有目的的拜访，他的工作效率提高了很多。今天他要去拜访 10 家药店，去查看产品的销售情况。那么，他如何进行门店的拜访呢？

📖 基本知识

一、门店常规拜访的目的

　　OTC 代表进行门店拜访，一是为了开发新的药店客户（即铺货），二是为了提高现有药店的销售额（即上量）。

　　影响上量的因素很多，OTC 代表多数情况下拜访药店的目的，就是随时查看产品销售情况，及时处理相关问题，以提高产品的销量。以上量为目的的拜访，也称为门店常规拜访。在拜访药店时，需要开展很多工作，如理货（货架陈列）、提醒订货、落实促销计划、盘查库存、了解本公司产品销售状况、了解竞争对手促销情况、了解竞争对手产品销售情况、卖点广告（POP）宣传、与店员联谊、对店员进行培训等。

二、门店常规拜访的流程

　　通常门店常规拜访的流程如下。

（一）访前准备

1. 目的

　　OTC 代表在拜访客户前，都要做好相应的准备工作。通过充分的访前准备，可以了解客户需求、认准重要的销售机遇、达成销售订单、完成销售任务。

2. 主要内容

　　（1）确定拜访目标　　OTC 代表拜访的最终目标就是提高销量，为了实现这个目标，需要进行多次拜访。拜访目标主要包括：进行有效的补货和必要的售后服务、改善陈列、进行价格维护、提高店员主推的积极性和专业性、进行新的促销活动、跟进活动执行状况等。

　　（2）准备线路客户资料　　OTC 代表每天都要按照固定的线路走访客户，因此在拜访客户之前，要检查并携带今天所要访问客户的资料，如：终端网点分布图、当日拜访路线表、终端客户档案表、终端拜访日报表、客户服务卡、装送单（订单）等。

尤其要明确所拜访药店的人员结构（如图 3-5 所示），明确药店各级人员的岗位职责，依据拜访目标找到合适的人办合适的事（如表 3-5 所示）。

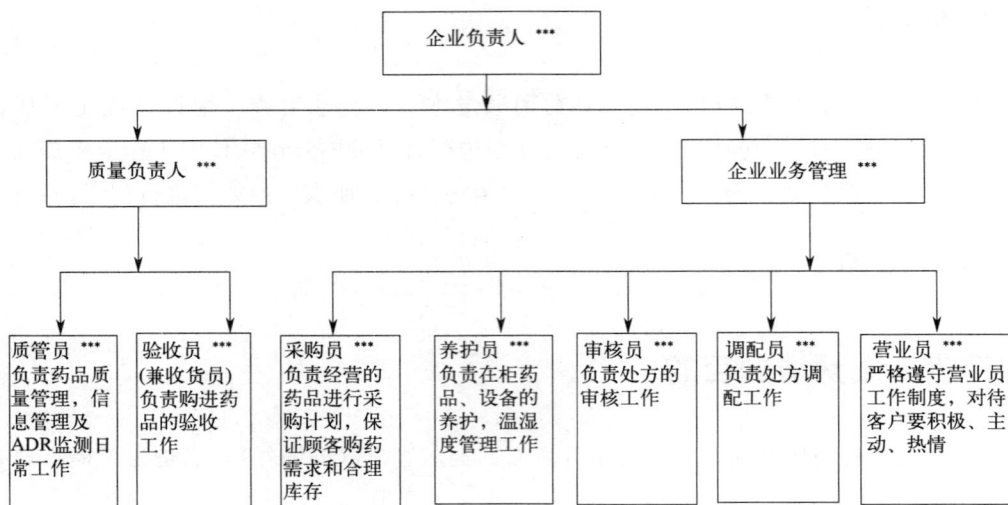

图 3-5　药店人员结构

表 3-5　拜访目的与药店负责人对应表

序号	拜访目的	负责人
1	铺货	柜组长、店经理
2	陈列	柜组长、店员
3	布置 POP 摆件	店经理、柜组长
4	布置灯箱、橱窗等店内广告	店经理
5	提高销量	店员、店长、执业药师
6	处理产品投诉	店经理、质检
7	开展促销活动	柜组长、店经理
8	了解竞品信息	店员
9	理顺进货渠道	采购、柜组长、店经理
10	了解产品库存	库管

（3）准备 POP 等宣传品及销售工具　POP 等宣传品主要包括 POP 海报、价格贴、宣传展板、卷筒画及相关品牌推广活动折页等。OTC 代表在终端充分合理地利用这些生动化材料，可以正确地向消费者传递产品信息，有效地刺激消费者的购买欲望，从而建立品牌的良好形象。

销售工具包括：计算器、裁纸刀、剪刀、笔、支票夹、名片、卷尺、数码相机、胶带、样品、抹布、白纸等。

（4）做好心理和形象准备　OTC 代表是公司日常"品牌推广代言人"，在客户的眼中代表着公司的形象、产品的形象，甚至是品牌的形象。因此，OTC 代表的外表和服装要整洁，男性胡子要刮干净，不得留长发，夏天不准穿凉鞋和拖鞋；女性不要穿奇装异服，不要染发，手指甲要干净，不留长指甲等。同时，最重要的是保持一个良好的精神状态去面对客户。

OTC 代表到每家药店门前，再利用 1 分钟的时间回想拜访此药店的目标；回想药店经理和主要负责人的姓名和特点，设想需要的沟通方式、拜访资料；整理自己的仪表等。然后带着饱满的热情走进药店，开始下一步的工作。

（二）打招呼

1. 目的

向客户显示你的友好态度，确立交谈基调，并确定拜访预期目的。

2. 过程

（1）寒暄　要保持微笑，精神饱满，充满热情。可以通过赞美、谈论一些客户感兴趣的话题等方式进行。

（2）自我介绍

① 主动介绍自己，并递上名片。

② 积极提问，明确决策人：利用开放式提问，注意聆听和重述，察言观色明确决策人。

③ 解决前期承诺：对上次拜访所做出的承诺进行解决。

3. 注意事项

① 打招呼的顺序一般是先和距离近的人打招呼，然后再和距离远的人打招呼。

② 如果距离差不多则按照老板→店长→店员→厂家促销的顺序。

③ 和老板打招呼可以根据老板的性格和同我们的关系来决定，初次见面一定要正式，并递送名片；熟悉之后尽量拉近和老板的距离。

④ 和店员打招呼一定要轻松和谐，不要太正式，以免引起对方的紧张和警惕。

（三）店情检查

1. 目的

掌握产品在客户尤其是终端客户的陈列情况和库存情况，了解产品的销售状况和其他信息，从而寻找新的生意机会。

2. 检查内容

（1）分销

① 观察门店产品分销是否齐全，按照公司的分销标准，将门店未分销或未陈列的产品及时做好记录。

② 注意观察竞品的分销状况，了解某些规格是否竞品有分销而自己公司没有分销。

（2）陈列　观察公司产品是否保持与门店的陈列位置和面积一致；公司产品陈列是否符合公司陈列原则；观察货架陈列、特殊陈列，尤其是陈列外观吸引人的程度，包括本企业产品的陈列、竞争对手陈列、销量好的保健品陈列以及消费者对这些活动的反应；检查终端

POP 的宣传，如货架、招牌、立牌、喷绘、灯箱、吊旗、不干胶贴等是否有助于 OTC 代表销售产品、维护产品与提升企业在店内的形象等。

（3）价格　检查产品的价格是否在公司的价格变动幅度之中（检查分销商、直供批发商的出货价格以及终端零售价格），顾客能否容易找到每种产品的价格标签（有无缺少价格签、价格签更改过或者价格签上有几个价格的情形），是否满足不同包装单包价格梯度的要求、价格变动的幅度，时刻关心本企业产品的价格、价格变动的原因。

（4）竞品　主要检查销量占整个药店前几名的同类产品，了解竞品的终端铺货价格和政策，对比看看本品在"终端利润空间"上有没有输给竞品，需不需要进行价格调整和促销来提升销量。

（5）库存　每个规格是否有足够的货架库存（根据它的销量确定安全库存），有没有过期或者快过期产品（帮助经销商检查库存，近效期的药品先发）。

（6）促销　检查应该出现的促销活动是否在店中出现；促销的产品是否在该店中被分销；促销的产品是否有足够的库存；促销产品是否按照规定进行货架陈列；促销产品是否在要求的范围之内；促销产品的价格是否在要求的范围之内；促销的资源（如赠品、费用）是否充足；促销人员是否按照要求来影响消费者，是否将促销信息传达给消费者。

3. 注意事项

① 店内检查要有条理，并且一次检查完，避免丢三落四，主要问题要记录下来。
② 根据店内检查的实际情况，随时调整拜访计划，使其符合各个门店的实际情况，使拜访更有针对性。

（四）根据拜访目的完成相关活动之一（以建议补货为例）

1. 目的

① 最大程度地增加顾客的购进量。
② 避免出现压货或缺货现象，同时避免给竞品留下机会。
③ 帮助顾客保持合理的存货量，提高库存的周转率。

2. 过程

（1）结合当日库存，回顾客户销售情况　库存是指流通库存，即生产商及零售渠道为商业活动而准备的产品存货。要按品类的顺序来清点终端的库存，只有这样才不至于出现遗漏哪一个品类的产品，也只有这样才能够非常准确地清点出客户的实际库存量。在清点终端的存货时，主要包括清点两个地点的存货：前线存货和仓库存货。前线存货主要是指终端的货架、柜台上所摆放的没有售卖完的产品；仓库存货则是指存放在终端仓库中用于补货的货物，两个地点的存货数量加在一起，就是终端的实际库存总量。

结合当日清点的库存量，可以明确客户销售产品的情况，检查库存周转的情况及库存水平，可以避免产品过期，保证货源充足，了解客户销售水平。

（2）拟定补货数量 具体操作步骤如下。

① 计算实际销量，公式为：

$$实际销量 ＝（上次库存＋上次订货）－本次库存$$

② 计算库存控制目标（安全存货量），公式为：

$$安全存货量＝上次拜访后的实际销量×1.5×调整系数$$

调整系数根据实际情况如节庆、促销活动、季节环境、突发事件、供应状况等要素的变化，需要适当调整。

③ 计算本次订货量，公式为：

$$建议的补货量＝安全存货量－现有库存$$

（3）向顾客建议订单 OTC 代表可按照"1.5 倍的安全库存原则"向客户提出订单建议。根据"1.5 倍的安全存货量"补货，可以使客户在正常的经营状况下不至于发生缺货或断货的现象，避免造成生意上的损失，还可以帮助客户有效地利用空间和资金，不发生货物积压、资金无效占用的缺失。

向客户提出建议订货量之后，客户大多会提出异议。OTC 代表要善于处理客户提出的异议，说服客户接受自己提出的建议补货量。同时，在进行销售拜访时，OTC 代表要主动地推荐新产品，为顾客提供新产品的相关资料并努力做到产品的全系列铺货。

（五）根据拜访目的完成相关活动之二（以改善陈列为例）

1. 目的

强化品牌的形象和冲击力，突出重点产品及促销主题，加快销售速度。

2. 过程

（1）进行陈列的维护和改进 调整货架位置，争取在品类区域第一位置；扩大产品排面，使公司产品享有公平合理的陈列空间；确保产品的中文商标正面朝向消费者；确保标价清晰；清洁产品外包装、陈列工具和 POSM；争取第二陈列机会。

（2）补充货架上的产品 把产品从仓库补充到货架上，注意要按照先进先出的原则进行摆放。产品陈列的最佳位置，对于柜台来说，是第一层，也就是最上层；对于货架来说，就是货架的黄金档位，即位于货架的 1.3～1.5 米处。

（3）更换和张贴新的 POSM POSM 即辅助销售材料，更换破损或过期的 POSM，同时在合适的位置张贴新的 POSM。

（六）记录与分析

1. 目的

更新和完善客户和市场信息，培养 OTC 代表自我分析的能力，不断地提高个人的客户管理和销售能力。

2. 步骤

（1）与客户道别和预约下次拜访时间　与店铺负责人或店员道别，感谢经理、柜长和店员的帮助并确定和预约下次拜访时间。

（2）小结拜访中的问题与得失　问自己以下问题：目标达到了吗？遇到了什么新问题？做得好的方面有哪些？需要改进的方面有哪些？如何把这次拜访的经验运用在下一次拜访中？

（3）填写拜访记录　把拜访结果与客户问题和相关信息记录在客户拜访记录上，包括：摆柜陈列数据、新产品铺货数据、促销执行数据、库存数据、订单数据、竞争产品情况、待确认或目前不能完成的事项以及终端药店提出的 OTC 代表不能马上解决的问题、需要特别解决和上级领导答复的问题等。

（七）拜访跟进

主要包括以下几个方面：

① 跟进药店补货及其他服务，尤其是新产品和促销期间的产品。这需要与负责此药店销售相对应的药品的店员或部门经理沟通并协助完成。

② 根据本次拜访中未能完成的工作以及出现的新情况，修正下一次的拜访目标或约定下次拜访时间。

③ 分析当天的拜访成效，总结成功的经验和找出失败的原因，用以指导今后的拜访实践。

🌐 任务实施

〈 任务描述 〉

假设你是某医药公司的 OTC 代表，与某药店已经有几年的合作关系了，你公司经销的××等药品在该药店都有很好的销量。但近期你发现，××药品的销量已经连续两个月在下降。因此你打算在常规拜访该药店建议补货的同时，分析药品销量下降的原因，采取适当的方法劝说当事人改变此种情况，以最终增加××药品的销售量。

〈 任务目标 〉

1. 掌握门店常规拜访的方法与技巧；
2. 能够根据不同的拜访目的选择恰当的拜访对象；
3. 能够根据不同的拜访目的进行恰当的拜访。

〈 任务准备 〉

1. 药品相关资料；
2. 药品陈列计划；

3. 药品促销计划；

4. 其他销售工具。

《 任务实施步骤 》

1. 常规拜访门店，依据查库存等情况，建议补货；

2. 分析××药品销量下降的原因，任选其中之一，采取适当的方法劝说当事人改变此种情况，以增加××药品的销售量。

《 任务评价标准 》

1. 拜访目的设定明确合理；

2. 药品销量下降的原因分析准确；

3. 拜访流程基本合理、相关技巧运用到位；

4. 能完成拜访目的或能够预约下次拜访。

《 完成任务提示 》

1. 首先要确定拜访目的。

2. 药品销量下降的原因可能为：①陈列长期没有变化，顾客产生审美疲劳；②原来熟悉该药品的营业员辞职了，新来的营业员不了解该药品的情况；③促销不到位等。

3. 根据拜访目的确定拜访步骤。如：访前准备→寒暄→店情检查→建议补货（注意安全补货量与补货流程）→解决问题（说服店员改善陈列、对店员进行一对一培训、与店长商谈药品促销问题等）→记录与分析→访后跟进。

4. 补货的工作流程如下。

第一步：查库存，了解库存数量是否够进货周期内销售。

第二步：核实警戒线，了解库存是否低于最低库存数，即进货周期内的销售数。

第三步：向进货责任人报警，以引起对方高度重视与行动。

第四步：处理异议，通过理性分析，使其明确补货的必要性。

第五步：填计划或下订单（同铺货）。

第六步：实现补货。

课后作业

健康药店位于 A 市 B 路，年营业额约 1000 万元的单店，属于 A 类药店。某消痛贴去年每月的销量平均为 50 贴，但外用贴膏类销售额为 5000 元/月，今年我们的目标销量为 150 贴/月。经销售代表与主管讨论，综合评估分析后认为增加陈列面（现有一个，且位置不理想）在本店是一个非常有效的措施。现计划再增加两个陈列面，请以此为例设计一份拜访脚本。

王明是一家医药公司的 OTC 代表，前段时间，他快速地完成了公司交给他的对新进品种×××的铺货任务，在两个月的时间内，他已经使该品种的铺货率达到公司要求的 80%。他非常开心，以为自己的销售额又会增加很大一部分了。可是，两个月过去了，他的销售额增加的幅度并不大。王明非常困惑，为什么新产品的铺货率那么大，销售额却没有显著的增加呢？他请教了公司资深的销售员小张，小张问他："你药品的终端陈列达到最优化了吗？"王明不解：我也对该药品进行常规陈列了，终端陈列真的对产品的销售额有那么大的影响吗？

✅ 基本知识

陈列对于 OTC 产品的销售非常重要，这主要是因为陈列与消费者的购买心态密切相关，它会直接影响到消费者的购买决定。有统计显示，至少有 66% 的消费者因为店内的一些促销、广告、陈列而影响到他的购物决定，而这些消费者在事前是没有购买计划的，由此可见，陈列对于商家来说真是非常重要。

所谓陈列就是将适宜的产品以引人注目的方式展示于合适的商店位置，以满足客户需求，从而促进销售。陈列的目的就是增加销售额和利润，其最主要的方法就是展示。

一、陈列的作用

药店与药店之间最明显的区别，不是低价格、位置、规模，而是有效陈列，好的陈列具有非常重要的作用。

药品陈列

1. 好的陈列可以建立和提升品牌的形象

建立和提升品牌的形象是陈列的第一大目的。通过陈列，商家可以向客户传递自己的产品信息，同样利用连续的陈列面能够造成一个冲击力，从而引起客户对产品的注意；更重要的是，假如商家有足够的产品陈列在货架上，那就意味着它有足够的库存，也就是保证了一定的存货量。

2. 好的陈列可以有效为消费者提供信息

通过陈列可以向客户充分展示此产品相对于其他产品的优势，如陈列的产品可以通过自身的包装展示自己的品牌特性；陈列还有很多 POP 的配合，很多促销活动的信息就是通过 POP 来展示的；陈列还可以向客户推荐新品，当一个新品上市的时候往往要做出一个单独的陈列，以此来吸引客户的注意力，让它区别于现有的产品。

3. 好的陈列可以吸引顾客和促进销售

好的陈列能够提高店内的可见率，能够提高客户，尤其是那些路过客户的进店率；如果是开架式陈列，好的陈列也能让客户非常容易地拿到商品；陈列能够让大众媒体广告实现收效最大化，当客户在电视里看到了广告，就会有兴趣去买；很多顾客在走进商店内的时候往往没有一个事前的购买计划，而好的陈列能够吸引、提示客户，所以，一个好的陈列能够促进 70％非事前计划性消费者的购买行为发生。

二、陈列的基本原则

1. 将产品放在容易看到或者容易拿到的位置

（1）对于前柜后架式药店 容易看到或者拿到的位置有以下几处：

① 面向消费者入店的路线方向；

② 营业员的后方柜台：水平视线与肩膀之间的高度；

③ 营业员的前方柜台：膝盖以上的高度，柜台的上面首层；

④ 不易被其他摆设物遮挡之处；

⑤ 最贴近玻璃的位置；

⑥ 在同类产品之中摆放在中间的位置。

（2）对于开架式药店 容易看到或者拿到的位置为：货架上离地面 1.45～1.55 米处。

2. 尽量扩大或增加产品陈列位置

多一个陈列位意味着多一份产品被售出的机会，因此，除了用正常货架位置进行销售外，要力求有第二陈列位甚至第三陈列位。

3. 尽量增加产品陈列面

产品陈列面是指产品面向消费者的包装面（但只计前面一行不计后面），增加陈列面可以增加产品出售机会。

4. 产品系列集中陈列

产品系列陈列是指将本公司的产品或同一品牌中不同规格的产品放置在一起，从而最大范围地吸引消费者视线。因为大多数消费者习惯从货架中间或从右边拿取产品，所以在系列陈列时尽量将产品或主要包装规格放置在中间或者略偏右侧。

5. 配合各类 POP 促销宣传品，营造生动的展示效果

POP 是在店内将广告信息传达给消费者的最直接有效的方式。醒目的 POP 广告能使产品陈列抢眼夺目。因此，POP 广告被人们喻为"第二推销员"。

店内主要 POP 形式有：跳跳卡、折扣标牌、赠券、海报、不干胶贴、小册子、模型、吊旗、灯箱、手提袋、气球、广告录像、其他印刷品、陈列盒等。

三、影响陈列效果的因素

1. 产品特点

指应选择恰当的产品，其特点包括：针对的疾病患者群大，患病情况经常发生，病后不会产生免疫作用；产品的生产厂较少。

2. 时间

指销售人员必须具备时间意识，在上市推广期、季节销售旺季、促销期等阶段要特别加强产品在货架上的位置表现。

3. 标价方式

指采用醒目的标价方式，以达到吸引和劝购的效果，字迹清晰、易识别，内容准确、简洁，包括：品名、规格、产地、计价单位、价格等。

四、终端陈列要点

1. 货架陈列

① 陈列高度在 1.2 米以上，宽度为 0.8～1.0 米。
② 位置醒目。
③ 扩大陈列面，横向或纵向至少有 3 个陈列面，A 类药店争取专架陈列。

2. 柜台陈列

① 尽量陈列在柜台上层或中层外侧。
② 位置醒目。
③ 扩大陈列面，横向至少有 3 个陈列面，摆放整齐，特 A、A 类药店争取最大面陈列。
④ 在橱窗或货架顶端陈列大展示盒或用样品盒拼成有创意的图形陈列，如叶片型、文字型、心型、人型等，吸引眼球。
⑤ 争取在柜台台面上陈列样品盒、立牌等提示或展示物料。
⑥ 如果不能设置专柜专架陈列，则尽可能靠近主要竞品摆放。
⑦ 避免破旧包装、未开封的塑封包装上柜（架）陈列。

3. 陈列不足的对策

对由于客观原因无法陈列到较好位置的产品，可参考下列方式：
① 可在陈列现场，以爆炸贴进行陈列引导。

② 以陈列展盒进行陈列突出。

③ 采取捆绑赠品的方式，扩大陈列面。

知识链接

理货

理货是指将适宜的产品以引人注目的方式陈列于合适的商店位置，更好地满足客户需求，同时增加销售额与利润。

理货的目的：增加销售收入和利润；增加消费者重复入店概率，推动购买；提高服务水准；提高库存管理效率。

如何做好理货：了解药店环境，了解消费者心理，做好产品陈列，进行日常维护。

🌐 任务实施

＜ 任务描述 ＞

假设你是某医药公司的 OTC 代表，你要完成某新品的铺货任务。你已经和某药店商谈好相关的铺货细节，就差送货和陈列没有完成了。你打算 3 日后给药店送货并指导店员对药品进行陈列。

＜ 任务目标 ＞

1. 熟悉药品陈列的基本要求和原则；

2. 能够根据陈列要求和原则对药品进行恰当的陈列；

3. 能够运用相应的陈列技巧。

＜ 任务准备 ＞

1. 货架 5 组，其中两组高货架约 170cm ，3 组矮货架约 150cm。

2. 商品或空商品盒准备，包括处方药品 4 种、非药品 3 种、非处方药品 15 种（其中清热解毒类 3 种、易串味药品 3 种、外用药品 3 种、妇科用药 3 种、儿童用药 3 种）。每种药品均准备两种规格各 10 盒（包）。

3. 准备标价签和药品分类标示牌若干、POP 广告多张、大白纸多张、剪刀 6 把等。

＜ 任务实施步骤 ＞

1. 对药品进行分类；

2. 依据 GSP 要求，根据药品陈列原则与方法，对药品进行陈列。

＜ 任务评价标准 ＞

1. 分类正确；

2. 能够分类摆放，做到"六分开"；

3. 同一药品摆放在一起，近效期在前；

4. 同品名或同品种不同规格的药品相邻摆放；

5. 商品正面向前，没有倒置；

6. 排列整齐、美观；

7. 满陈列。

◀ 完成任务提示 ▶

1. 要先进行分类；

2. 依据品类贡献率排序，确定各品类陈列位置，拟订陈列方案；

3. 依据商品贡献率确定细类在品类中货架权重，并依序排列，确定位置；

4. 单品陈列。

课后作业

图 3-6 中，哪些地方是最佳陈列位置？

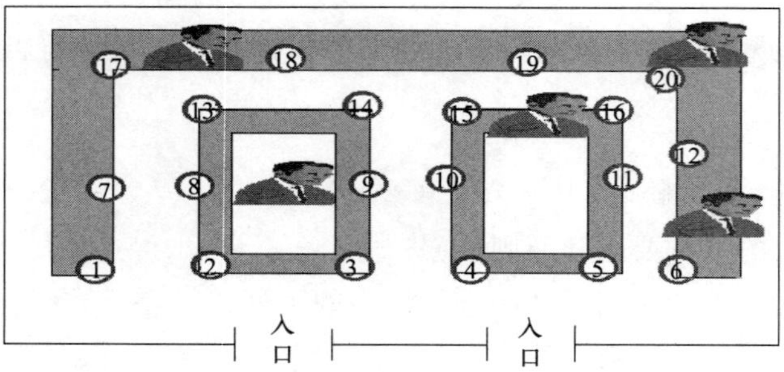

图 3-6　药店布局

任务 5 **店员培训**

OTC 代表王明在请教了公司资深的销售员小张后，对新进药品进行了最优化的终端陈列。同时，他还积极听取了小张的建议，加大了对店员的培训。而后，他的销售业绩有了很大的提高。其他销售员纷纷向王明请教，王明是如何对店员进行有效培训的呢？

基本知识

店员培训是指将产品的相关信息传递给店员，使店员熟悉产品的知识，以期在柜台销售中增加该产品推荐率。市场调研公司统计结论：店员推荐所产生的影响力不低于电视广告的力量。研究表明：有 74％的消费者会接受店员的意见；在消费者明确具体品牌的情况下，店员向他们推荐其他具体品牌时，有 66.2％的消费者改变了主意，接受店员的推荐。因此，店员的推荐对消费者有很重要的影响，做好药店店员培训是 OTC 代表的核心工作之一。

一、店员培训的目的

1. 建设客情

店员培训能够在形式方面提供给 OTC 代表更多的机会和空间去展示自己，沟通与店员的感情。

2. 让药店店员掌握产品的特点及品类知识

通过培训，可以让药店店员了解产品特点及品类知识，以与竞争对手的产品区别开来，并且能够把产品的特点转化为消费者的语言来打动消费者，让消费者愿意去购买该产品。

3. 提高店员销售技能

在很多的店员培训中，销售技巧的培训也是很重要的一项内容。通过对店员进行销售技巧的培训，可以帮助药店提高店员的销售技能，进而提升药店销售额。

4. 传递公司的专业形象

在做店员培训过程中，无时无刻不在传递公司的整体品牌形象，好的培训能够为公司树立良好的专业形象，给店员足够的信心。

二、店员培训的内容

① 公司介绍。从产品优势、公司实力、广告投入等方面入手，让其充分感受到产品和

公司的前景，从而增强药店店员对公司和产品的信心。

② 产品知识培训。培训内容包括：产品主要成分、核心卖点（通常为 3 个左右）、适用人群、针对症状、产品的正确使用方法、可能出现的副作用及说明、区别于竞品的重要优势等。

③ 话术。根据消费者不同特点，总结提炼出打动消费者的话术。

④ 终端拦截。与竞争产品作比较，使店员明确本公司产品优于竞争对手的特性，为店员提供有技巧地说服竞品的消费者购买我公司产品的方法。

⑤ 真实的销售案例及终端拦截案例演示。通过案例和演示，使店员能深刻体会销售的方法与技巧，提高其销售技能。

⑥ 解答消费者经常提出的问题，尤其是尴尬的问题。

⑦ 消费投诉处理办法。

三、店员培训的形式

（一）大中型培训会（店外店员集中授课培训）

以一个区域市场为单位（通常是在一个城市内），对医药公司下属药店、连锁药店等大型企业的较多数量的店员开展集中培训。

1. 培训目的

可以高效率向店员传播产品知识；增强企业、OTC 代表与店员的关系；使店员认识 OTC 代表。

2. 培训内容

要和社会热点、公益知识、医药知识联合起来，使对方容易接受。主要培训内容如下。

① 公司的历史和未来，公司的经营理念；

② 产品知识（医学背景知识、自己产品特性、同类产品比较、消费者可能对产品的反馈）；

③ 药品销售技巧，促销活动的操作办法等；

④ OTC 普及知识、《药品管理法》相关内容等。

3. 培训操作要点

① 把产品知识编成顺口溜方便记忆。例如，某消炎片顺口溜为："古老配方，焕发生机，一次一片，热毒不见；内消热毒肿痛，外除疔疖痈疮。"

② 把药品疗效通过图片来进行说明。

③ 用普通消费者能明白的语言来说明产品的卖点。

（二）小型店内培训（入店培训）

在零售药店内针对店员开展的培训活动，可以由 OTC 代表在对药店常规拜访中采取"一对一"或小规模店员培训会的方式来进行店员培训。

1. 培训目的

使店员明确本公司产品的相关知识，尤其是核心卖点，增强其销售技巧，提高销售额。

2. 培训内容

① 公司简介，包括公司实力（如行业优势、发展规模等）及企业文化（如品牌价值、核心理念等）。

② 产品介绍，包括产品的成分、适应证、特性、目标消费群、临床应用等。

③ 推荐技巧，包括卖点推荐、销售成功案例等。

3. 培训操作要点

① 要尽可能带动培训会的氛围，给人以轻松愉快的感觉，如注意与店员的眼神交流，间歇采用提问方式调解氛围等；

② 对培训内容要非常熟练，能够进行熟练的产品介绍和卖点宣传；

③ 培训中要采用生动形象的展示方式，如 POP 展示、PPT 等。

（三）有奖知识问答（有奖问卷）

有奖问卷是指将产品知识以问卷的形式请店员问答并给予奖励的一种常用而且简单易行的店员培训方式。有奖问卷可以选择一家药店单独进行，也可以选择数家或数十家或更多的药店在同一时期较大范围地进行，还可以配合"一对一"的店员教育、小型店员教育会、电影招待会、店员联谊会、店员答谢会等形式一并进行，以达到更好的店员培训效果。

1. 培训目的

通过有奖问卷，让店员熟悉产品知识。

2. 有奖问卷设计

有奖问卷通常是将产品知识印在正面，围绕产品知识及提醒店员推荐的产品宣传要点归纳成 4～5 个小问题（如同时介绍 2 个或 2 个以上的产品则加倍），并将问题印在背面。问题的答案要明确、简洁、易懂、易记忆，可以设计成选择题供店员选择。问题一般包括产品的品牌、作用、特点、服用方法等方面的知识。问卷中还可以视需要作一些销量、广告效果、价格意见等方面的调查。还应将奖励规则、奖品名称印在问卷的醒目位置。

3. 有奖问卷法操作要点

① 产品知识宣传资料必须与有奖问卷同时发放，如是双面印刷，则一面是产品知识，一面是问卷，一次发放即可。

② 有奖问卷只发给销售自己药品柜台的店员，以及经常倒班到销售自己产品的其他药品柜台店员，不可给一个药店所有人都发放问卷。

③ 问卷发放后三天到一周内，业务员要督促店员填写，并一再说明肯定都有奖品或礼品。并且要在一周内派人员自己收回，时间长了店员可能忘记或者丢失问卷。

④ 回收时相同字体的问卷视作无效，未完成的问卷无效，防止一人填写很多问卷的现象。

除了以上几种常见的培训形式外，OTC 代表在工作时间以外，可以采用 QQ 群、微信群、微信公众号等，可以定期发一些产品知识宣传、销售技巧、案例分享等内容，以增强与药店店员的联系与感情，同时也潜移默化地起到培训的作用。

知识链接

如何说服店员推荐自己的产品

有三个最重要的方面：一是搞好连锁门店经理或者药店经理关系；二是搞好店员关系；三是搞好产品知识培训。我们有很多代表店员关系做得很好，但是从销售数据来看并没有太多的增长是什么原因？有以下几个可能：①连锁药店门店经理不支持你的产品，他们要求店员重点推荐其他品牌产品；②店员产品知识不熟悉，推荐成功率不高或者说不知道该如何进行有效的推荐；③店员关系好是一种表面现象，或者说 OTC 代表没有将关系转化为销售。要记住很关键的一点：在新开发的药店中，店员产品知识培训是最重要的，不仅要求店员熟悉产品知识，而且要帮助店员进行产品的有效推荐，OTC 代表必须总结一些在推荐中常见问题的解决办法，然后将这些解决办法传授给店员！

任务实施

任务描述

假设你是某医药公司的 OTC 代表，你已经完成了某药品在某药店的铺货工作，现在需要对店员进行新产品相关知识与销售技巧的培训。你打算采用入店培训的方式对店员进行培训，并在培训后采用有奖问卷的方式对培训效果进行反馈。

任务目标

1. 掌握店员培训的方式；
2. 能够采用合理的方法对店员进行培训；
3. 能够设计有奖问卷。

‹ 任务准备 ›

1. 模拟药店（配多媒体，桌椅）；

2. 笔、纸；

3. 培训药品。

‹ 任务实施步骤 ›

1. 培训前的准备工作：①熟悉培训药品的产品知识及销售卖点；②制作培训需要的PPT；③设计培训后的有奖问卷。

2. 对店员进行培训：①公司简介；②相关医学知识介绍；③产品介绍；④答疑。

3. 培训后下发有奖问卷，让店员进行填写，并收回。依据店员回答结果，分析培训效果，并改进。

‹ 任务评价标准 ›

1. PPT制作简洁、内容全面、准确；

2. 有奖问卷设计合理、易于回答；

3. 对店员培训时姿态自然、内容准确；

4. 问卷及格率大于80％。

‹ 完成任务提示 ›

1. 产品介绍主要包括：①最重要的卖点，要少而精；②患者常见问题解答，要事先进行调研；③与竞品的比较，要强调自身产品的优势；④正确的使用方法；⑤副作用以及相关解释，要通俗易懂。

2. 有奖问卷设计的问题不要太多、不要太难，答案要直观。

课后作业

您是一位OTC销售代表，现在要拜访一家A级店。市场部制定了一个销售竞赛活动，如果这家店参加有可能得到5000元的头奖，并且对您的销售大有帮助。但昨天您与经理交谈时被他拒绝了。匆忙中您也没有弄清原因，而您知道以前这家店经常参加类似的活动，并且表现积极。今天，您又来到了店经理的门口，您如何进行拜访？（请先向大家说明本次拜访的详细目的。）

任务6 药品促销

任务引入

通过一段时间的学习与实践，OTC 代表王明已经能够独立完成新客户的开发、拜访药店、铺货、产品陈列、店员培训等工作，销售额也有了较大幅度的提高，且每月的销售量都比较平稳。王明并没有满足现状，他寻找着再次增加销量的突破口，于是，他想到了促销。他将如何开展药品促销活动呢？

基本知识

促销是在某一特定时间内，为中间商或消费者提供购买激励的一种活动，以促使其购买某一特定产品。由于 OTC 产品使用者和决策者的统一，所以药品的销售更多地来自品牌和价格两大驱动力，也更多地依靠广告和促销的互相配合和互动。

一、药品促销的目的

① 鼓励零售店的购进，如增加购进的产品规格、数量等。

② 提高店员对产品的第一推荐率，即当顾客向店员进行咨询时，店员能主动推荐我们的品牌。

③ 鼓励店员增加产品的销售额，一般通过考核销量后采用物质奖励的形式对销售业绩良好的店员进行激励。

④ 改善品牌在货架上的陈列展示，以期给消费者醒目的购买提示。

二、药品促销的两大核心策略

1. 推式策略

主要是运用促销将产品推向市场，从生产企业推向批发商，从批发商推向零售商，直至最终推向消费者。实行这一策略的企业大多拥有较雄厚的推广队伍，或者产品的声誉较高，或者采购者的目标比较集中。这种策略通常以中间商为主要促销对象，要求推销人员针对不同的商品、不同的客户，采用不同的方式方法。简言之，"推"的重点是面向通路的工作。

2. 拉式策略

主要是运用广告和公共宣传手段，着重使消费者产生兴趣，刺激购买者对产品的需要，进而推动消费者向中间商购买产品，中间商向生产企业订购产品，以此达到向市场推销产品的目的。实行这一策略的企业一般是由于产品的销售对象比较广泛，或者是新产品上市，需要扩大知名度。"拉"的重点是面向消费者的工作。

三、药品促销的方式

（一）针对零售药店的促销

1. 购进折扣

即在指定期限内对零售店购进特定产品或达到某一数量作出特殊的价格折让。

（1）购进折扣的类型　依据折扣的目的不同，可以分为以下3种：

① 购进数量折让。指购进的数量越多，折让比率越高，鼓励多购进。

② 现金交易折让。指通过现金进行交易而进行折让，鼓励零售店用现金交易。

③ 定额目标折让。确立一系列销售目标，确定不同的折让标准。销售额越高，折让越大，以增加药店的销售动力，一般半年度或一年度结算。

（2）折让的支付方式　折让的支付方式通常有3种：①以津贴形式，在一定时限内返给零售店；②用产品替代现金支付；③以礼券或赠券形式支付。

2. 小礼品或试用品分发

分发实用小礼品如定制钥匙扣、环保袋、健康手册等，或者分发合规试用品，由专业人员提供咨询，解答疑问，确保消费者正确使用。

3. 神秘顾客活动

指厂家派出代表扮作顾客，在对店员提问时检查其对产品的推荐率及对产品知识的了解程度。当店员的反应达到一定标准时给予赠品奖励。

4. 销售积分竞赛

销售积分竞赛多为药品生产厂家在独立的药店、连锁药店之间开展销量竞赛的活动。例如，某公司竞赛积分的方法如下：

① 制定促销活动的规则。

② 设置每个营业员销售本公司产品，每瓶（盒）积一分。

③ 积分累积到一定分值，可领相应价值的礼品一件。

④ 每兑一次奖，积分归零，重新计算积分。

⑤ 同一药店营业员在自愿的基础上，积分可以合并领奖。

注意：设置奖品的奖励分值，最好以5、10的倍数设置，便于统计操作。

5. 陈列比赛

指将货架上的产品进行有序摆放，从而达到刺激消费者购买欲望的目的。

陈列比赛的作用：①支持产品的广告及其促销活动，帮助树立品牌形象。良好的产品陈列也是品牌领导地位的表现，有助于增加消费者购买和使用的信心。②联合零售店，利用活动及奖品使其给予工作上的配合。③使消费者容易看到产品，产生购买提示作用，增加事先无计划的消费者购买产品的比率。

（二）针对消费者的促销

1. 样品赠送

对消费者提供某种产品一定的用量（标准产品或专门样品装）以供其判断产品的优点，刺激购买欲。

目的：促使已使用者大量购买，吸引尚未使用的顾客群，维持现有顾客，增加产品的使用频率，抵制竞争品牌的威胁。

2. 赠品促销

附送赠品在 OTC 药品市场适合于各种产品及各种产品的不同时期，通过精美的赠品吸引消费者购买新产品、弱势产品，鼓励重复购买等。

3. 折价促销或折价券

适用于药品同质程度比例大，品牌形象相差无几的同类产品；竞争厂家推出或即将推出同类新产品时；主要针对具有一定品牌影响力，有一定稳定消费群体的 OTC 药品。

4. 抽奖与有奖竞赛

抽奖方式：回寄式抽奖、即开即中式抽奖、多重连环抽奖。

有奖竞赛是指厂家为消费者提供一个丰厚诱人的奖励，人们利用自己所学的知识，展示自身才华，通过竞争参加竞赛活动而获取奖赏，厂家因此而获得自己应得利益的一种促销方式。

四、药品促销的具体实施

1. 促销前沟通

首先是与零售商和批发商进行沟通，沟通的内容有：让他们备货，保证促销期间不发生断货；给零售终端和批发商一些折让，鼓励他们加入促销；与他们沟通促销的内容、时间和预计的销售增长目标，同时在执行方面还要向他们提出售点的陈列要求，确定进场时间；沟通对现场促销人员的管理、现场执行的安全因素和应对意外情况的备选方案；同时也要沟通如何应对与自己同期促销的竞争对手。

然后就是和促销人员进行沟通，主要沟通内容就是培训。

2. 促销前准备内容

促销前的沟通结束之后就要进行促销前的内容准备。准备内容包括：促销信息的发布；促销前与零售终端的沟通；促销执行人员的培训；促销物品的质量、数量、派发；零售终端备货；售点陈列布置、价签更改；现场执行安全因素；监管规定确认和备选方案（人员/物品/方式）。

📶 任务实施

‹ 任务描述 ›

药品促销是 OTC 代表经常组织的门店活动，假设你是某医药公司的 OTC 代表，马上就到五一了，你打算联合某药店进行一次促销活动，其促销主题为：触摸"五一"，"药学服务，关爱健康，回馈顾客"。请设计该活动的促销方案，并按照促销方案进行药品的促销活动。

‹ 任务目标 ›

1. 了解促销的常见方式；
2. 能够根据一定的促销主题设计促销方案；
3. 能初步组织药品促销活动。

‹ 任务准备 ›

1. 模拟药店；
2. 笔、纸、条幅、气球、彩带、吊旗等。

‹ 任务实施步骤 ›

1. 促销方案的设计

主要包括以下方面的内容：促销目的、活动对象、活动主题、广告语、活动时间、活动地点、宣传的平台和工具、促销费用预算、意外防范、效果预测等。

2. 促销活动的实施

依据促销方案，进行药品的促销活动。

‹ 任务评价标准 ›

1. 促销方案设计全面，较合理；
2. 促销过程能顺利进行。

‹ 完成任务提示 ›

1. 选准促销药店；
2. 做好预约和公关；
3. 准备足够的物料；
4. 把握时间和天气；
5. 现场布置要醒目、生动；

6. 安排合适的促销员；

7. 抓住目标顾客争取成功。

课后作业

前几天，OTC 代表王明去拜访某药店时，药店王经理对他说，过几天就是药店开业一周年店庆日了，他们药店打算开展一次针对店庆的促销活动。由于药店成立的时间比较短，没有开展店庆促销的经验，药店王经理希望王明能够帮助他们进行策划，并写出促销方案。王明又犯了难，他该如何完成王经理交给他的工作呢？

任务 7　客户管理

任务引入

王明 3 年前从学校毕业后在一家医药公司做 OTC 代表。他的上司张经理人缘很好，与许多客户都建立起了深厚的友谊，公司的销售业绩也得到了飞速的发展。王明刚进入公司时，也受到了这种成功的鼓舞。但是，他逐渐发现公司许多客户的资料都只保留在销售人员的脑中，销售部并没有这些客户的详细信息记录，销售大部分是依靠销售人员与客户的私人关系进行的。他为这种情况感到了深深的担忧，并把这种担忧告诉了他的上司，但他的上司没有给他一个明确的答复。

半年后，他所担忧的事情终于发生了，他的上司跳槽到了另外一个大公司，同时带去了部门里的另外两位核心销售人员。这样，由于缺乏客户资料，公司的销售一下子陷入了泥潭，销量迅速下降。鉴于王明过去的优秀表现，他接替了张经理的工作。临危受命，王明深深感到自己责任的重大，他该怎么做才能逐渐扭转局面呢？

基本知识

客户管理，亦即客户关系管理（customer relationship management）的简称，也可以称作 CRM。企业为提高核心竞争力，利用相应的信息技术以及互联网技术来协调企业与顾客间在销售、营销和服务上的交互，从而改进其管理方式，向客户提供创新式的个性化的客户交互和服务的过程。其最终目标是吸引新客户、保留老客户以及将已有客户转为忠实客户，增加市场份额。

根据"二八"原则，企业 80％的利润来源于 20％的高端客户。这 20％的高端客户，如连锁药店、大型单体药店、对某一市场有垄断效应的客户，目前或在未来对我们的业务构成极大影响，是我们的主要客户，也称核心客户，所以更要加强对核心客户的管理。

客户管理的目的主要有：稳固业务基础；整合供应链各环节的需求，提高运营效率；提升客户服务质量；建立战略合作关系，降低远期成本及风险，与客户共同发展等。

一、建立客户档案及分级管理

（一）建立客户档案

零售药店客户档案的建立通常分为两个层次：一是零售单体药店档案的建立，二是连锁药店档案的建立。建立客户档案有利于全面了解客户信息，了解终端药店的数量和质量，起到动态管理和查询的目的；可以为新老顾客提供优惠活动和方便；是培养忠诚顾客的基础；可以对顾客流失起到警示作用；同时也对顾客购买行为的变化具有系统参考作用。因此，建立客户档案，对客户的重要信息进行记录是客户管理的一项基础工作。

客户档案内容包括：终端名称、终端类别（A、B、C）、终端地址、终端性质（国营、集体或私营）、归属单位、营业面积（仅指药店、诊所）、负责人（或柜组长）姓名及联系电话、营业员姓名、性别、生日及班次、进货渠道及进货价格、产品陈列（柜台、货架、专柜、专架、堆场）、零售价格、同类产品等。表3-6为某医药公司零售药店客户档案资料统计表。

表3-6　零售药店客户档案资料统计表

城市_____　　　　月份_____　　　　填表人_____

客户档案资料	A	B	C
药店名称			
药店级别			
类型			
性质			
营业面积			
地址			
电话			
邮编			
平均月营业额/万元			
进货渠道			
店员数			
店长			
店长联系方式			
柜组长			
柜组长联系方式			

（二）客户分级管理

可以依据药店的销量、规模、性质等因素划分为A、B、C三个等级。A级（类）药店通常位于商业集中区、主干道两旁，客流量大，销量在当地平均销量以上，一般为当地有名的大药店和连锁店；B级（类）药店介于A类和C类药店之间，通常规模较小，但生意较好，一般为商场、超市药店专柜，人口流动大的药店等；C级（类）药店一般店面小，经营品种少，主要位于生活小区、市郊、工厂区、辅干道两旁，客流量小，销量在当地平均销量以下，一般为新区和郊区的便民小药店、小诊所等。

级别划分的参考因素具体包括：月平均营业额（全部、药品）；营业面积；柜台（货架）数量；营业员人数；地理位置（繁华程度、人流状况）；目前本公司产品的销售状况；目前其他竞品销售的总体状况等。

原则上，A级（类）药店应不少于当地药店总量的10％～15％，B级（类）药店不少于药店总量50％。对药店进行分级管理，便于工作安排时有重有轻，提倡抓大带小。A级（类）药店要经常走访，保持优势。对有潜力的小药店多下功夫，使它尽快跨入中、大型行列。

二、客情维护

客情维护就是 OTC 代表要与终端成员建立良好的客情关系，好的客情关系能使产品顺利地实现销售、回款。OTC 代表工作的根本目的是实现销售，目前国内的药品同质化现象较为严重，如果销售的产品没有品牌、价格、终端推广支持等优势，药店很难接受，无法完成铺货，其他的工作就无从谈起。但如果 OTC 代表和药店经理有着良好的客情关系，药店经理可能会网开一面，试销一个阶段。产品进入药店后，争取好的陈列面、提高首推率、品种的补货等工作都与客情关系密不可分。因此，客情维护工作是以客情关系作为基础展开的，如果把终端的具体工作比作"几根线"的话，那么客情关系就是"一根针"，所有的线都要通过这根"针"穿进去。

（一）拜访频率过高对客情关系的影响

既然客情关系在终端推广中有如此重要的地位，那么是否让 OTC 代表提高拜访频率就能建立起良好的客情关系呢？答案是否定的。理由如下：

1. 过高的拜访频率会使代表疲于奔命，降低拜访质量

药店代表与医院代表的区别就在于工作核心一个是"面"，而另一个是"点"。一个药店代表每天要维护 15～20 家药店，加大拜访频率势必要增加他们的工作量。而为了完成拜访次数，只能缩短拜访时间，如蜻蜓点水一般。如此一来，可能有些工作会不到位，纯粹是无效劳动，从而造成各种资源的浪费。

2. 导致部分药店疏于管理

虽然药店代表做的是"面"上的工作，但"二八"原则同样适用于药店维护工作。一些大卖场、配送及管理规范的连锁药店的销量占区域销量的大部分。代表为了完成销售指标，在正常的拜访频率下对这些药店投入的时间、精力就比较多，而对于一些品种少、销量一般的 C 级药店，每月 1～2 次的正常拜访频率就可能打点折扣。假如提高拜访频率，这种现象可能会更严重，形成"剪刀差"。长此以往，将会导致终端资源的流失。

3. 频率过高会让店方产生反感

之所以对药店的拜访路线、拜访频率作出具体要求，除了保证辖区所有药店都拜访到位、节省代表时间和体力等因素之外，还考虑到过密的拜访会影响店内的正常工作这一因素。处于销售高峰时，店员、店长忙于接待顾客，无法与代表建立有效沟通，这样会造成无效拜访。而顾客少的时候，有的药店一天要接待许多厂家代表，店方难免会产生厌烦情绪。

（二）建立良好客情关系的方法

既然过高的拜访频率会带来上述的负面效应，那么如何在保持正常的拜访频率的同时，又获取良好的客情关系呢？

1. 定期拜访、回访、慰问

自信、热情、礼貌、周到、微笑地介绍产品；通过拜访和慰问，可直接与经理、柜长、营业员建立朋友般的感情，有利于顺利铺货和回款；有利于争取较好的产品摆放位置和宣传位置；可防止断货或脱销信息闭塞；便于及时掌握市场动态，尤其是竞争产品情况；更为重要的是能够促使营业员推荐自己的产品。最好能使拜访时间固定化，使客户记住你的拜访时间，使客户有机会做一些力所能及的拜访前的准备工作。

2. 培养良好口碑

教会店员如何介绍产品；积极主动地协助其解决一些力所能及的事情；时刻研究终端药店经理、店长、柜组长的心理，并适度投其所好，赢得好感。

3. 多角度处理关系，由业务关系转化为朋友关系

OTC代表要知道店员的姓名，同时让店员也知道OTC代表的姓名，这是成功的第一步；OTC代表要了解店员的兴趣爱好，然后投其所好，赢得店员的重视；对药店经理、营业员的情况要制作登记卡，加深与他们的感情沟通；赠送礼品，包括生日礼品，加深感情；组织其参加有关活动及联谊活动等。

OTC代表应依据以下5点对店情关系进行自我评价：①药店是否愿意接受并推销产品；②药店是否愿意维护产品的突出位置和清洁度；③药店是否愿意在店内外张贴产品广告；④药店是否愿意按时进货；⑤药店是否愿意及时反馈市场信息。

🌐 任务实施

◀ 任务描述 ▶

建立详细的客户档案，是OTC代表进行客户管理的重要内容和每天拜访药店的基础。假设你是某医药公司的OTC代表，请根据你平时在药店拜访过程中收集的药店客户的信息资料，对客户进行分类，并建立客户档案。

◀ 任务目标 ▶

1. 了解药店客户调查与数据收集的方法；
2. 能够根据收集的客户信息，对客户进行分类；
3. 能够根据收集的客户信息，建立客户档案。

◀ 任务准备 ▶

1. 纸、笔；
2. 电脑。

◀ 任务实施步骤 ▶

1. 通过平时在药店进行拜访，收集药店客户的信息资料；
2. 根据收集的客户信息，按照一定的分类标准对客户进行分类；
3. 制定药店客户资料档案表，根据收集的药店客户的信息资料进行填写，并录入电脑。

◀ 任务评价标准 ▶

1. 药店客户资料档案表制定内容全面；
2. 药店级别划分的标准合理、区分度高；
3. 客户档案填写完整，表述清楚。

◀ 完成任务提示 ▶

1. 药店客户资料档案表的制定是为了确保信息收集的统一化和标准化，可以根据产品的不同在调查的内容上有所调整。

2. 药店级别划分的标准可以考虑药店的规模、所处的商圈、店员的组成、店员的销售能力和销售水平、以往的采购量与消费额、账期与汇款的情况、对企业品牌的认可程度以及店内其他竞争对手产品的销售情况等。

3. 顾客档案是动态的，随时更新。

✎ 课后作业

客情关系在终端推广中有非常重要的作用，是否让 OTC 代表提高拜访频率就能建立起良好的客情关系呢？请谈谈你的看法。

项目小结

面向药店进行药品营销

制定拜访路线	1.制定拜访路线的目的；2.制定拜访路线的原则；3.制定拜访路线的方法
铺货	1.铺货的方式；2.铺货的作用；3.铺货的标准流程；4.铺货的注意事项
门店常规拜访	1.门店常规拜访的目的；2.门店常规拜访的流程
终端陈列	1.陈列的作用；2.陈列的基本原则；3.影响陈列效果的因素；4.终端陈列要点
店员培训	1.店员培训的目的；2.店员培训的内容；3.店员培训的形式
药品促销	1.药品促销的目的；2.药品促销的两大核心策略；3.药品促销的方式；4.药品促销的具体实施
客户管理	1.建立客户档案及分级管理；2.客情维护

項目四

面向医院进行药品营销

教学导航

学习目标	知识目标： 1. 了解区域药品采购的相关政策 2. 了解药品挂网采购的知识 3. 了解学术推广的意义 4. 熟悉医院相关知识 5. 熟悉药品进入医院的形式 6. 熟悉学术推广的主要形式 7. 掌握药品进入医院的流程 8. 掌握学术推广会的前期准备 9. 掌握医药销售人员日常拜访的基本流程、方法及技巧
	能力目标： 1. 能够进行新药的市场开发 2. 能够参与区域招标采购 3. 能够合理制定拜访路线，做好拜访计划 4. 能够运用拜访技巧进行销售的日常拜访 5. 能够进行处方药的学术推广
	素质目标： 1. 具备踏实的工作作风及勤劳的工作精神 2. 具备较强的沟通及谈判能力 3. 具有较强的自我学习能力 4. 具有较强的心理承受能力及自我调节能力
学习重点	1. 医药销售人员的拜访技巧 2. 处方药的学术推广策略 3. 区域招标采购的相关政策
学习难点	1. 拜访时的开场白设计、探询技巧、产品介绍方式 2. 制定处方药学术推广方案
教学方法	案例分析法、角色扮演法、小组讨论法
建议学时	28 学时

区域市场开发

任务引入

李明刚刚从学校毕业，由于成绩优异，表现突出，成功应聘进了国内一家大型外资医药公司，成为医药公司的一名处方药医药销售人员。公司对李明非常信任，也非常赏识，交给李明一个新的区域进行业务拓展。经过前期考察，李明发现，该地区的经济水平中等偏上，医院数量不多，有几家三甲医院，他决定试着开发此处，那么他要如何完成公司的工作呢？

想要完成公司交给他的难题，李明首先需要对区域药品采购相关政策、药品挂网采购的相关知识、医院相关知识、药品进入医院的形式、药品进入医院的流程、药品学术推广以及如何拜访目标医生等知识进行了解。当有了一定的知识储备后，就可知己知彼，制定相应策略，顺利完成工作。

> **课堂思考**
>
> **医药销售人员必备知识**
>
> 作为一名新医药销售人员，在上岗前必须有一定的知识储备，除了要充分了解自己的产品外，更重要的是要对医药销售人员的职责和医药行业一些基本规则有所了解。
>
> 问题 1：医药销售人员的职责是什么？
>
> 问题 2：区域药品采购相关政策有哪些？
>
> 问题 3：药品挂网采购的相关政策有哪些？

基本知识

一、医药销售人员的职责

医药销售人员是代表药品生产企业，从事药品信息传递、沟通、反馈的专业人员。其职责包括：①制订医药产品推广计划和方案；②向医务人员传递医药产品相关信息；③协助医务人员合理用药；④收集、反馈药品临床使用情况。

二、国家组织药品集中采购和使用试点方案

根据党中央、国务院部署，为深化医药卫生体制改革，完善药品价格形成机制，开展国家组织药品集中采购和使用试点，制定本方案。

1. 总体要求

① 目标任务。选择北京、天津、上海、重庆和沈阳、大连、厦门、广州、深圳、成都、西安 11 个城市，从通过质量和疗效一致性评价（含按化学药品新注册分类批准上市，简称一致性评价，下同）的仿制药对应的通用名药品中遴选试点品种，国家组织药品集中采购和使用试点，进而使药品价格得以下降，减轻患者药费负担；降低企业交易成本，净化流通环境，改善行业生态；引导医疗机构规范用药，支持公立医院改革；探索完善药品集中采购机制和以市场为主导的药品价格形成机制。

② 总体思路。按照国家组织、联盟采购、平台操作的总体思路，即国家拟定基本政策、范围和要求，组织试点地区形成联盟，以联盟地区公立医疗机构为集中采购主体，探索跨区域联盟集中带量采购。

③ 基本原则。一是坚持以人民为中心，保障临床用药需求，切实减轻患者负担，确保药品质量及供应。二是坚持依法合规，严格执行相关政策规定，确保专项采购工作程序规范、公开透明，全程接受各方监督。三是坚持市场机制和政府作用相结合，既尊重以市场为主导的药品价格形成机制，又更好发挥政府搭平台、促对接、保供应、强监管作用。四是坚持平稳过渡、妥当衔接，处理好试点工作与现有采购政策关系。

2. 集中采购范围及形式

① 参加企业。经国家药品监督管理部门批准、在中国大陆地区上市的集中采购范围内药品的生产企业（进口药品全国总代理视为生产企业），均可参加。

② 药品范围。从通过一致性评价的仿制药对应的通用名药品中遴选试点品种。

③ 入围标准。包括质量入围标准和供应入围标准。质量入围标准主要考虑药品临床疗效、不良反应、批次稳定性等，原则上以通过一致性评价为依据。供应入围标准主要考虑企业的生产能力、供应稳定性等，能够确保供应试点地区采购量的企业可以入围。入围标准的具体指标由联合采购办公室负责拟定。

④ 集中采购形式。根据每种药品入围的生产企业数量分别采取相应的集中采购方式：入围生产企业在 3 家及以上的，采取招标采购的方式；入围生产企业为 2 家的，采取议价采购的方式；入围生产企业只有 1 家的，采取谈判采购的方式。

3. 具体措施

① 带量采购，以量换价。在试点地区公立医疗机构报送的采购量基础上，按照试点地区所有公立医疗机构年度药品总用量的 60%～70%估算采购总量，进行带量采购，量价挂钩、以量换价，形成药品集中采购价格，试点城市公立医疗机构或其代表根据上述采购价格与生产企业签订带量购销合同。剩余用量，各公立医疗机构仍可采购省级药品集中采购的其他价格适宜的挂网品种。

② 招采合一，保证使用。通过招标、议价、谈判等不同形式确定的集中采购品种，试点地区公立医疗机构应优先使用，确保 1 年内完成合同用量。

③ 确保质量，保障供应。要严格执行质量入围标准和供应入围标准，有效防止不顾质量的唯低价中标，加强对中选药品生产、流通、使用的全链条质量监管。在此前提下，建立对入围企业产品质量和供应能力的调查、评估、考核、监测体系。生产企业自主选定有配送能力、信誉度好的经营企业配送集中采购品种，并按照购销合同建立生产企业应急储备、库存和停产报告制度。出现不按合同供货、不能保障质量和供应等情况时，要相应采取赔偿、惩戒、退出、备选和应急保障措施，确保药品质量和供应。

④ 保证回款，降低交易成本。医疗机构作为药款结算第一责任人，应按合同规定与企业及时结算，降低企业交易成本。严查医疗机构不按时结算药款问题。医保基金在总额预算的基础上，按不低于采购金额的30％提前预付给医疗机构。有条件的城市可试点医保直接结算。

课堂思考

了解药品集中采购和使用试点方案后，如何顺利进行业务推广

了解药品集中采购和使用试点方案后，医药销售人员还必须了解以下几方面内容才能开始自己的工作。

问题 1：药品集中采购所涉及的相关概念有哪些？

问题 2：现行的招标模式有哪几种？

问题 3：什么是药品挂网采购？

三、药品集中采购所涉及的概念

药品集中采购是指多家医疗机构采用联合采购方式购买药品和伴随服务的行为。采购方式包括公开集中招标采购和竞价采购。药品集中采购所涉及的概念有：

① 招标人：是指参加药品集中采购活动的医疗机构。

② 投标人：是向招标人提供药品的药品生产、经营企业。

③ 配送商：在"政府平台"注册并经审核合格的、具有经营资质的生产企业或在"政府平台"注册并经审核合格、受生产企业委托的经营企业均可作为配送商。

④ 经办机构：是指招标人联合组建的药品集中采购办事机构，或指招标人委托的代理机构。

⑤ 代理机构：是指依法经药品监督管理部门会同卫生行政部门认定、取得中介代理机构资格证书的社会中介组织。

四、现行的招标模式

现行的招标模式主要有基本药物招标及非基本药物招标，也就是业内所谓的基药招标及省标。基本药物是适应基本医疗卫生需求，剂型适宜，价格合理，能够保障供应，公众可公

平获得的药品。国家基本药物目录是各级医疗卫生机构配备使用药品的依据。

（一）基本药物招标模式

采用最广的是双信封模式，企业需要分别编制经济技术标书和商务标书，同时投递两份标书。经济技术标书主要对企业生产规模、销售额、行业排名、市场信誉、临床疗效，以及品牌知名度、储备条件、保障供应及伴随服务情况等指标。商务标书即为品种的投标报价，只有经济技术标书评审合格的企业才能进入商务标书评审，商务标书评审由价格最低者中标。

（二）非基本药物招标模式

① 集中竞价模式：全国大部分省份采用，广东、海南最先启用。

② 限价挂网模式（即所谓的药品"挂网采购"）：以四川为代表，但各有差异。

③ 统筹模式：将系统或区域的药品需求进行统筹，集中需求，统一采购，统一配送，现款现货，网上结算和交易。

对于药品挂网采购，需要了解以下内容。

定义：所谓药品"挂网采购"，主要是指药品生产企业通过网上采购信息平台，在采购限价范围内进行报价，高价者淘汰，低价者按价格由低至高确定入围药品品种，再由生产企业通过信息平台与医院签订供货合同。

实施药品"挂网采购"的意义：通过加强对药品购销环节的监督管理，以限价竞价的方式控制和减少流通环节，降低药品流通运作成本，达到有效降低药品价格的目的；设置限价和竞价的过程，科学制定药品的挂网限价，对不接受限价的药品不予进入医疗机构使用，有效地遏制虚高的药价，同时，设置一定的淘汰比例，进一步挤压掉虚高药价中的一些水分，使得医院购进药品的价格趋于合理；实时监控临床药品的使用情况，使医疗机构的用药情况接受社会的广泛监督，提高医疗质量，降低患者费用。

五、招标流程

（一）招标前的工作

招标信息的获得来源：

① 官方招标信息发布平台。

② 医药商业公司的通知。由于目前招投标大多是地区性的，因此当地的龙头商业公司对这方面的信息获取具有超前性。

③ 代理商提供的信息。代理商在当地直接从事销售工作，信息一般也比较灵通。

④ 各大招标论坛。包括无忧招标、中国药品联盟等。

⑤ 各地的医药交流 QQ 群。

（二）标书解读

标书是招投标的规则，因此，必须认真研读标书，主要研究评标的标准、物价的要求、报价的规定、评标规则、配送商选择等事项。采购公告发布后，即刻下载并研读标书，详读投标资料的制作要求、评标的标准、评标议价方法，并结合公司品种对投标给出个人看法和建议，汇总后制定投标品种目录及投标方案。

（三）报名

通过标书解读，选出公司可参与投标的品种，并在投标前对品种加以分析，确定重点，确定招标方案，然后根据方案进行品种报名，报名后对各种资质审核情况及时进行反馈，尽可能使公司参与投标的品种在报名的时候就处于一个较为占据优势的层次。

报名后还需要进行网上药品资料审核和纸质资料递交。纸质资料主要以企业资质册（表4-1）和产品资料册（表4-2）为主。

表 4-1　企业资质册

顺序	材料名称	材料要求
1	封面	标准格式
2	企业基本情况表	标准格式
3	报名承诺函	标准格式
4	法定代表人授权书	标准格式
5	被授权人身份证	原件、复印件
6	营业执照（副本）	原件、复印件
7	2010年度单一企业增值税纳税报表、《资产负债表》和《损益表》	复印件（①单一企业应提交本企业的纳税申报表，不得以其集团的纳税申报表代替；②纳税申报表上应能清晰体现公司名称和税务机关印章）
8	《药品生产许可证》（进口药品全国总代理商提供《药品经营许可证》）	原件、复印件
9	参加网上集中采购活动前两年无生产假药及其他不良记录的声明及证明	原件（证明须提供省级药监部门出具的证明原件）
10	供货承诺函	标准格式
11	报名产品汇总表	标准格式
12	进口药品全国总代理商需提交代理协议书或由国外厂家出具的总代理证明	复印件

表 4-2　产品资料册

序号	内容	备注
1	产品注册材料封面	标准格式
2	药品生产批件复印件（进口药品为《进口药品注册证》）（生产批件过期的必须附《再注册受理通知书》）	复印件
3	药品说明书原件（说明书原件粘贴于A4纸上）	原件

续表

序号	内容	备注
4	药品质量标准复印件（进口药品为《进口药品注册标准》）	复印件
5	最新省检、市检或厂检药品检验报告复印件（进口药品应提供有效期内《进口药品检验报告书》）	复印件
6	药品物价文件	复印件
7	质量层次申明及证明材料	原件
	专利、原研、单独定价、优质优价物价证明文件（如有）	复印件
	国家知识产权局授予的药品发明专利证书。包括新化合物、药物组合物、天然物提取物、微生物及其代谢物等专利证书（如有）	复印件
	国家保密处方中成药证明文件复印件（如有）	复印件
	1999 年以来获得国务院颁发的国家技术发明奖或国家科技进步奖二等奖以上（含二等奖）的获奖证书复印件（如有）	复印件
	国产药品美国 FDA[①] 认证、欧盟 cGMP[②] 认证证书（中外文对照）	复印件
8	其他专利（如指明该具体品种的工艺流程、实用新型、外观设计专利等）证明文件复印件（如有）	彩色复印件
9	产品附加申明中有关于储备条件、给药途经、适应证优于或多于同类药品其他厂家的（如有）至少 2 家其他厂家同类（同通用名、剂型、规格）药品说明书	原件
10	本企业原料药生产批件	彩色复印件
11	原料药自产且该原料药通过美国 FDA 或欧盟 cGMP 认证证书（如有）	彩色复印件

① FDA 即食品药品监督管理局。

② cGMP 即动态药品生产管理规范。

（四）分组限价

分组限价是招标环节中最重要的一个环节，你的药品是否有优势，在整个阶段里可以体现出来。

1. 产品分组

产品分组以药品质量层次来划分。

第一层次：原研制药品、获得国家科学技术进步奖二等奖以上药品、中药保密处方药品等。

第二层次：国家一类新药、获欧美认证的国产药品、单独定价药品、优质优价中成药（以初始报价前国家或省物价局定价文件为准）。

第三层次分两组：

第一组：工业和信息化部认定的化学药品工业企业法人单位按主营业务收入排序前 150

名、中成药工业企业法人单位按主营业务收入排序前 150 名。

第二组：其他通过认证的药品。

2. 产品限价

产品限价指招标前政府机构确定挂网价格的限制，挂网价格的设定一般考虑以下因素。

① 当次招标计划削减采购总额的百分比数（一般在 15％～20％）。

② 不同质量层次的划分，确定相应的上下比例。

③ 对于单品种，限价就低不就高。

④ 限价的参考：应标产品根据周边及本省内近一年的中标历史记录，以此为该产品报价最高上限的标准；医院、药店的价格摸底，加权平均后制定系数以及本省的历年中标价格等。

（五）报价及议价

"挂网"通常要求投标企业在一定的时间内，进行网上报价，企业可以在平台中看到同类产品的初期价格，以便调整自己的价格。此时，入围产品数量的限定强迫投标企业主动降价。因此在降价中一定要预估对手的价格底限，还要评估好自己产品的价格底限，低于此价格底限则做好放弃投标的准备。

议价的方式通常有两种形式，一是面对面议价，此种议价方式可以与专家进行当面的沟通，可以传递给专家更多的信息，通常易于把握；二是人机对话议价，此种议价方式由于没有当面陈述环节，通常只能在价格上做出让步。

（六）确标

确标是投标人对挂网结果的认定。产品确标后，政府机构会在网上进行公示，一旦确标成功，将难以更改，如果此时由于利润原因想要废标，企业将付出一定的经济代价，将会被列入黑名单，影响下次招标。

（七）勾标

勾标就是省市级的统一招标结束后，地级市或直辖市的区县可能会在同一招标结果下再筛选一轮，这个再次招标的过程就是勾标。

集中招标采购管理流程如图 4-1 所示。

🌐 任务实施

❮ 任务描述 ❯

根据资料进行模拟区域招标采购材料的准备。

❮ 任务目标 ❯

具备参与区域招标采购的能力。

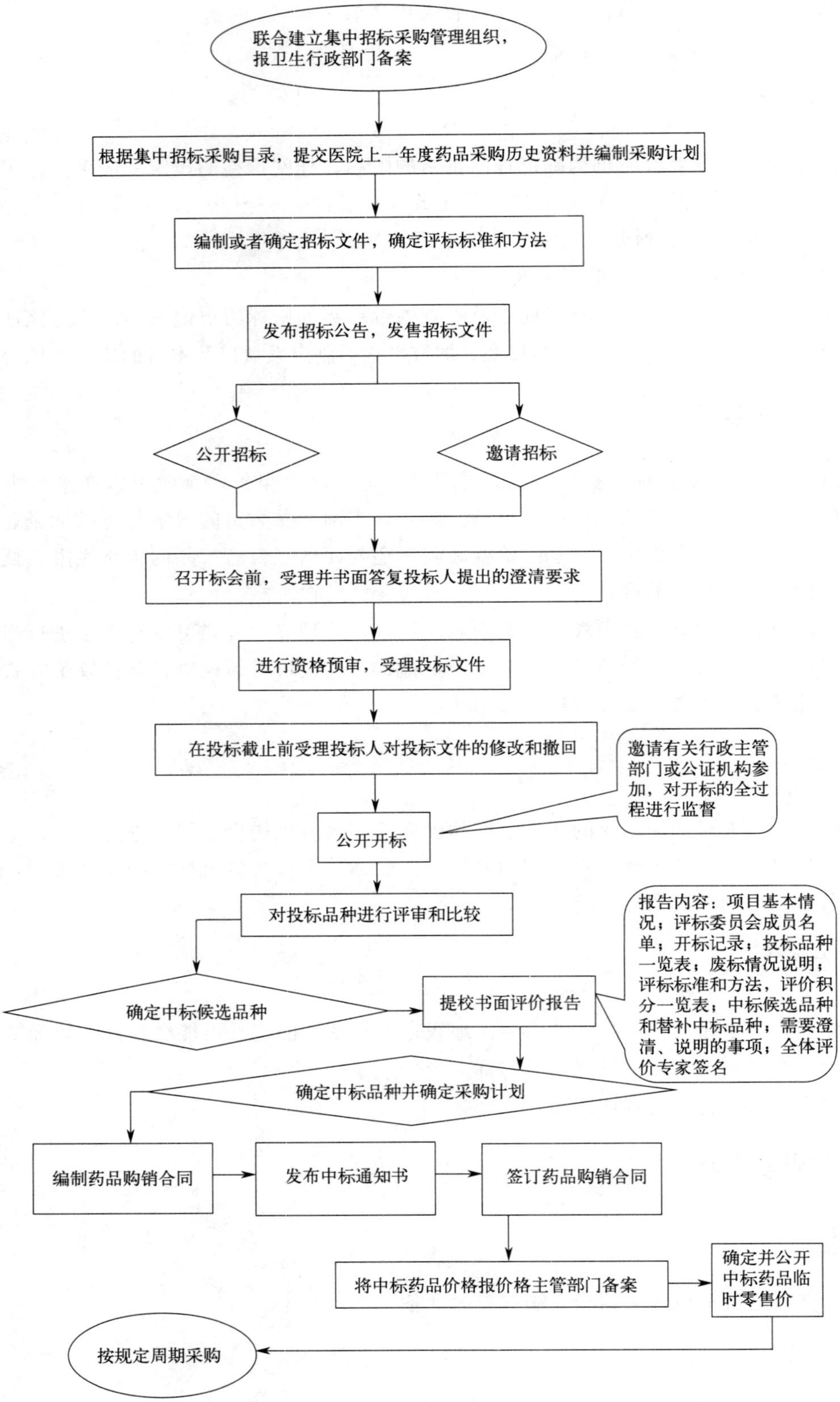

联合建立集中招标采购管理组织，报卫生行政部门备案

根据集中招标采购目录，提交医院上一年度药品采购历史资料并编制采购计划

编制或者确定招标文件，确定评标标准和方法

发布招标公告，发售招标文件

公开招标　　　邀请招标

召开标会前，受理并书面答复投标人提出的澄清要求

进行资格预审，受理投标文件

在投标截止前受理投标人对投标文件的修改和撤回

邀请有关行政主管部门或公证机构参加，对开标的全过程进行监督

公开开标

对投标品种进行评审和比较

确定中标候选品种

提校书面评价报告

报告内容：项目基本情况；评标委员会成员名单；开标记录；投标品种一览表；废标情况说明；评标标准和方法，评价积分一览表；中标候选品种和替补中标品种；需要澄清、说明的事项；全体评价专家签名

确定中标品种并确定采购计划

编制药品购销合同

发布中标通知书

签订药品购销合同

将中标药品价格报价格主管部门备案

确定并公开中标药品临时零售价

按规定周期采购

图 4-1　集中招标采购管理流程图

投标书、投标一览表、药品简要说明一览表、法定代表人授权书、生产厂家产品授权书、药品集中采购自行配送承诺书、药品集中采购另委托配送承诺书（见附录1～附录7）。

❮ 任务实施步骤 ❯

（一）投标前的准备工作

1. 产品各省物价备案

非国家发改委和非市场调节价的政府定价产品，应每年做好本省物价公示后，在各省招标前3个月做物价备案手续。

2. 招标目录的增补

上年度中标结果和招标目录。

3. 针对于各项目提前做好公关

评标和议价的产品，要提前找代理商做评标议价专家和相关卫生厅主管领导、招标办、纠风办的公关工作。避免出现报价时限价、议价建议价低和评标落标的后果。

（二）各省确立招标组织机构和招标采购平台

每日及时关注网上招标采购平台信息。

（三）下载招标公告和标书

关注各个关键时间，了解招标相关信息。

（四）报名领取投标序号、账号和密码，纸质或电子标书

递交报名资料（通常是全套企业资质至少应含许可证、执照、经办人授权书）。

（五）按照要求制作全套标书

标书一般包括投标人资质、产品资质和相关投标格式文件。

企业资质、各个品规产品资质封面和封底最好采用230g彩色皮卡纸，应单独装订成册，左侧打孔后用皮杆夹装订，投标人应将装订好的投标文件按顺序装入包装盒（最好是档案盒，如果文件较多，可以使用多个包装盒）内进行递交。

（六）网上企业和产品信息申报

填写完整信息后再检查一遍，确认无误后保存提交。

将该省招标规则摘要、投标产品信息、投标序号、经办人姓名和手机、投标账号、密码、登录网址、配送商等信息录入服务器招投标数据库根目录下的投标进程管理表中。

（七）信息确认

确认信息无误后，按照各省标书要求进行网上信息确认或打印确认表盖章现场进行信息确认。

（八）初始报价

一般初始报价作用为分流，哪些产品为竞价，哪些产品为议价，经过报价后一目了然。

（九）不竞价不限价直接挂网目录

广东、山西、新疆、湖北、广西、江西、河南、贵州、江苏设有不竞价不限价目录，一般多为口服日费低于 1 元，针剂日费用低于 3 元的廉价普通药品，也有少部分临床急救药品。

（十）竞价

同一品规同竞价组厂家数量超过 3 家（含）的，通过 1 至 3 轮竞价分批次淘汰，后轮报价不得高于前轮报价，最后按照规定的中标数取中标厂家，一般淘汰和中标数量如表 4-3。

表 4-3　淘汰和中标数量情况

报价厂家数/个	第一次报价剩余厂家数/个	第二次报价最终入围厂家数/个
3	2	2
4	3	2
5	4	3
6	5	4
7	6	5
8	7	5
9	8	6
10	9	6
10 家以上	淘汰最后两位	取 60％或 80％中标

注：① 报价厂家数指初始报价时的厂家数。

② 本表中的剩余厂家数均为理论值。

③ 按百分比厂家个数进入竞价入围，计算结果一律取整数部分。

（十一）议价

同组两家以内的产品制定限价，限价依据为本省原挂网中标价格，没有挂网的取各地市最低中标价或平均中标价，还参考其他省份的平均中标价或最低中标价。

（十二）中标

中标结果公示后及时收集本厂和同组竞争对手厂家的信息，整理到服务器招投标管理数据库根目录下的中标结果汇总表中。

（十三）配送商确认

产品中标后，按照各产品代理商的意见选择配送商。

（十四）医院勾标

中标结果公布后的两个月内为医院勾标选品种的黄金时间，因此空白市场招商工作应在招标公告发布前就做好准备。

◆ 任务评价标准 ◆

1. 按要求准备好区域招标采购材料的准备；
2. 材料填写完善齐全。

◆ 完成任务提示 ◆

1. 区域招标采购材料准备齐全，填写完备；
2. 企业资质、各个品规产品资质封面和封底最好采用230g彩色皮卡纸，应单独装订成册；
3. 左侧打孔后用皮杆夹装订，投标人应将装订好的投标文件按顺序装入包装盒（最好是档案盒，如果文件较多，可以使用多个包装盒）内进行递交。

课后作业

一、单选题

1. 医院药品采购管理为（　　　）。

A. 临床医生自行采购管理　　　　　B. 各科室按需自行采购管理

C. 药剂科统一采购管理　　　　　　D. 医院自行生产药品

2. 药品采购的依据是（　　　）。

A. 工伤保险目录　　　　　　　　　B. 基本药物目录

C. 国家基本保险目录　　　　　　　D. 合作医疗基本药物目录

3. 药品采购的原则是（　　　）。

A. 根据医生指定品种、产地采购　　B. 按需进货，择优选购

C. 定时定量定点采购　　　　　　　D. 高利润、高回报、高质量采购

4. 为防止药品积压，加快库存周转，原则上库存量不大于（　　　）。

A. 3 个月   B. 6 个月

C. 1 个月   D. 15 天

5. 医院购进的药品，必须是合法的药品经销商提供的合格产品。医院同药品供应商签订合同，明确药品质量保证条款。所有供货单位必须提供（   ）复印件并加盖红章存档。

A.《药品经营许可证》和《工商营业执照》   B.《药品经营许可证》和《卫生许可证》

C.《药品生产许可证》和法人代表资质   D.《药品经营许可证》和《药品注册证》

6. 采购进口药品时，供货商必须提供（   ）复印件并由供货单位盖章以示负责。

A. 进口药品处方、生产工艺、质量标准及检验方法

B. 药品生产国当局签发的批准药品注册、生产、销售、出口的证明文件

C.《进口药品检验报告书》（或《进口药品通关单》）和《进口药品注册证》

D.《药品经营许可证》

7. 医院在采购麻醉药品、精神药品等国家规定的特殊管理药品时，需提供（   ），才能采购。

A. 年度采购计划   B. 麻醉药品、第一类精神药品购用印鉴卡

C. 处方统计   D. 医院批文

8. 抗菌药品采购必须是本院（   ）内的品种，如因临床需要使用该目录外的品种，需严格按照本院《抗菌药物临床应用管理制度》执行。

A. 处方集目录   B. 抗菌药物分级管理目录

C. 基本药物目录   D. 特殊药品管理目录

二、多选题

1. 因临床应急抢救、个别病人特需使用所急需药品而本院现有药品中没有替代品时，该急需药品采购流程及原则为（   ）。

A 由专科医生填写本院《临床临时用药采购申请单》提出申请

B. 经临床科室负责人签名，药剂科主任签名

C. 报分管药品的副院长审批同意后进行采购

D. 一事一审，且一人一个疗程用量

2. 医院采购药品流程为（   ）。

A. 药库保管或各药房负责人生成采购单或电子申领单

B. 采购人员汇总电子采购单以确定采购计划

C. 采购人员从"省药械采购平台"购入

D. 严格控制线下采购及"非两票制品种"，确因临床需要，须经分管药品的副院长审批，后报药事管理与药物治疗学委员会批准

任务 2　药品医院准入

任务引入

李明所在的公司，跟随并依照上级药品招标价格为参照采购药品的做法，创造性地开展了招标采购的尝试，把全市所有定点医疗机构的常用药品捆绑在一起竞价，由市卫生健康委员会药品配送中心直接与供药方谈判开展招投标。明确竞标价即为采购价，无需中标方再行"公关"，使该市药品中标价格比省集中招标价格降了 20%。

课堂思考

当医药公司的药品成功中标后，药品如何进入医院？

医药销售人员必须了解以下几方面内容才能开始自己的工作。

问题 1：医院的基本架构是怎样的？

问题 2：药品进入医院的形式有哪些？

问题 3：药品进入医院的流程是什么？

基本知识

处方药（Rx），是指凭借有处方权的医生所开具出来的处方从医院药房购买的药物。这种药通常都具有一定的毒性及其他潜在的影响，用药方法和时间都有特殊要求，必须在医生指导下使用。而非处方药则是不需要凭医师处方即可自行判断、购买和使用的药品。处方药的特殊性决定了处方药的销售方式有别于其他产品，处方药的销售主要以医院为主。由于我国医药卫生体制的特点，其中医院的药品消费占国内药品消费总量的 80% 左右，而医药销售人员则是药品和医院之间的桥梁。

医院的药品销售具有以下特点。一是购买量大。二是面对最终消费者。三是在处方药方面具有权威性，在非处方药方面也具有非常大的影响力。由于处方药不能由患者自由选择，而是由执业医生开具处方使用，因此医生对处方药的选用具有决定性作用。同时，由于患者比较信赖医生，医生也能极大地影响非处方药的使用。四是定点医院对医保用药目录内的药品使用具有相当大的控制力。

一、医院的架构

每一家医院的架构基本上是相似的。首先是院长，院长下有党委书记以及业务副院长，每位副院长分管不同的事务，医院通常设有专门分管药品的副院长，以及管理临床的副院长等；每家医院都有许多科室，大概可以分为四大类，即：临床科室、行政科室、医技科室和后勤科室。临床科室有内科、外科、妇科等，行政科室有医务科、财务科、科教科、档案管理处、医保办、医院办公室、护理部等，医技科室有药剂科、检验科、放射科、器械科等，后勤科室有保卫处、膳食科、后勤部等。图 4-2 表示医院护理部的人员组成。

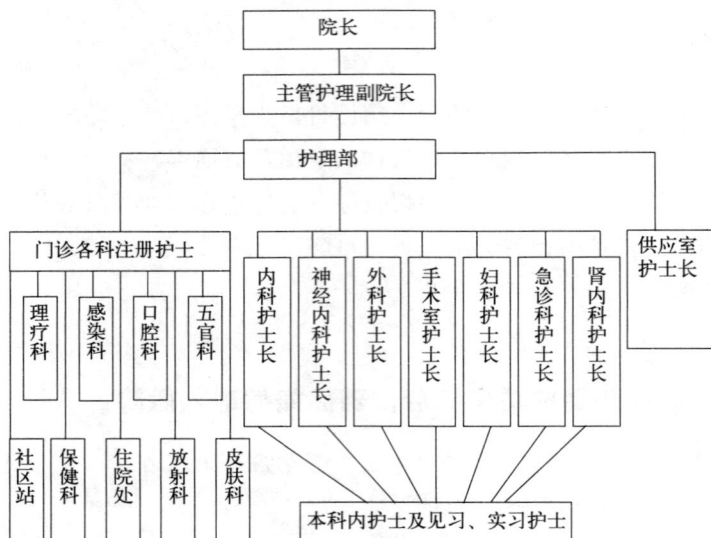

图 4-2　医院的人员组成

二、药品进入医院的形式

1. 产品代理形式进入医院

医药生产企业委托某家医药经销单位，由其作为产品的代理，而使产品打入相对应的医院。其中又可分为全面代理形式和半代理形式。全面代理形式是指由医药代理单位完成产品到医院的进入、促销以及收款的全部过程。半代理形式是指由医药代理单位仅完成产品到医院的进入和收款工作，产品在医院的促销工作由企业人员完成。

2. 产品直接进入医院

医药生产企业不依靠相关的医药经销单位，直接派出医药业务代表去医院做开发工作，从而完成产品进入、促销、收款的全过程。

三、医院进药、选药的原则

药品在医院主要由医院的药剂科负责。药剂科在医院的主要职能有三个：为临床用药质量把关；负责临床药理工作；负责临床各科室用药的配送工作。

每家医院都有自己的进药和选药原则：①一些有重大意义的创新药物，医院会优先选用，因为创新的产品意味着与新的治疗方法接轨；②同类的药品一定要保持合理的数量，同类的品种中，新品种一定要比老品种有显著的优势，每一个剂型至少要保留一个品种；③仿制药在质量可靠、价格合理条件下，原开发厂和仿制品各选一种；④OTC药基本满足需要即可，品种不宜过多；⑤很多大医院都不会进淘汰品种或比较滞销的品种。

药品在医院的供应链如图4-3所示：

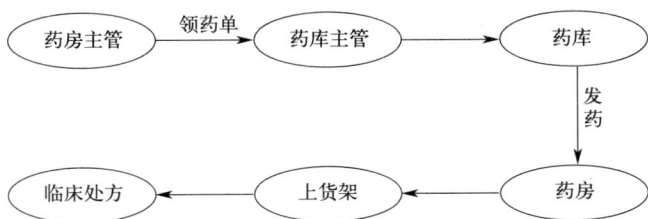

图4-3　药品在医院的供应链

国内主要大医院还会建立药事委员会。委员会一般由主管院长、药剂科主任、相关临床科室主任及医务科主任等成员组成，主要职责是根据临床用药需求采购药物，同时监督管理药物的临床应用，保证药物的高效、安全以及符合卫生经济学要求。

四、药品进入医院临床使用的程序

① 医院临床科室提出用药申请并写申购单；
② 医院药剂科对临床科室的用药申请进行复核批准；
③ 主管进药医院（一般是副院长）对申请进行审核；
④ 医院药事委员会对欲购药品进行讨论通过；
⑤ 企业产品进入医院药库；
⑥ 企业产品由医院药库发药人员将产品送到药房（门诊部、住院部）；
⑦ 医院临床科室开始临床用药。

以上是目前最常见的进药方式，除此之外还存在一些特殊的进药程序，如紧急采购、临时采购、科研进药等其他形式。

知识链接

特殊进药程序

常见的特殊进药方式有：紧急采购、临时采购、科研进药等。在特殊进药程序中，医药销售人员需要注意以下几点：如果院长非常认可某种药，这种药进入医院的可能性就比较大；如果药剂科主任、临床专家等极力推荐某种药品，那么这种药品进入医院的可能性也很大；此外，科研部的专家可以科研为名义申请进药。

1. 紧急采购
在急救或者手术的时候，医生根据临床病症的需要，提出申请，由主管院长批准，采购处直接从医药公司、厂家或者其他医院购买药品用于临床，不需要经过药事委员会讨论。

2. 临时采购
指根据临床用药的需求，少量地临时采购部分药品作为临床紧急或临时需要时使用。此部分药品，由临床科室主任不经过药剂科直接由主管药品的院长同意采购，但是一般量不会很大，而且要保证在一定的时间内用完。

3. 科研进药

指一些有科研能力的医院，根据临床科研的需要，向药厂定向采购，用于临床科研试验的采购方式。这种时候主要是以新药为主，由主任提出申请，经医务部或者科研科批准，药剂科定向采购专供该试验或者科研课题使用。

五、药品市场调研

在了解药品进入医院的基本程序后，医药销售人员还需对医院和自己所持有的药品进行周密调研，在调研分析后才能拿出合理方案使产品顺利进入目标医院。

1. 市场调研

主要是对目标市场的医院的信誉度、同类品种的状况、医院的级别、门诊量及病床使用率的调研。

① 目标医院的信誉度：一个公司的产品能否持续销售关键在于和目标单位的持续合作，而目标单位能否履行合同规定按时回款关系到产品的销售稳定性和连续性。

② 同类品种的状况：对于同类品种的了解的详细状况关乎到一个产品进入目标医院的销量问题，目前有很多的产品进入医院不能打开销售局面，主要是因为不了解医院的竞争品种的情况。

③ 医院的级别、门诊量及病床使用率：此项指标的调研主要是对医院的未来销量提供一个参数，对未来的发展潜力有一个预测。

2. 调研分析

主要是针对上述指标加以分析。

① 根据信誉度调研的数据和资料分析是否进入该医院，并对该医院分级别并建立档案。

② 同类品种的调研是决定该产品是否有价值进入该医院的关键，若是不做市场调研，即便是该产品进入医院，在临床当中也没有自己的优势，这样不仅投入很大的人力、财力，还可能使公司面临亏损的僵局。要根据竞争品种的状况给自己的产品做合适的价格定位。

③ 对医院的门诊量及住院部病床使用率的调研主要利于选择适合医院的品种。各个医院都有自己的优势。门诊的哪几个科室患者多，哪一个科室的住院患者多，这都是我们要考察的因素。

3. 制定决策

通过以上调研，医药销售人员可在调研数据分析基础上，给产品做出合理的定位，作出决策。

① 决定是否进入该医院：根据调研资料的分析，确定该医院是否有价值投入人力、物

力进行运作，而对于销量不大的医院，医药销售人员也可以选择暂时放弃，把有限的精力投入重点目标医院上。

②如何进入该医院：使新产品进入医院首先要找到突破口，找到合适的渠道，对于一个生产厂家来说，可能会选择直销或是选择当地的商业公司。

③进入该医院后的预期目标是什么：此项指标要求主管和代表有一个明确的销售计划，明确该医院产品的年销售量、季度销售量、月销售量，在实际工作中制定销售的目标。

4. 市场维护

使产品成功进入医院只占到整个销售过程的20％，而更重要的工作则是正确传递产品信息，协助医务人员合理用药，以完成日后的销售目标。

🌐 任务实施

≪ 任务描述 ≫

某医药公司正准备参与某医院的药品集中招标采购，请同学们根据所学内容，模拟集中招标采购的整个过程及环节。

≪ 任务目标 ≫

通过本次任务的模拟演练，使学生掌握集中招标采购的基本流程。

≪ 任务准备 ≫

1. 根据所学知识，学生自行分组，建立集中招标采购的相关组织（公司、医院）。
2. 学生自行准备集中招标采购的相关文件。

≪ 任务实施步骤 ≫

1. 学生建立集中招标采购的相关组织。
2. 学生准备集中招标采购需要编制的全部相关文件。
3. 依据集中招标采购的具体操作方法，完成集中招标采购的全部流程。

≪ 任务评价标准 ≫

1. 集中招标采购的组织构架正确。
2. 集中招标采购的相关文件准备齐全。
3. 集中招标采购的演练流程正确。

≪ 完成任务提示 ≫

1. 按要求完成集中招标采购相关演练。
2. 集中招标采购过程中组织架构正确，文件准备齐全。

任务 3　药品学术推广

🌐 任务引入

　　李明在外企的工作越来越得心应手，由于提前学习了专业知识，李明的药品销售工作开展得非常顺利。为了更好地推广产品，促进产品在目标医院的销量，李明开始筹备处方药的学术推广工作。

📖 基本知识

一、学术推广的意义

　　学术推广是以产品的学术特点为基础，在明确产品定位和市场定位的基础上，进行多种营销推广手段的有机组合，就像拳击中的组合拳，将几种基本的拳法，组合成进攻力更强的攻势。

课堂思考

医药销售人员要如何开展学术推广？

　　既然学术推广如此重要，那医药销售人员就必须懂得一些学术推广的基本知识才能将学术推广做好。

　　问题 1：学术推广有哪些形式？

　　问题 2：学术推广要如何开展？

二、学术推广会议形式

　　在众多推广手段中，最常用的是不同规模的学术推广会议，接下来对学术推广会议进行介绍。

1. 大型学术推广会

　　指在某一区域内举办某种产品的学术研讨会。学术研讨会主要分为三种，一是主题式研讨会，主要是讨论特定主题的小型研讨会；二是普通研讨会，主题较大，并拥有较多子议题；三是专业研讨会，是指不受限的大型学术研讨会。该类型学术推广会议的优点是：邀请客户集中可以充分讨论，学术话题可以个性化。但如果区域较小则难以请到知名教授。

知识链接

大型学术推广会程序

　　1. 一般此类会议由市场部或大区召开，须按照审批程序进行报批。

2. 选定会议报告人，一般为 3~4 人。须选择 1~2 位全国知名专家， 1~2 位当地权威人士，市场部产品经理或医学部做产品介绍。

3. 确定会议时间和地点。确定会议总协调人和具体负责人。明确每人的分工和责任，一般有专人负责专家全程事务，专人负责资料分发和会议 PPT 等用品，专人负责住宿交通接待等事务，专人负责会场布置产品宣传等。

4. 由所辖区域各级负责人安排邀请参会代表，必须有公司正式请柬。

5. 接待人员（公司所有参会人员）必须统一服装，佩戴会务标志，规范举止、言行。

6. 会议发放物品包括：会议日程、产品资料（多种）、会议报告或论文集、礼品等。

7. 会场布置时须考虑公司形象。要安排会议名称条幅、标语、各种招贴画。要设有展台、公司展板、产品样品和其他产品资料。

8. 会议结束后，各地须安排医药销售人员进行回访以增强同医生的联系。若难以安排回访，则须写感谢函给每一位代表。

2. 小型科室研讨会

科内推广会是由医药销售人员组织的，以某些科室的医生为主要参加对象，其目的是向医生介绍药物及药物学术信息。

知识链接

小型科室研讨会注意事项

1. 参会人员最好是本院 1~2 个科室的主要医生。医药销售人员应在其中选定将来的目标医生。

2. 会议主持人应是科室主任。会议应主要依托该科室来进行，给人感觉应是科室自己组织的学术会议。

3. 会议时间最好是该科室的业务学习时间。

4. 会议地点也应是本院或本科的会议室。

5. 会议开始时应由医药销售人员进行产品介绍，然后由主持教授展开讨论。如果时间允许，可以介绍一下公司的情况。

6. 会议发放的资料应包括产品详细介绍、论文集和国内外临床进展等。

7. 应附有小礼品。

3. 医院药事会的产品报告

一般各医院在进药前会给厂家一次产品介绍的机会。这样的会议时间会很短，大约 5～10 分钟。参加人员一般为医院药事会成员。因此，医药销售人员要学会善于利用这个机会来展示公司形象。

4. 各类医学专题会议

很多医药公司举办或赞助的各种类型医学主题的年会，也是进行学术推广的平台。

各类医学专题会议注意事项

1. 展台布置时必须有样品、产品介绍、公司介绍和论文集等。

2. 会议论文集上最好能有关于本公司产品的论文。同时在论文集上做插页或封面封底广告。

3. 发送礼品时最好有一些附带活动，如有奖问答、小问卷、市场调研表等。

4. 参与会场布置时可以悬挂条幅（如祝贺会议召开等），赠送花篮和水果等。也可组织晚宴或其他娱乐活动。

5. 争取在会上有专题报告（邀请知名专家）或产品介绍。产品介绍一般 10～15 分钟。

5. 临床试验

除开展上述学术会议等推广方式外，进行药效临床验证或不良反应临床试验也是国内外主要的临床推广手段。

临床试验的操作流程

1. 由市场部做出有关的全面安排，拟订统一的说明、临床病种、临床观察表及合同书。

2. 各办事处根据自己的情况和市场部给予的临床例数合理分配给各医药销售人员一定的份额，由医药销售人员具体实施。

3. 医药销售人员一般应集中在一个科室进行此类试验。最好由科室主任安排。每份试验的例数不少于 50 例。时间应控制在 3 个月以内。

4. 合同应由科室主任或院方代表医院签订。不能以某个医生个别行为来代替。科室是进行此类试验的最小单位。

5. 试验结束后，医药销售人员按照规定收回临床验证表格进行总结，分发试验费用，并根据此试验统计销量。

6. 鼓励医生根据此次试验结果撰写论文，由公司协助安排在国内医学杂志上发表。

三、组织处方药学术推广会议的前期准备工作

1. 会议主题的确定

会议主题影响学术推广的效果，因此必须谨慎确定。确定的原则应当符合企业整体处方药营销策划的目的和与会医生的需求。

2. 卖点的提炼

处方药学术推广过程中，医药销售人员要突出产品卖点。药品的信息涉及面广，为了让

医生能够迅速准确地了解药物的优点，对产品的记忆更深刻，药品营销人员必须抓住医生的需求焦点，在药品疗效、安全性等各方面进行提炼，用简洁的语言使医生了解药物的独特优势。

3. PPT 知识讲解

医药销售人员必须具备扎实的会议讲解知识，好的医药销售人员更像一个优秀的主持人或者讲师，必须具备制作 PPT 的基本能力。PPT 内容主要包括产品名称、规格、企业简介、成分、作用机理（药效学）、适应证及临床应用举例、安全性及不良反应注意事项、具体使用方法和结尾总结（强化产品特性）。

知识链接

PPT 讲解注意事项

1. 扎实的文献依据

需要广泛阅读相关文献论文，关注文献作者单位、刊登的杂志级别、报告的疾病种类，以便了解到如下内容：

① 临床多种使用方法，即给药方式；

② 论文讨论内容，更深程度地了解产品属性；

③ 有价值的图表、数据、表格；

④ 相关疾病术语、参数等基本常识性知识；

⑤ 疾病的相关背景资料及前沿信息。

2. 目前临床常用药物对比

医生用药习惯是种非常强大而不一定合理、不一定科学的力量，其对产品销售量的影响非常大。了解临床常用药物特性，可以增强推广中的学术氛围力度和我们的形象，同时对销售人员可以起到更好的强化信心的作用。

3. 主要内容

① 包装规格及价格；

② 作用机理对比，找出差异点（主要参考说明书和质量标准）；

③ 适应证的侧重点、差异点；

④ 安全性的差异（半衰期、代谢、清除蓄积、毒性等）；

⑤ 使用程度（医生使用、患者耐受两方面）；

⑥ 医保及日费用对比；临床疾病治疗的联合用药等疑问解答。

4. 场地准备

（1）选择会议场地　首先初步选择几个备选场所，现场考察后明确最终场地，签订场地租赁合同。

（2）场地布置　场地要有展板、背景板、签到区等布置，同时要设置产品展览区。产品展览区应在比较醒目的位置。

5. 制定会议议程

会议每一阶段的具体流程，须在会前详细制定出来。

6. 突发事件应对计划

会议中很有可能会出现诸如音响问题等突发事件，在会前准备的策划中应归纳可能出现的突发事件，制定每一项突发事件的详细变通方案，保证在会议现场能做到随机应变。

7. 预约参会人员

参会人员确定后，就要以各种通信方式邀请对方参加。参会人接受邀请后，还要在会议开始前再次确认，以便做好相应的准备。

8. 安排交通事宜

为参会人员提供会议所需的航班、火车、汽车、自驾行车路线等信息，必要时提供接送及代订服务。

🌐 任务实施

‹ 任务描述 ›

假设你是某医药公司的医药销售人员，现需要对公司产品×××进行医药学术活动策划方案的制定。请根据所学内容，以及所给资料，进行医药学术活动策划方案的制定。

‹ 任务目标 ›

加强学术推广、沟通交流、深化合作，使学生具备学术活动方案策划的能力。

‹ 任务准备 ›

策划方案可以从以下方面进行制定：会议效果预测、会议目的、会议基本策划、会议安排、费用预算等。

‹ 任务实施步骤 ›

（一）会议效果预测

进行××药业产品介绍和相关学术推广，包括让医生认识产品的特点和优势，帮助其建立处方产品的信心，指导其选择患者并使用产品，同时进行相关学术交流，加强客情关系，最终达到品牌宣传、产品销售的目的。

（二）会议目的

1. 促进双方的交流与合作。

2. 传递产品信息。

（三）会议基本策划

1. 会议名称。

2. 会议时间。

3. 会议地点。

4. 会议主题。

5. 会议邀请对象：×××医院。

6. 主办单位：×××药业、××药业集团。

7. 会议形式：客户联谊。

8. 组织部门：企划部、采购部、医院销售中心等。

9. 会议规模：×家左右的医疗服务机构，近×人。

（四）会议安排

1. 会前工作

（1）邀请客户。

（2）会前拜访。

（3）会场布置：①制作会议背景墙；②制作会议横幅；③厂家宣传品。

（4）会议接待：①签到及引导；②礼品发放。

（5）餐饮安排。

（6）客户接送。

（7）学术讲解。

2. 会议议程

（1）会议部分。

（2）联谊部分。

3. 参会人员

医生、医药销售人员等。

（五）费用预算

对所需费用进行合理预算。

◀ 任务评价标准 ▶

1. 按实施步骤完成任务策划书。

2. 根据"×××简介"（表 4-4）完成学术推广 PPT 介绍。

◀ 完成任务提示 ▶

1. 策划书完善。

2. 学术推广 PPT 制作精良。

表 4-4　×××简介

作用	在止痛、抗感染方面的实际效果非常好,可以渗入发炎部位,减轻亚急性慢性炎症现象。针对创伤、风湿病造成的发炎,都有非常好的医治功效。此外也常常用以治疗肌肉损伤、关节炎的疼痛和软组织的疼痛
用法用量	外敷。按痛处面积大小适量使用。一般每次使用约 3～5 厘米,轻轻地揉搓使其渗入皮肤,一日 3～4 次。12 岁以下少年儿童使用量请咨询医生或医师
不良反应及禁忌	局部反应:出现皮肤过敏或者非过敏性皮炎,如丘疹、皮肤泛红、水肿、发痒、小水疱、大水疱或脱屑等。全身反应:某些患者会出现全身皮疹、过敏反应(如哮喘发作、血管神经性水肿)、光过敏症状等。禁忌:对本产品以及成分(异丙醇、丙二醇)或其他非甾体抗炎药过敏者禁止使用
系列推广活动详解	1. 期刊推广活动 策划形式:重点期刊专栏＋大多期刊联合征文活动。 专栏期刊:《中国骨与关节损伤杂志》。 征文期刊:《中国骨与关节损伤杂志》《临床骨科杂志》《临床医药实践》。 2. 有奖征文 20××年××药业将举办×××乳胶剂系列学术专题交流活动,并与国家级一类核心期刊《中国骨与关节损伤杂志》联合举办有奖征文活动
推广效果成绩	目标人群大规模覆盖,提升知名度,促进临床环节销售项目覆盖专家 20 名及医生 400 名,征文活动拟覆盖潜在目标医生 5000 名

✎ 课后作业

1. 小明负责某公司新推出的抗炎药品的推广活动,他想借助学术推广完成抗炎药物的推销工作,请对该学术推广进行设计。

2. 小张作为医药销售人员要负责 10～15 家医院的药品推广工作,即医药销售人员的业绩将产生于对这 10～15 家医院中客户的拜访。共有 1000～2000 位医生和药师,意味着每天拜访 20 位也要 50～100 天才能覆盖全区。请帮小张设计一份合理的销售行动计划表。

任务4 拜访目标医生

任务引入

李明在经过一段时间的学习后，已经对医药销售人员的工作职能有了基本的了解和认识，新产品也成功地进入目标医院了，接下来李明要开始新的挑战，要进行医药销售人员对各科室医生的拜访工作了，争取通过成功的拜访增加产品使用的满意度。现在我们共同来了解一下拜访医药销售人员需要的各项准备。

基本知识

处方药的销售不同于非处方药，它不以患者的选择为意志。医生在处方药品消费中具有法律赋予的处方权，可以向患者提出建议或者做出用药决定，患者以服从性消费为主。

影响医生处方的因素很多，包括：药物疗效、药理、药物副作用、药品使用时是否方便、循证医学证据、药品价格、行业专家推荐、患者要求、价格权威杂志刊登信息、厂家支持及医药销售人员的拜访等。

一、拜访前的准备

通常每次拜访的时间为3～15分钟，而真正的客户交流可能只占整个拜访时间的20%。准备工作如果没做好，是不可能顺畅地完成拜访计划的。因此，提高拜访效率就显得至关重要。所以，在拜访前医药销售人员通常需要进行以下准备：名片、着装、预约拜访；收集客户信息；设立拜访目标；设定拜访策略；挑选适当的文献或支持材料；预演等。

1. 着装准备

医药销售人员应巧妙地根据拜访的时间、地点、场合、对象的不同，穿戴合适的服饰，着装不能花哨，否则会给拜访对象以轻浮、不可信的感觉，但也不能总是"雪白的衬衣、笔挺的裤子和整齐的领带"，总之，根据场合，着装整洁、大方即可。

2. 拜访的类型

（1）"非常规拜访" 医药销售人员可以根据对客户的分析，设计一些特殊的拜访。例如：在客户常去的早餐店里，你"突然"遇见了他；在超市里，你也"正巧"在买菜。此类拜访比较自然，同时拜访时不会给医生造成过大压力。

（2）预约拜访 通常医药销售人员所拜访的核心人物在医院中都担任一定的职务（院长或各科室主任），事务相对繁忙，他们对客户的管理也是有分类的，并不是任何客户都能准时接见或者有时间接见。所以，提高拜访效率的关键就是预约，预约既是对客户的尊重也是帮助客户进行时间管理的工具。

知识链接

如何为预约提供事由

1. 介绍新药。医生需要知识更新，所以会关注新的临床用药的开发状况，如果产品的确具备技术上的先进性，医生乐于了解。

2. 介绍药品的使用方法。不仅是一些年轻的、资历较浅的医生需要掌握多种药品的临床用药方法，老医生也需要不断从同行对同一药品的不同使用方法中汲取经验。

3. 介绍有关学术情况。医疗属于专业性很强的行业，医生对行业内的学术发展状况总是非常关注。

4. 了解患者用药的疗效与不良反应。药品涉及人体生命安全，任何药品都会存在不良反应，经常性了解患者的用药反应与疗效，是医药销售人员的职责。

知识链接

明确具体时间和地点的技巧

1. 不能占用私人时间，可选择医生不忙时。

2. 可利用选择提问方式帮助医生确定时间，如："我是星期二还是星期三来拜访您比较合适？"就比"您觉得我什么时候来拜访您比较合适？"效果要好。

3. 如果医生较忙，无法确定具体时间，可先明确时间范围。约见前再次确认具体时间，不给医生太大压力。

知识链接

电话预约的技巧

① 做好准备。应提前了解客户的姓名、职位、公司名称及营业性质，预想好打电话给客户的理由、说话内容、可能碰到的问题，以及如何应对客户的拒绝。接电话的人无论是秘书，还是其他工作人员，均须一视同仁。

② 介绍产品。应该告诉你的客户你推销的是什么，站在客户的角度激发他们的兴趣。

3. 拜访流程

（1）收集客户信息　想要成功拜访医生，必须做到知己知彼，所以要翔实、准确地掌握被拜访医师的信息，便于下一步拜访工作的开展。具体要掌握以下信息：

① 医生的个人资料，包括医生的姓名、性别、年龄、职位、话语权、专业知识熟练程度、电话号码、著述、家庭情况、社会经历、兴趣爱好、性格特点等。

② 医生的会诊医院、联合病房、坐诊医院或诊所、讲学的院校和时间等。

③ 医生的门诊时间，特别是拜访的医生是特诊专家时，更要事前了解其门诊时间。

（2）确定拜访内容　当我们收集好客户信息后，可以根据客户的资料开展针对性的拜访，但确定拜访内容和设计拜访过程中，最关键的一点就是不要漫无目的地进行拜访，每次拜访都需要确定好"拜访目标"，根据拜访目标设定拜访计划。

（3）医生的综合情况环境分析

① 医生的出诊时间以及作息时间。通过此方面的分析，选择合适的时段进行拜访，甚至制造一些"意外拜访"，如早餐时段与医生在早餐店偶遇等自然拜访。

② 医生经常受到哪些公司销售代表的拜访？他对这些公司的销售代表中的哪些人热情，哪些人冷淡？为什么？通过此方面的分析，你或许会找到医生的喜好与厌恶，进而有针对性地与医生进行交流。

知识链接

如何了解客户资料

医药销售人员可以通过以下几种渠道了解客户的资料：

① 通过朋友、熟人、其他医药销售人员介绍。

② 通过互联网，查找该客户所在公司的资料及客户资料。

③ 查看客户卡，了解客户的背景资料。

（4）准备拜访资料　　不同的行为目标将引导你设计不同的拜访目标，并需要不同的资料来证明。在彻底地了解了这些内容后，接下来就要开始设计如何让医生接受你的品种这一关键过程了。

课堂思考

医药销售人员如何设计开场白？

俗话说，好的开始是成功的一半，医药销售人员对医生的拜访中最关键的开场白要怎么说才能自然、融洽，有吸引力？

问题 1：开场白有怎样的要求？

问题 2：什么样的开场白是最有效的开场白？

二、观察与开场白

一个融洽的沟通氛围，是建立与医生良好沟通的前提。好的开场白可以拉近谈话双方的距离，建立彼此信任的基础，减少彼此沟通的障碍，提高拜访的效率。开场白需要医药销售人员精心准备，一个合格的开场白首先需要具备平等、专业、个性这三方面。

平等：你和所要拜访的医生是平等的，因为你的拜访是征得客户同意的，同时你的拜访也能为客户带来一定的价值（当然，这个价值是你根据顾客信息预先设计好的），所以要以平等的姿态与医生接触，这样你也会获得医生的尊重。

专业：专业性是获得医生对你尊重的另一个手段，也是医生愿意与你交谈的理由，在拜访过程中，我们必须思考一个问题，即作为医生，可以从你的拜访中得到什么？通过专业性，就可以解决诸如"医生为什么对我不理不睬"这样的问题。

个性：个性是医药销售人员无形的名片，幽默、亲切、果断等鲜明的性格特征能给医生留下深刻的印象。

同时在开始问候时还要注意：

1. 开场白基本要求

（1）适度的问候　如果是第一次拜访客户，可以适当地介绍你自己、你的公司和你所提供的服务。

（2）经常提及客户的名字　在初次见面之后一定要记住对方名字，并且多次使用，这会拉近彼此的距离，也会给对方一种被尊重的感觉。

（3）带给对方价值　你能带给客户什么样的价值非常重要，因为客户并非真的对你本人、你的产品或你们公司感兴趣，他所感兴趣的是你能为他做什么，解决他临床治疗各种疾病的过程中你所能展示的价值。

（4）建立信任，拉近距离　拿出一定的时间，通过交流相互感兴趣的话题来建立信任，拉近距离。保持热情和积极的态度。非常自然的销售能使你与任何类型的人打交道。

试着按他们喜欢的方法同他们沟通而不是他们不喜欢的方法，否则在不经意间你可能已经降低了客户与你交谈的兴趣。例如，同情感型的医生可以说："今天早上的交通太可怕了!"但对分析型的医生则不能谈这样的话。在本节的练习中，我们会举出多种开场白设计方案，你会有机会去判断它们各自适合什么样性格的客户。

（5）适度目光接触　应用适度的目光接触和客户能接受的言谈方式。适度的目光接触表明你对你的客户感兴趣，愿意与他交流。注意，盯着对方会使其感受到恫吓并且导致对方退却，以致无法交流，甚至发生冲突；眼睛望着别处则会让客户感到你不重视他或你心虚。因此，建议你在整个交谈时间的60％～75％保持目光接触。

2. 开场白方式

（1）陈述拜访式　对于已经拜访过的客户，在进行寒暄后，接下来要简洁而开门见山地提到此次拜访的内容、目的。

例如："我今天来拜访您主要是为了向您介绍有关脑血栓治疗方面的最新进展。"

（2）展示价值式　你与医生的沟通必须要展示相应的价值，在拜访中，你需要在较短时间内表明此次拜访你能带给医生什么，医生可以得到什么。

例如："针对上次您临床上遇到的问题，今天我带来了一些新的参考资料。""您希望了解的近期国内颅脑手术会议我已经帮您整理好，您抽时间看看。"

（3）目的性式　我们在拜访中还常常会遇到以下问题。

例如：李丽与白医生约好早上8:30进行拜访，因为医生时间有限，他希望拜访者直入主题，直接讲解自己公司的溶栓药。但是李丽初次拜访白医生，为避免尴尬，便找了一些话题活跃气氛。李丽首先请白医生说说对自己公司的印象，然而白医生在向李丽抱怨了8分钟前任医药销售人员的如何不好后，告诉李丽今天没时间了，下次再谈。

在这个案例中，医生把向李丽介绍对公司的印象作为了重点，所以不停抱怨，等李丽希望讲产品时他又没时间了，更为严重的不只是这次拜访无效，想想下回医生还会给李丽 10 分钟吗？

为什么李丽会遇到这样的情形？可能很多医药销售人员都会遇到如此情况，很多人会自认倒霉。在这里，李丽犯的最主要的错误就是把控制节奏的主动权交给医生，结果由医生随意决定。那么是不是直入主题就是好的开场方式？

让我们再来看一个案例："张医生，我想为你来介绍一下我们公司的新产品——新一代溶栓药品，直接作用于内源性纤维蛋白溶解系统，能催化裂解纤溶酶原成纤溶酶，后者不仅能降解纤维蛋白凝块，亦能降解血液循环中的纤维蛋白原、凝血因子 V 和凝血因子 Ⅷ 等，从而发挥溶栓作用，而且使用很方便。"

这样的开场白好不好？它直入主题，但是不是让人很反感？无法引起听者的兴趣？

知识链接

完整的目的性开场的三个要点

1. 设定拜访目标。

2. 将产品的某一个特性能为医生带来的利益作为产品介绍的开始。

3. 以医生的需求为话题的导向。

开始一个目的性开场的技巧：

① 设计一个情景，引起医生注意，使医生对即将发生的谈话产生兴趣。

如："王医生，您上次提的那位 50 多岁的脑血栓患者，他的溶栓效果并不好，现在怎么样了？我又查了一些新资料，希望对患者的康复有帮助。"

② 总结医生在治疗疾病中可能遇到的种种具体问题，并针对产品的特点寻找满足需求的方法。

看看一些开场白如何改成目的性开场白："张医生，使用某产品时会出现抑酸过度的问题，我们的产品使用方便，抑酸适度，是医生可以选择的理想抑酸剂。"

修改："张医生，听说你治疗不宜口服用药的消化道出血病人时，普通的口服抑酸剂使用不方便，抑酸过度，我们公司的新产品通过静脉给药，起效迅速，抑酸效果适度，你瞧我能不能为你介绍一下？"（这是假设需求，但一般容易产生共识。）

经过这样的修改，医药销售人员创设的情境能够引起医生的兴趣，并且击中了医生的需求（他也正在为病人的问题困扰），这时医生自然会对你要介绍的内容产生欲望，想要继续了解，甚至还可能与你讨论作用时间与方便性的问题。没有人能在拜访中解决医生所有的需求，每次拜访基本上解决一两个，所以要多次拜访。"假设问题"是问路石，多数医生都会存在这样的问题，如果意外不中，也可了解到他的不同，可就他感兴趣的问题开始探询。熟练使用目的性开场白，需要医药销售人员勤加练习，根据每次拜访情况进行设计。

三、探询与聆听

探询，顾名思义，就是通过与医生的交谈，寻找和发现医生可能感兴趣的话题，针对医生感兴趣的话题，结合产品的特性，将产品的优势介绍给医生。

知识链接

探询的方式

探询的方式主要有开放式问句和封闭式问句两种类型。

① 开放式问句有：以 Who、 What、 How to、 Where、 When、 Why 等开头的问句。

② 封闭式问句的句型有：是不是?对不对?好不好?

四、产品介绍

介绍产品是销售过程中最重要的一个环节，同时也是最能体现销售能力的环节，其实是"产品的特征"和"客户利益"的转化过程。产品的特征是指，你的药品具备什么样的特征，这些特征是别的药品不具备的，是你想向医生展示的。

🌐 任务实施

❮ 任务描述 ❯

假设你是某医药公司的医药销售人员，现需要对公司即将推出的新品进行推广，请你为本公司产品设计拜访计划。

❮ 任务目标 ❯

1. 掌握拜访计划的制订方法。
2. 能够根据实际情况制订拜访计划。

❮ 任务准备 ❯

1. 将全班分为若干组，每组两人，其中一人饰演医生，另外一人饰演医药销售人员。
2. 小组成员可自行选择一个处方药品，根据选择的药品，制订拜访计划，重点突出开场白、探询及产品介绍的技巧。

❮ 任务实施步骤 ❯

1. 每组自行选择一个处方药品，作为本小组将要介绍的产品。通过各种调查方式了解该产品的基本信息，其中主要包括药品的商品名、化学名、含量、强度、作用机理、适应证及治疗剂量等。

2. 思考如何设计合适的开场白。

3. 与其他同类药品比较，找出本药品的优势所在。同时，思考应该如何在医生面前介绍该药品，以及如何回答医生提出的相比于其他同类药品本药品的优势和劣势方面的问题，进行初步的产品介绍演练。

4. 对医生进行探询，寻找到客户的真正需求。

5. 尝试将药品的特性转化为医生的利益需求。

6. 根据医生的利益需求，把握适当的机会，再次进行该药品的介绍。

提示：

1. 开场白要注意表达清楚，谈话氛围轻松愉快，措辞得体。

2. 把握产品介绍机会：当医药销售人员发现医生需要时；当医药销售人员已清楚医生的需求时；当医生的需求模糊，医药销售人员经过适当介绍，帮助医生了解其需求时。

3. 进行产品介绍：需要运用多种表达方法来展示，要有侧重点，避开竞争对手的优势。

◁ 任务评价标准 ▷

1. 开场白是否设计合理；

2. 探询技巧是否娴熟；

3. 产品介绍是否将产品的特点、优点转化为客户需求的利益点；

4. 仪表是否端庄，产品介绍是否熟练。

◁ 完成任务提示 ▷

1. 设计出了合适的开场白；

2. 探询娴熟；

3. 产品介绍恰当；

4. 仪表端庄合适。

课后作业

1. 假如你是某外企的一名销售代表，现从事某公司某产品的销售工作，即将拜访消化内科主任，请设计合适的着装。

2. 有时在访问客户之前，先打电话约见是一种礼貌，特别是对于那些社会地位较高的客户，更需电话预约。假如你想拜访某位医生，请设计电话预约的内容，注意措辞和语气。

3. 请制订一份拜访某三甲医院眼科主任的拜访计划书。

4. 假如你是某外企医药销售人员，正要推荐皮肤科的某种新药，即将见到目标医生，请使用不同形式的开场白开展对话。

5. 某医药销售人员小李，试图向王医生介绍该公司的感冒药新品，请利用有效沟通技巧帮小李设计对话。

6. 假如你是某公司医药销售人员，负责公司某产品的销售。一天，你去拜访一位医生，在拜访过程中，这位医生向你抱怨有关他以前使用过的类似药品的不良反应，你该如何做？

项目小结

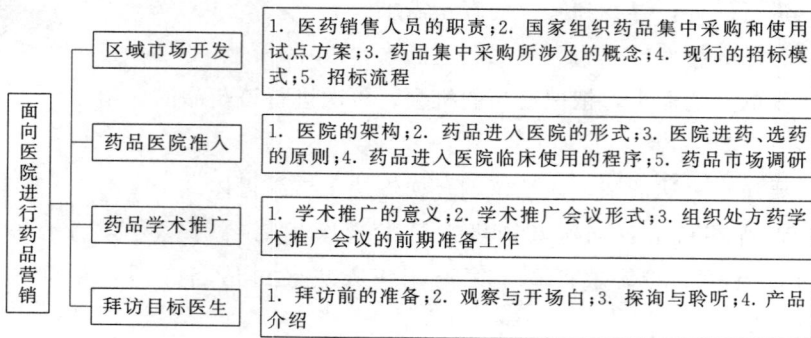

面向医院进行药品营销

区域市场开发：1. 医药销售人员的职责；2. 国家组织药品集中采购和使用试点方案；3. 药品集中采购所涉及的概念；4. 现行的招标模式；5. 招标流程

药品医院准入：1. 医院的架构；2. 药品进入医院的形式；3. 医院进药、选药的原则；4. 药品进入医院临床使用的程序；5. 药品市场调研

药品学术推广：1. 学术推广的意义；2. 学术推广会议形式；3. 组织处方药学术推广会议的前期准备工作

拜访目标医生：1. 拜访前的准备；2. 观察与开场白；3. 探询与聆听；4. 产品介绍

面向消费者进行药品营销

教学导航

学习目标	知识目标： 1. 了解药学服务的意义 2. 熟悉药品采购、验收、养护的程序 3. 掌握药品验收、养护的基本流程及规范 4. 熟悉售后服务的内容 5. 掌握药品分类陈列、处方调配以及销售的基本流程、方法及技巧
	能力目标： 1. 能够依据 GSP 要求对药品进行分类陈列 2. 能够按照一定的步骤对药品进行销售 3. 能够用 FAB 句式进行利益呈现 4. 能够简单提供售后服务
	素质目标： 1. 具备踏实的工作作风及勤劳的工作精神 2. 具备较强业务能力 3. 具有较强的自我学习能力 4. 具有较强的职业素养
学习重点	1. 药品养护 2. 药品分类陈列 3. 药品柜台销售 4. 药学服务
学习难点	1. 处方调配 2. 用 FAB 句式进行利益呈现 3. 处理顾客异议
教学方法	案例分析法、角色扮演法、小组讨论法
建议学时	28 学时

任务 1　药品采购

任务引入

小赵从某医药高专毕业后，到某零售连锁企业负责采购工作。他觉得药品采购是一个非常简单的工作，就是拿着钱去买药。可是，真正采购时他发现，采购哪些品种、去哪家企业购买、买多少、如何签订合同、买完后如何验收药品、如何结算货款等都是需要仔细考虑的问题。

基本知识

药品采购，是实体药店药品销售的前提。供应商是直接影响实体药店药品营销的重要因素之一。我国《药品经营质量管理规范》中规定：企业的采购活动应当符合以下要求：

① 确定供货单位的合法资格；

② 确定所购入药品的合法性；

③ 核实供货单位销售人员的合法资格；

④ 与供货单位签订质量保证协议。

采购中涉及的首营企业、首营品种，采购部门应当填写相关申请表格，经过质量管理部门和企业质量负责人的审核批准。必要时应当组织实地考察，对供货单位质量管理体系进行评价。

通常，药品采购的流程如图 5-1 所示：

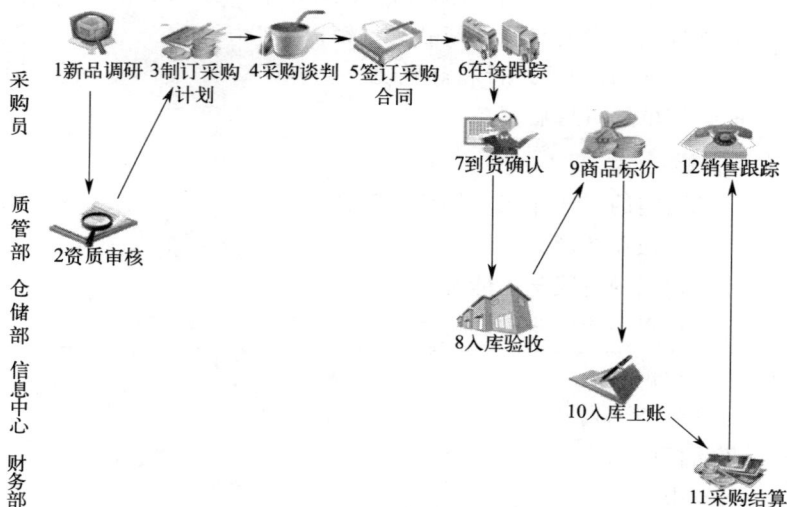

图 5-1　药品采购流程

一、新品调研

药店对于药品的采购，首先是采购品种的确定。一般来说，对于老的品种，常规采购就可以了。关键是对于一些新产品的采购，需要进行充分的调研。在新品调研中，所调研的品种主要包括对于销售人员反馈的缺货新品种、供应商业务员上门推销的新品种、根据市场调研主动购进的新品种等。对于这些品种，由于以前和相关企业没有合作过，对产品的市场需求、利润都不是很清楚，如果贸然采购，很容易造成产品销售不良，影响企业发展。因此，要充分调研。调研的内容主要从销售量需求、销售利润、合作前景等方面展开，主要包括：

① 同类药品历史销售、兄弟公司销售、客户需求；

② 兄弟公司、同行业、客户了解价格，分析利润；

③ 厂家销售模式、销售政策，特别是终端投入程度等。

通过调研，综合考虑企业经营状况，确定所需要采购的新品品种。

二、资质审核

对于要采购的老品种，由于与生产或经营该品种的企业经常发生业务往来，比较熟悉其基本情况，除了一些大的变动需要重新审核外，不需要再进行资质审核。因此，主要是对于新品种而言，需要进行首营企业和首营品种的审核。

1. 对首营企业的审核

首营企业是指采购药品时，与本企业首次发生供需关系的药品生产或者经营企业。对首营企业的审核，应当查验加盖其公章原印章的资料，确认其真实、有效。这些资料包括：

① 《药品生产许可证》或者《药品经营许可证》复印件；

② 营业执照、税务登记、组织机构代码的证件复印件及上一年度企业年度报告公示情况；

③ 相关印章、随货同行单（票）样式；

④ 开户户名、开户银行及账号。

要重点审核供货单位的《药品经营（生产）许可证》、营业执照及其年检证明复印件。

要查验"证照"复印件是否加盖了供货单位的公章原印章；审核"证照"是否在其注明的有效期之内；审核"证"与"照"的相关内容是否一致；审核"证照"上的注册地址是否与供货单位实际的生产或经营地址相同；审核供货单位经营方式、经营范围与证照规定的内容是否一致。必要时可组织实地考察。

2. 对首营品种的审核

首营品种是指本企业首次采购的药品，包括新产品、新规格、新剂型、新包装。采购首营品种应当审核药品的合法性，索取加盖供货单位公章原印章的药品生产或者进口批准证明文件复印件并予以审核，审核无误的方可采购。主要审核的内容有：

① 要对所采购药品进行合法性和质量可靠性的审核。药品购进人员应向供货单位索取

所采购药品的生产批件和法定质量标准的复印件；审核上述文件或资料的复印件是否加盖了供货单位质量管理部门的原印章；本企业已收集并属于国家药品标准的品种，则不需要索取上述资料。

② 审核所采购的药品是否在供货单位的生产或经营范围之内；审核所采购的药品是否在本企业的经营范围之内；索取供货单位药品包装、标签和说明书样张，审核是否符合相关法律法规规定。审核所采购的药品是否是国家药品监督管理部门要求停止或暂停生产、销售和使用的药品。

③ 对采购药品质量可靠性进行审核。采购的药品是否是药品监督管理部门抽验不合格的药品；购进的药品是否是曾有发生严重不良反应报道的药品。了解药品的性能、用途、检验方法、储存条件以及质量信誉等内容。

同时，还要对供货单位药品销售人员合法资格进行验证。企业应当核实、留存供货单位销售人员以下资料：加盖供货单位公章原印章的销售人员身份证复印件；加盖供货单位公章原印章和法定代表人印章或者签名的授权书，授权书应当载明被授权人姓名、身份证号码，以及授权销售的品种、地域、期限；供货单位及供货品种相关资料。

三、制订采购计划

资质审核通过后，药店采购人员需要确定采购药品的品种、规格、数量、供应商等内容，制订相应的采购计划。采购计划的关键是确定采购的品种及数量。

1. 确定采购品种

通过核查库存，根据销量、库存、采购状况确定是否采购该品种。通常遇到以下几种情况时表示该品种需要进行采购：

① 库存为 0 时。要注意分清该品种是目前还在经营的品种，还是已经下线的品种，以及该品种是否在途。

② 低于库存下限时。

③ 特殊情况。如遇到产品涨价、采购周期长、采购渠道不稳定等情况时，要考虑是否提前采购该品种。

2. 确定采购数量

充分考虑商品近期销量、现有库存可销售天数、商品采购周期、价格变动、付款要求等因素来确定采购数量。具体如下：

① 2×库存下限≤当前库存数量＋采购数量≤库存上限；

② 涨价品种根据资金情况和可获利润情况适当增量采购；

③ 新品种坚持少量试销的原则；

④ 甩货期间适当控制库存数量，少量多频次进货，在财务允许的情况下对有明显价格优势的品种要较大量地购进。

四、采购谈判

采购谈判是指企业作为买方采购商品，与卖方厂商对购销业务有关事项，如商品的品种、规格、技术标准、质量保证、订购数量、包装要求、售后服务、价格、交货日期与地点、运输方式、付款条件等进行反复磋商，谋求达成协议，建立双方都满意的购销关系。

（一）谈判过程

谈判过程可以分为三个阶段：谈判前、谈判中和谈判后。

1. 谈判前

须制订计划，成功的谈判计划包括以下步骤：

①确立谈判的具体目标；②分析各方的优势和劣势；③收集相关信息；④认识对方的需要；⑤识别实际问题和情况；⑥为每一个问题设定一个成交位置；⑦开发谈判战备与策略；⑧向其他人员简要介绍谈判内容；⑨谈判预演。

2. 谈判中

① 双方互做介绍，商议谈判议程和程序规则；

② 探讨谈判所涉及的范围，即双方希望在谈判中解决的事宜；

③ 要谈判成功，双方需要达成一致意见的共同目标；

④ 在可能的情况下，双方需要确定并解决阻碍谈判达成共同目标的分歧；

⑤ 达成协议，谈判结束。

3. 谈判后

① 起草一份声明，尽可能清楚地详述双方已经达成一致的内容，并将其呈送给谈判各方以便提出自己的意见并签名；

② 将达成的协议提交给双方各自的委托人，也就是双方就哪些事项达成协议，从该协议中可以获益什么；

③ 执行协议；

④ 设定专门程序监察协议履行情况，并处理可能会出现的任何问题；

⑤ 在经过与对方的激烈交锋后，可举办一场宴会，这种方式可以消除谈判过程中的紧张气氛，有利于维持双方的关系。

（二）谈判注意事项

① 要与对方沟通确认品种、数量、价格、批号等主要信息；

② 有协议按协议价格进行，对价格敏感、渠道不稳定的商品要及时了解行情，与供应

商进行价格协商；

③ 当商品涨价或跌价时，要向供货单位争取更多价格政策；

④ 了解有更优的采购渠道时，要及时与供货单位联系，争取降价、冲价、弥补公司损失；

⑤ 商品销售业绩不佳时，要主动与供货单位联系，要求采取有效的促销手段，促进商品销售。

五、签订采购合同

采购合同是企业（供方）与分供方，经过双方谈判协商一致同意而签订的具有"供需关系"的法律性文件，合同双方都应遵守和履行，并且是双方联系的共同语言基础。签订合同的双方都有各自的经济目的，采购合同是经济合同，双方受法律保护，并依法承担责任。

（一）采购合同的内容

采购合同是商务性的契约文件，其内容条款一般应包括：供方与分供方的全名、法定代表人，以及双方通信联系的电话、电报、电传等；采购货品的名称、型号和规格，以及采购的数量；价格和交货期；交付方式和交货地点；质量要求和验收方法，以及不合格品的处理方法，当另订有质量协议时，则在采购合同中写明见质量协议；违约的责任。

（二）注意事项

在签订采购合同时应注意以下几点：

1. 审查采、供货双方的基本情况

在采购谈判正式开始之前，要审查对方的营业执照，了解其经营范围，以及对方的资金、信用、经营情况，其项目是否合法等。如果有担保人，也要调查担保人的真实身份。若出面签约的是某业务人员，要注意查看对方提交的法人开具的正式书面授权委托证明，以确保合同的合法性和有效性。

2. 严格审核采购合同主要条文

当谈判双方就交易的主要条款达成一致以后，就进入合同签约阶段。谈判所涉及的数量、质量、货款支付以及履行期限、地点、方式等，都必须严密、清楚，否则会造成不可估量的经济损失。应特别注意：

（1）签订的合同对商品的标准必须明确规定　签订合同时，商品的名称必须准确而规范。对所购产品的质量标准应当在合同中明确约定，以免因所交货物质量不符合所想要采购的标准而引起纠纷。

（2）交货地点应明确　签订合同时，要写明交货地点，保证货物能够及时签收，避免丢失货物，尤其是在跨国采购时应注意这点。

（3）接收货物时间应明确　为了避免所采购的产品因过期等原因失去原有的使用价值，在采购合同中应明确约定货物到交货地点后采购人的收货时间。

（4）合同必须明确双方应承担的义务和违约的责任　采购合同双方应就违约事项约定解决方式以及法律责任，以此来维护自己的合法权益。例如约定在违反合同事项时支付违约金。

某药店的药品采购合同如下。

某药店药品采购合同

甲方：＿＿＿＿＿＿＿＿＿＿＿＿＿＿＿＿＿＿＿＿＿＿

乙方：＿＿＿＿＿＿＿＿＿＿＿＿＿＿＿＿＿＿＿＿＿＿

根据《中华人民共和国民法典》，甲、乙双方经协商确定，甲方向乙方购买药品。为明确双方责任和权利，特签订本合同，共同遵守。具体条款如下：

1. 乙方必须依法领取《药品经营许可证》《企业法人营业执照》，到甲方上级有关药品监督管理部门办理备案手续，并将上述有效证件的复印件和法人委托书原件加盖供方红印章，提供给甲方存档备查。

2. 乙方负责向甲方供应药品的品名、规格、厂家、单位、单价。

3. 乙方向甲方供应药品的品种数量以甲方每月或每周提供的书面通知为准。乙方在与甲方合作期间，药品供应价格应为市场的最低售价，如遇药品价格政策性下调，应给予相应下调。如乙方供应给甲方附件外药品，供应价格也应为市场的最低售价。乙方负责运输、装卸及退换货等费用。

4. 质量标准

① 因药品质量问题而造成的一切后果及发生的费用由乙方承担。

② 乙方必须及时保证甲方所需药品的供应，药品的批号、有效期不得低于 12 个月。

5. 交货时间及地点

① 乙方交货时间：接甲方书面计划通知 72 小时内。

② 乙方交货地点：运输及卸车至甲方指定地点：＿＿＿＿＿＿＿＿。

③ 合同执行地：甲方所在地：＿＿＿＿＿＿＿＿。

6. 验收

① 甲方根据药品专业法规及标准查验，发现药品外包装及药物外观不合格时，拒收入库。

② 甲方根据购药计划查验，发现药品的数量、品牌和规格不一致，无有效期或近有效期及过期的药品时，应当办理退货手续。

③ 甲方根据本院临床实际需要，对在乙方购进的药品可办理退货或换货。

④ 甲方应在收到乙方药品后 2 日内验收。

7. 付款方式

① 甲方以电汇方式支付乙方货款，乙方在收到甲方的货款 2 日内发货，同时出具合法税票并做到货票同行。

② 货款在 2 万元以内以转账支票或电汇方式支付，货款在 2 万元以上（含 2 万元）以 3 个月银行承兑汇票方式支付。

8. 违约责任

① 甲乙双方任何一方违约，由违约方承担违约责任并赔偿给对方造成的损失。

② 乙方未能按时交货，每拖延一天，须向甲方支付计划金额的 5‰ 的违约金。

③ 乙方交付的货物不符合合同规定的，甲方有权拒收。

④ 乙方在与甲方合作期间不允许有任何给医务人员回扣的行为发生，否则甲方有权终止与乙方的合作，并处以 1 万元的罚款。

9. 争议的解决

签约双方在履约中发生争执和分歧，双方应通过友好协商解决，若经协商不能达成协议时，可向人民法院起诉。

10. 其他

本合同共四份，具有同等法律效力，甲方执三份、乙方执一份，合同自签字之日起生效。有效期自＿＿＿＿年＿＿月＿＿日至＿＿＿＿年＿＿月＿＿日。本合同未尽事宜，由双方协商处理。

甲方：　　　　　乙方：

签约代表：　　　签约代表：

签约日期：　　　签约日期：

六、在途跟踪

采购员根据采购约定的送货时间，及时查询商品库存，跟踪采购商品的到货情况，并及时通知仓储部做好收货准备。

七、到货确认

① 采购员接到送货相关凭证（出库单、送货单或运单等）时，要标注单位编号，核实品种、规格、数量、批号、价格，无误后签名，通知仓库收货员验收。

② 对于冷藏药品，要在冷藏药品运输交接单上填写到货时间和到达时温度，并打印在途温度监测记录，特殊药品需双人签字。

③ 对于首营品种与急销品种，要在送货单据上特别注明便于收货。

④ 交接药品时如有异议，应与发货方联系，查清事实，妥善处理。

八、入库验收

药品入库验收是为了把好入库药品质量关，保证购进药品数量准确、外观性状和包装质量符合规定要求，防止不合格药品和劣质药品进入药店。一般来说，由收货组、验收组根据公司制度进行数量验收、质量验收，采购商品验收入库。具体参见本书"药品验收"相关内容。

九、药品标价

　　根据国家发展改革委会同国家卫生计生委、人力资源社会保障部等部门联合发出《关于印发推进药品价格改革意见的通知》，从 2015 年 6 月 1 日起取消绝大部分药品政府定价，完善药品采购机制，发挥医保控费作用，药品实际交易价格主要由市场竞争形成。

　　《通知》规定，除麻醉药品和第一类精神药品仍暂时由国家发展改革委实行最高出厂价格和最高零售价格管理外，对其他药品政府定价均予以取消，不再实行最高零售限价管理，按照分类管理原则，通过不同的方式由市场形成价格。其中，医保基金支付的药品，通过制定医保支付标准探索引导药品价格合理形成的机制；专利药品、独家生产药品，通过建立公开透明、多方参与的谈判机制形成价格；医保目录外的血液制品、国家统一采购的预防免疫药品、国家免费艾滋病抗病毒治疗药品和避孕药具，通过招标采购或谈判形成价格。其他原来实行市场调节价格的药品，继续由生产经营者依据生产经营成本和市场供求情况，自主制定价格。

　　因此现在药品的价格是由企业自主制定。影响药品标价的因素主要有：供货单位本身的价格政策，如最低售价、最高售价等；竞争对手的销售价格；由于货源供应等因素造成的供求关系变化；自身采购的成本。企业依据一定的定价方法，充分考虑上述因素，自行制定价格。并不断依据市场变化，合理调整药品价格，以达到最合理价格。

　　常见药品定价的方法主要有：

　　① 成本导向定价法。以产品单位成本为基本依据，再加上预期利润来确定价格的成本导向定价法，为企业最常用、最基本的定价方法。

　　② 需求导向定向法。现如今市场营销观念要求企业生产经营必须以消费者需求为中心，根据消费者有支付能力的需求而定价，自觉地根据供求变化调整售价，并且运用可行的方法得到市场供求信息，再根据分析、判断进行决策。

　　③ 竞争导向定价法。市场竞争激烈，企业通过研究竞争对手的生产条件、服务状况、价格水平等因素，依据自身的竞争实力、参考成本和供求状况来确定商品价格。

十、入库上账

　　采购回来的药品要先办理入库手续，然后由采购员向库房管理员逐件交接。

　　① 库房管理员根据采购计划单的项目认真清点要入库药品的数量，同时检查药品的相关信息，包括规格、通用名称、剂型、批号、有效期、生产厂商、购货单位、购货数量、购销价格、质量。检查准确无误，质量完好，配套齐全后在接收单上签字（或在入库登记簿上共同签字确认）。

　　② 库房管理员按照所购药品名称、供应商、数量、质量、规格、品种等做好入库登记。

　　③ 信息中心核对入库信息，在系统中录入价格，打印入库单。当日入库单必须当日录入完毕。

十一、采购结算

采购入库后，要及时和供应商结算货款。通常采购结算的过程如下：

首先采购员要进行相关审核，包括：收款单位身份审核；相关单据审核，如入库单、税票；往来账目审核，审核是否有退货、未支付返利、代垫运费、退补价的情况等。根据合同中规定的付款方式、时间与金额，填写付款单（汇票、现金、抵货款）与明细。对于急需付款等特殊情况，要特别注明。

然后结算员对供应商身份进行复核，审核付款单、付款明细是否有错误，审核是否有退货、退补价、代垫运费、未支付返利等情况。

财务部结合入库记录、退补价等记录对付款的相关单据（入库单、税票、银行付款单、领款单、现金收据、易货结算单等）进行再次审核。总经理审批后，结算员下账，财务部按要求付款。

十二、销售跟踪

采购结束后，采购部还要及时对药品的销售情况进行销售跟踪，可以通过每周业务会议，进行信息反馈，及时调整品种结构与产品价格。对于新品种，责任采购员应每周关注其销量，并在引进 3 个月后通过评估决定是否继续经营。对于滞销品种，采购员及时采取促销或退货等处理方式，避免库存积压。

在整个采购过程中，还要及时填写采购记录，留存采购的过程材料以备核查。采购人员根据市场销售和需求预测，结合库存情况，以药品质量为重要依据，在合格供应商中选择供货单位，并在系统中录入计划。采购订单经确认后，系统自动生成采购记录。

采购记录应当有药品的通用名称、剂型、规格、生产厂商、供货单位、数量、价格、购货日期等内容，采购中药材、中药饮片的应当标明产地。采购记录应保存 5 年。

🌐 任务实施

❮ 任务描述 ❯

某药店拟采购一批药品，均为以前常规采购药品。请模拟完成药品的采购工作。

❮ 任务目标 ❯

1. 熟悉药品采购的流程，能够按照流程要求完成药品采购过程。
2. 了解采购计划、采购合同的形式及内容。

❮ 任务准备 ❯

采购计划、采购合同、进仓单等相关单据。

◀ 任务实施步骤 ▶

1. 分组与分工：全班分为四组，分别为采购部、质量管理部、储运部、财务部，并让小组同学扮演相关角色。

2. 按照某药店的药品采购流程，模拟完成药品的采购工作。

◀ 任务评价标准 ▶

1. 分组分工合理，各组配合得当；

2. 采购过程顺畅，没有落下的环节。

◀ 完成任务提示 ▶

某药店药品采购流程如图 5-2 所示：

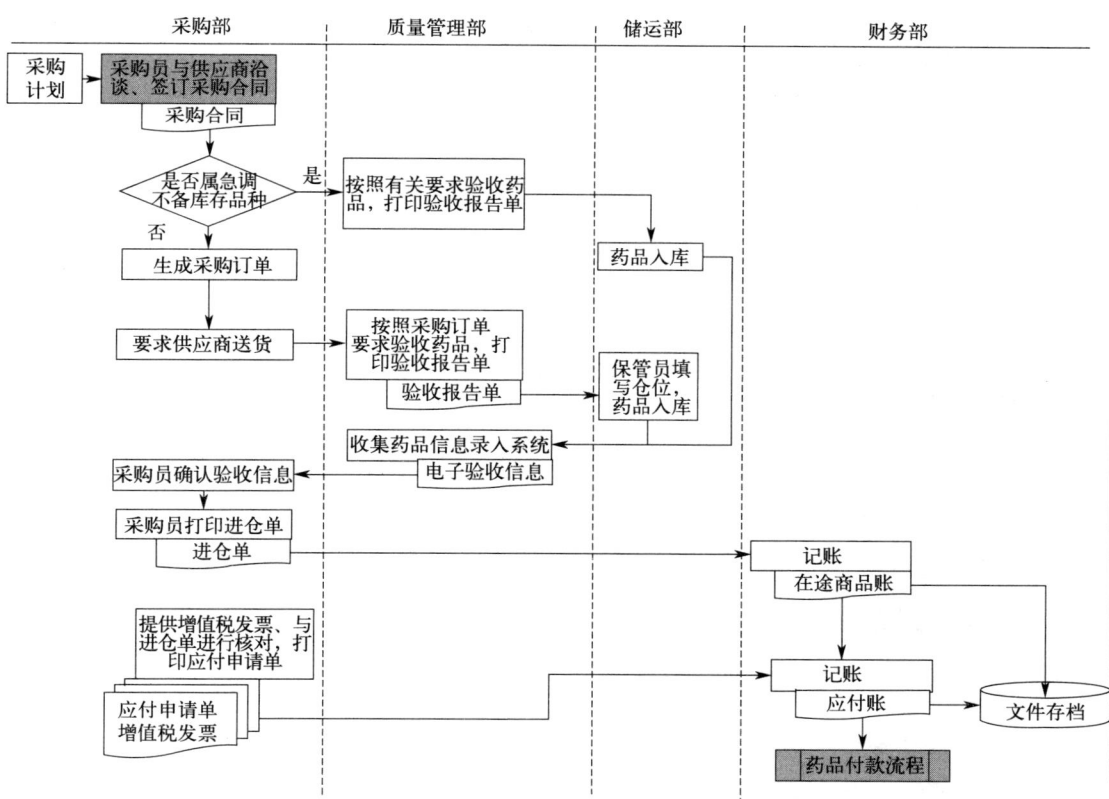

图 5-2　药品采购流程

课后作业

张某打算在一处大型居民社区开办一家药店，他现在已经办完了全部的手续，并选好了地址。在开始装修药店的同时，他想购进一批药品为开业做准备。他应购进哪些药品？又如何采购这些药品呢？

任务 2　**药品验收**

⊕ **任务引入**

　　小赵应聘来到了一家医药零售连锁企业工作，人事部将他分配到了仓储中心，协助验收员进行药品验收工作。验收员的工作都有哪些？工作流程是什么？小赵对此充满了期待。

基本知识

知识链接

　　验收员的任职要求

　　1. 从事验收工作的，应当具有药学或者医学、生物、化学等相关专业中专以上学历或者具有药学初级以上专业技术职称；从事中药材、中药饮片验收工作的，应当具有中药学专业中专以上学历或者具有中药学中级以上专业技术职称；直接收购地产中药材的，验收人员应当具有中药学中级以上专业技术职称。

　　2. 从事验收工作的人员应当在职在岗，不得兼职其他业务工作。

　　3. 从事验收工作的人员应通过与其职责和工作内容相关的岗前培训和继续培训，培训内容应当包括相关法律法规、药品专业知识及技能、质量管理制度、职责及岗位操作规程等。

　　4. 应当进行岗前及年度健康检查，并建立健康档案。患有传染病或者其他可能污染药品的疾病的，不得从事直接接触药品的工作。

一、药品验收的目的

　　药品经营企业购进药品，必须建立并执行进货检查验收制度，验明药品合格证明和其他标识；不符合规定要求的，不得购进。因此药品到货后，要由仓储部门安排专人按照规定程序对药品进行验收。药品验收的目的在于规范药品验收过程，保证入库药品数量准确、质量良好，防止不合格药品入库。

二、药品验收的依据

　　① 国家药品标准：现行《中华人民共和国药典》或国家药品监督管理局颁布的《药品标准管理办法》。

②《中华人民共和国药品管理法》《中华人民共和国药品管理法实施条例》《药品经营质量管理规范》《药品进口管理办法》《药品说明书和标签管理规定》等相关法律法规。

③ 与供货单位签订的购销合同上的质量条款。

④ 药品检验报告书等药品相关证明文件。

三、药品验收的对象和范围

对购进药品和销后退回药品逐批验收。

四、药品验收的地点

（1）待验区　购进药品的抽样、数量验收、外包装标识检查，应在相应储存库待验区进行。

（2）验收养护室　对药品外观性质的检查以及包装、标签、说明书检查，在验收养护室内进行。

五、药品验收的时限

一般药品应在两个工作日内验收完毕，需阴凉储存的药品要求到货 6 小时内验收完毕，冷藏药品随到随验。

六、药品抽样的原则与比例

（一）一般药品抽样原则

企业应当按照验收规定，对每次到货药品进行逐批抽样验收，抽取的样品应当具有代表性。我国《药品经营质量管理规范》规定：同一批号的药品应当至少检查一个最小包装，但生产企业有特殊质量控制要求或者打开最小包装可能影响药品质量的，可不打开最小包装；破损、污染、渗液、封条损坏等包装异常以及零货、拼箱的，应当开箱检查至最小包装；外包装及封签完整的原料药、实施批签发管理的生物制品，可不开箱检查。

验收人员应当对抽样药品的外观、包装、标签、说明书以及相关的证明文件等逐一进行检查、核对；验收结束后，应当将抽取的完好样品放回原包装箱，加封并标示。特殊管理的药品应当按照相关规定在专库或者专区内验收。

（二）抽样比例

① 对到货的同一批号的整件药品按照堆码情况随机抽样检查。整件数量在 2 件及以下的，要全部抽样检查；整件数量在 2 件以上至 50 件以下的，至少抽样检查 3 件；整件数量

在 50 件及以上的，每增加 50 件，至少增加抽样检查 1 件，不足 50 件的，按 50 件计。

② 对抽取的整件药品需开箱抽样检查，从每整件的上、中、下不同位置随机抽取 3 个最小包装进行检查，对存在封口不牢、标签污损、有明显重量差异或外观异常等情况的，至少再增加一倍抽样数量，进行再检查。

③ 对整件药品存在破损、污染、渗液、封条损坏等包装异常的，要开箱检查至最小包装。

④ 到货的非整件药品要逐箱验点到最小包装。

⑤ 对同一批号的药品，至少随机抽取一个最小包装进行外观性状检查。生产企业有特殊质量控制要求或打开最小包装可能影响药品质量的，可不打开最小包装；外包装及封签完整的原料药、实施批签发管理的生物制品，可不开箱检查。

⑥ 麻醉药品、精神药品、医疗用毒性药品、国家有专门管理要求的药品（蛋白同化制剂、肽类激素、含特殊药品复方制剂等）验收时必须由两人以上逐箱验点到最小包装。

课堂思考

某药店新进了 3 箱阿莫西林胶囊，每箱 10 层，每层 15 盒。如果你是该药店的验收员，你将如何抽样？

七、药品验收的一般程序

药品验收的一般程序如图 5-3 所示：

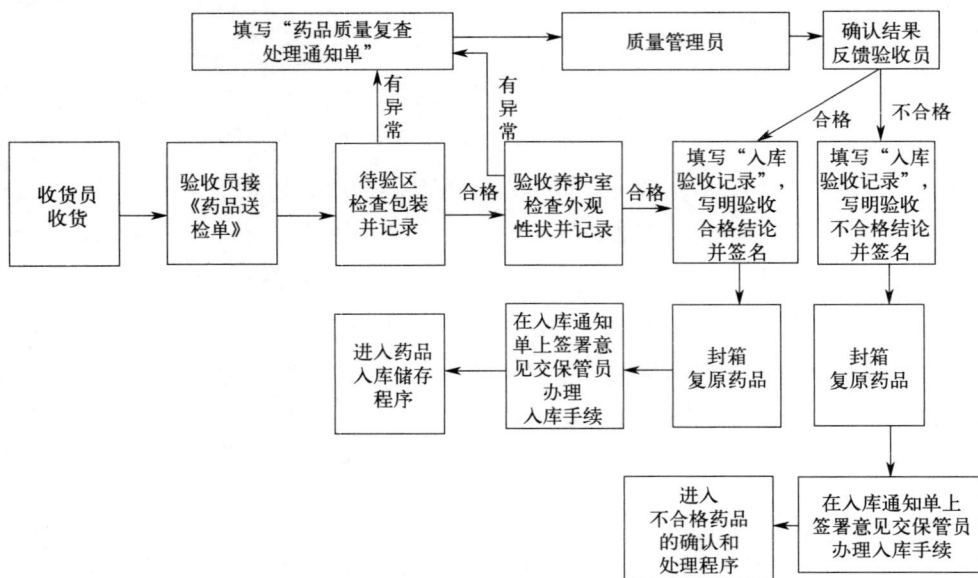

图 5-3　药品验收的一般程序

通常，药品验收的流程为：

① 在待验区检查药品外包装，记录；

② 开箱检查药品内包装、标签和说明书，记录；

③ 抽样，到验收养护室检查外观性状，记录；

④ 复原，封箱；

⑤ 填写药品验收记录，归档；

⑥ 通知收货员办理药品入库手续；

⑦ 有不符合规定情况时，填写《药品拒收报告单》，交质量管理人员复查处理。

八、药品验收的具体内容

（一）收货员收货

药品验收及
储存养护

药品到货时，收货人员应当核实运输方式是否符合要求，并对照随货同行单（票）和采购记录核对药品，做到票、账、货相符。随货同行单（票）应当包括供货单位、生产厂商、药品的通用名称、剂型、规格、批号、数量、收货单位、收货地址、发货日期等内容，并加盖供货单位药品出库专用章原印章。

冷冻药品到货时，应当对其运输方式及运输过程的温度记录、运输时间等质量控制状况进行重点检查并记录。不符合温度要求的应当拒收。

收货员依据药品购进人员所做的"药品购进记录"和供货单位"随货同行单"对照实物进行核对后收货，并在"药品购进记录"和供货单位收货单上签章。所收的药品为进口药品时，应同时对照实物收取加盖有供货单位质量管理部门原印章的该批号药品的《进口药品检验报告书》《进口药品注册证》（或《生物制品进口批件》《进口药材批件》）的复印件和《进口药品通关单》复印件。

收货员根据销售部门所开具的"药品退货通知单"对照实物对销后退回药品进行核对后收货，并在退货单位的退货单上签章。

收货员应将符合收货要求购进药品按品种特性要求放于相应待验区域，或者设置状态标志，通知验收。冷藏、冷冻药品应当在冷库内待验。将销后退回药品放置于退货药品库（区）并做好退货记录，及时通知验收人员到场进行验收。

（二）药品验收内容及方法

1. 验收内容

药品验收主要包括数量及质量上的验收。数量上主要是验收到货药品的品类和数量与采购合同是否一致；而质量上的验收主要包括检验药品是否有产品合格证、药品内外包装的检查、药品标签及说明书的检查、药品外观性状检查等。

2. 验收方法

（1）数量验收　逐批检查来货凭证及验收通知单所列的供应企业名称、药品名称、剂型单

位、数量、规格、生产企业、批号、有效期等是否相符，如有不符，与采购部门联系处理。

对于特殊管理药品，必须有两人以上同时在场，逐箱验点到最小包装，如发现原箱短少，由验收员及时写出详细验收报告，经有关负责人签名，加盖印章，附装箱单作为向供货单位索赔的依据。

（2）质量验收

① 药品出厂检验报告或产品合格证的检查。原料药每件内应附有出厂检验报告书，制剂每箱内应附有产品合格证（装箱单）。依据检验报告检查其质量标准、检验项目及检验结果是否符合规定，不得有漏检、漏项情况出现。

② 药品内外包装检查。一是外包装的检查。外包装也称运输包装，主要是指内包装外面的木箱、纸箱、木桶、铁桶等包皮以及衬垫物、防潮（寒）纸、麻袋、塑料袋等包装物。

药品外包装应坚固耐压、防潮、防震动。包装用的衬垫材料、缓冲材料应清洁卫生、干燥、无虫蛀。衬垫物应塞紧，瓶之间无空隙，纸箱要封牢，捆扎坚固，封签、封条不得严重破损。外包装必须印有品名、规格、数量、批号、有效期、批准文号、注册商标、厂名、体积、重量以及"易碎""小心轻放""向上""请勿倒置""防潮""防热""防冻"等储运图示标志以及危险药品的包装标志。麻醉药品、精神药品、毒性药品、放射性药品和外用药品必须在包装物的明显位置上印刷规定的标志。箱内应附"合格证"或具有"合格"字样的装箱单。

二是内包装的检查。内包装是直接接触药品的盛装容器，包括盛药品的瓶塞、纸盒、塑料袋、纸袋、金属等容器以及贴在这些容器外面的瓶签、盒签和瓶（盒）内的填充物等。

内包装检查项目主要有：检查容器内外是否清洁、干燥、无裂痕或破损，容器内有附加填充物的，填充物应干净、干燥、充实；容器应端正、统一；容器选用应合理。例如，碘片因具有较强氧化性，需使用磨口玻璃瓶，如用纸袋，则不耐磨且可被碘氧化变色。油类药物不宜采用塑料制品，因油脂可溶解塑料中的有害物质而污染药品。需遮光的药品要用棕色容器、黑纸包裹的无色容器或其他不透光的容器，以避开阳光照射。

三是包装工作质量的检查。封口应严密、合格；包装印字应清晰，品名规格、批号等不得缺项；瓶签应粘贴牢固，端正，适中；包装外面不应留有药物痕迹、粘贴剂或油墨等污迹等。

③ 标签、说明书的检查。标签是药品包装上印有或者贴有的内容，分为内标签和外标签。药品内标签指直接接触药品的包装的标签，外标签指内标签以外的其他包装的标签。药品说明书是载明药品重要信息的法定文件，是选用药品的法定指南。我国《药品管理法》第四十九条规定：药品包装应当按照规定印有或者贴有标签并附有说明书。标签或者说明书应当注明药品的通用名称、成分、规格、上市许可持有人及其地址、生产企业及其地址、批准文号、产品批号、生产日期、有效期、适应证或者功能主治、用法、用量、禁忌、不良反应和注意事项。标签、说明书中的文字应当清晰，生产日期、有效期等事项应当显著标注，容易辨识。麻醉药品、精神药品、医疗用毒性药品、放射性药品、外用药品和非处方药的标签、说明书，应当印有规定的标志。

标签和说明书的检查应注意：标签或说明书的项目、内容是否齐全；药品的各级包装标签是否一致；标签所标示品名、规格与实物是否相符，标签与说明书内容是否一致；标签印字是否清晰，粘贴是否端正、牢固、整洁；属分装药品的，应检查其包装及标签上是否注明药品的品名、规格、原厂牌、批号、分装单位、分装批号、有效期、使用期。

④ 批准文号。药品在入库验收时，应严格检查核对批准文号，一是要查有无批准文号；二是要核对所用批准文号是否为国家药品监督管理局统一规定的格式。

⑤ 生产批号。不仅要检查有无生产批号，而且要核对内外包装批号是否一致。对库存药品或新进药品验收时，往往以生产批号为单位抽样检查，故验收时必须好好检查。

⑥ 注册商标。注册商标是药品生产企业将其产品质量、装潢包装以图案或文字形式向工商行政管理部门申请注册的标记，拥有专用权，受到国家法律保护。除中药材、中药饮片外，药品必须使用注册商标。未经核准注册的，不得在市场销售。注册商标必须在药品包装和标签上注明，即"注"，或"R"（"TM"）字样。无注册商标或注册商标未按规定标示的药品，不应作为商业性购进，即不予验收入库。

⑦ 药品质量保证期限。药品质量保证期限有以下四种情况：有效期、使用期或贮藏期、药品的负责期、质量保证合同或协议。

⑧ 药品外观性状检查。是通过人的感官（眼、鼻、舌）来检查或识别药品的真、伪、优、劣，所以又称感官检查。但应注意有毒或有刺激性及未知成分的药品，切不可随意用口尝或用鼻子去嗅，以免造成事故。

一般常见剂型的外观检查如下：

片剂的形状应一致，色泽均匀，片面光滑，无毛糙起孔现象；无附着细粉、颗粒；无杂质、污垢色斑；包衣颜色应均一，无色斑，且厚度均匀，表面光洁，破开包衣后，片芯的颗粒应均匀，颜色分布均一，无杂质。另外，片剂的硬度应适中，无磨损、粉化、易碎现象，也无过硬现象，其气味、味感应正常，符合该药物的特异物理性状，如片剂上有字，字迹应清晰、均一、规范。

胶囊剂的外形、大小应一致，无瘪粒、变形、膨胀等现象，胶囊壳应无脆化现象，软胶囊无破裂漏油现象。胶囊结合状况良好。胶囊剂的颜色应均一，无色斑、变色现象，壳内无杂质，其内容物颗粒应大小均一，装量适中，与标示量一致。

颗粒剂主要应注意的是外形、大小、气味、口感、溶化性、装量是否符合标准。

液体注射剂的包装应严密，药液澄明度好，色泽均匀一致，无变色、沉淀、混浊、结晶、发霉等现象，注射剂的装量应与标示量相符，装量差异在药典允许的范围内。

口服液的外观应正常，外包装严密，无爆瓶、外凸、漏液现象，药液颜色正常，药液气味、黏度符合该药品的基本物理性状，且装量和标示量相符，装量差异在药典允许的范围内。

3. 验收记录

验收药品应当做好验收记录，药品验收记录的内容应至少包括药品的通用名称、剂型、规格、批准文号、批号、生产日期、有效期、生产厂商、供货单位、到货数量、到货日期、验收合格数量、验收结果等内容。验收人员应当在验收记录上签署姓名和验收日期。中药材验收记录应当包括品名、产地、供货单位、到货数量、验收合格数量等内容。中药饮片验收记录应当包括品名、规格、批号、产地、生产日期、生产厂商、供货单位、到货数量、验收合格数量等内容，实施批准文号管理的中药饮片还应当记录批准文号。药品验收记录表如表5-1所示：

表 5-1　药品验收记录表

验收日期	供货单位	生产厂家	药品通用名	剂型	规格	产品批号	批准文号	有效期至	单位	数量	外观包装质量情况	验收结论	验收人	备注

　　药品验收记录的保存：药品验收记录由专职验收人员按日或月顺序装订，保存至超过药品有效期一年，但不得少于三年。

4. 对于销后退回药品的验收

　　应按进货验收的规定验收，必要时应抽样送检验部门检验。开箱检查，核对品名、规格、数量、生产企业、生产批号或生产日期，对药品质量进行复验，做出明确的结论和处理意见。

5. 验收结束

　　应将抽取的样品放回原包装，并在包装上标明抽验标志；检查验收完成后要及时调整药品质量状态。

（三）药品入库

1. 对于购进药品

　　① 验收完毕后，验收人员在验收记录上写明药品质量状况、签章并交收货员；
　　② 收货员根据验收合格结论和验收人员的签章将药品放置于相应的合格药品库（区），并做好记录；
　　③ 收货员如发现药品有货与单不符、包装不牢或破损、标志模糊等质量异常情况时，有权拒收并报告质量管理人员处理。

2. 对于销后退回药品

　　① 验收合格的，记录后转入合格药品库（或区）；
　　② 验收不合格的，记录后转入不合格药品库（或区），并做好不合格药品台账；
　　③ 销后退回药品质量验收记录应至少保存三年。

九、药品验收中对发现问题的处理

（一）购进药品的处理

　　对于购进药品，在验收过程中出现问题，按如下措施处理：对包装标示不全的应予以拒收；在验收时有虫蛀、霉变、泛油、变色等现象的应予以拒收；对干湿度不符合规定、杂质超标、片型不符合规定的应予以拒收；对不符合标准的应予以拒收；对假药劣药应就地封存，并上报当地的药品监督管理部门；对有疑问的品种，本企业不能确定其质量是否合格的，应报送当地药检所检验。

（二）销后退回药品的处理

销后退回药品的处理，有以下几种情况：

① 经复验，属质量问题，应及时与生产企业或货源单位联系，做退货、换货等处理；

② 经复验，属其他原因造成损坏或无法整修时，应通知有关部门处理；

③ 经复验，产品确无质量问题，内外包装完好，应通知有关部门与退货方联系，妥善解决。

任务实施

《 任务描述 》

某药店已经采购到一批药品，请按照药品验收的基本操作程序，模拟完成药品的验收工作。

《 任务目标 》

1. 熟悉药品验收的基本操作程序和要求；
2. 能够按照药品验收的基本操作程序完成药品验收过程。

《 任务准备 》

模拟药库、各种类型药品及主要验收工具和设备。

《 任务实施步骤 》

1. 抽签决定操作对象，通过抽签得到自己验收操作的药品类型。
2. 根据操作对象，选择相应的验收工具。
3. 根据操作对象，依据相关验收要求，按照药品验收程序，进行相应的验收操作。
4. 根据验收操作结果和相应的判断依据，对所验收的药品合格与否下结论。
5. 根据验收操作过程和 GSP 要求，做好验收记录工作。

《 任务评价标准 》

1. 根据操作对象类型，能正确选择验收工具。
2. 根据操作对象类型，依据相关验收要求，能够按照验收程序完成验收操作过程。
3. 能在规定的时间内完成验收操作。

某药店药品验收程序如图 5-4 所示：

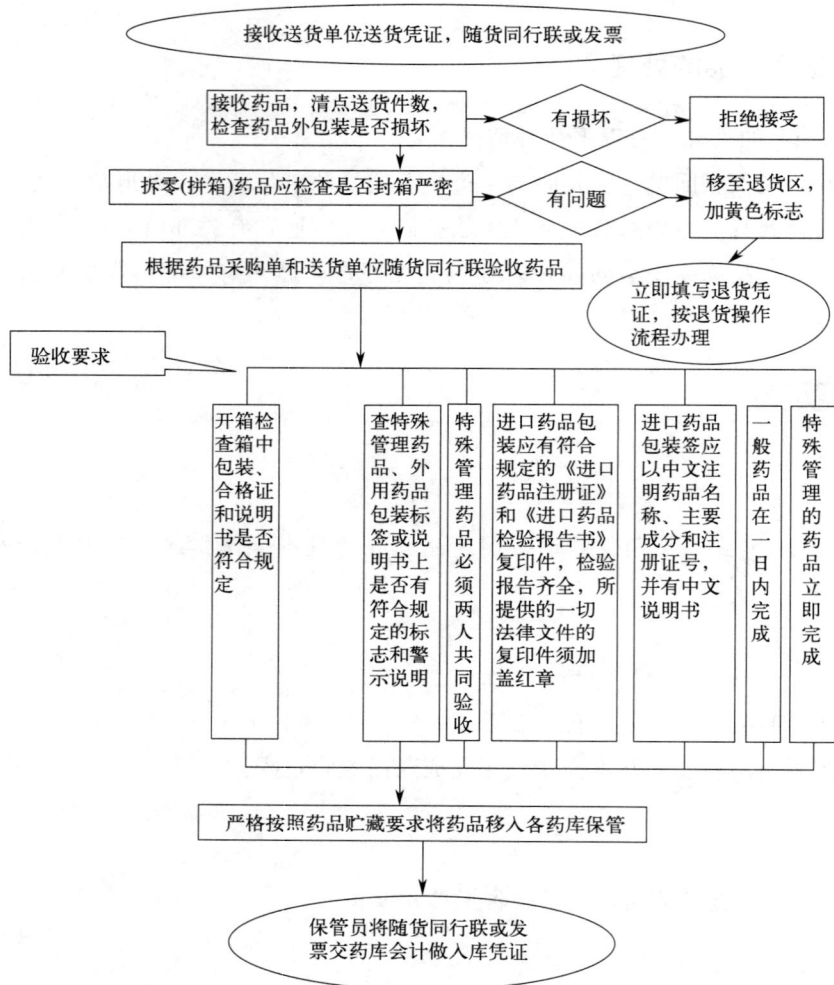

图 5-4　药品验收程序

✎ 课后作业

某大药房新购进了药品阿奇霉素分散片 292 箱，在进行药品验收时，需要在待验区对购进的药品进行抽样以进一步检查。如果你是库房的验收员，你将如何进行抽样？进一步检查的内容又是什么？

任务 3 药品养护

任务引入

赵某是某零售连锁药店仓储中心的养护员，工作五年，主要负责各类药品的储存与养护工作。现有某医药高专实习生小张来协助赵某完成药品养护工作，赵某应该怎样指导小张呢？

基本知识

> **知识链接**
>
> **养护员的工作职责**
>
> 养护人员应当根据库房条件、外部环境、药品质量特性等对药品进行养护，主要内容是：
>
> 1. 指导和督促储存人员对药品进行合理储存与作业。
> 2. 检查并改善储存条件、防护措施、卫生环境。
> 3. 对库房温湿度进行有效监测、调控。
> 4. 按照养护计划对库存药品的外观、包装等质量状况进行检查，并建立养护记录；对储存条件有特殊要求的或者有效期较短的品种应当进行重点养护。
> 5. 发现有问题的药品应当及时在计算机系统中锁定和记录，并通知质量管理部门处理。
> 6. 对中药材和中药饮片应当按其特性采取有效方法进行养护并记录，所采取的养护方法不得对药品造成污染。
> 7. 定期汇总、分析养护信息。

药品的养护即根据药品的储存特性要求，采取科学、合理、经济、有效的手段和方法，通过控制调节药品的储存条件，对药品储存质量进行定期检查，达到有效防止药品质量变异、确保储存药品质量的目的。

一、影响药品质量的因素

（一）影响药品质量的内在因素

1. 药品的化学性质

（1）易水解 当药品的化学结构中含有酯、酰胺、酰肼、醚、苷键时，易发生水解反应。如青霉素的分子中含有 β-内酰胺环，在酸性、中性或碱性溶液中易发生分解反应和分子重排反应，其分解产物与分子重排物均无抗菌作用。故青霉素只能制成粉末，严封于容器中贮藏。

（2）易被氧化　当药品的化学结构中含有酚羟基、巯基、苯胺、不饱和碳键、醇、醚、醛、吡唑酮、吩噻嗪等基团时，易发生氧化反应。如氯丙嗪属于吩噻嗪类化合物，在日光、空气、湿气的作用下易变质失效，故应遮光、密封保存。

2. 药品的物理性质

（1）挥发性　系指液态药品能变为气态扩散到空气中的性质。具有挥发性的药品如果包装不严或贮存时的温度过高，可造成挥发减量，如乙醇、薄荷等在常温下即有强烈的挥发性，还可以引起燃烧和爆炸。

（2）吸湿性　系指药品自外界空气中不同程度地吸附水蒸气的性质。药品的吸湿性并不限于水溶性药品，某些高分子药品和不溶于水的药品同样可以吸湿，但当含有少量的氯化镁等杂质时，则表现出显著的吸湿性。

（3）吸附性　药品能够吸收空气中的有害气体或特殊臭气的性质被称为药品的吸附性。例如淀粉、药用炭、滑石粉等因表面积大而具有显著的吸附作用，从而使本身具有被吸附气体的气味，亦称"串味"。

（4）冻结性　以水或乙醇作溶剂的一些液体药品遇冷可凝结成固体，这种固体会导致药品的体积膨胀而引起容器破裂。

（5）风化性　有些含结晶水的药品在干燥空气中易失去全部或部分结晶水，变成白色不透明的晶体或粉末，称为"风化"。风化后的药品的药效虽然未变，但影响使用的准确性，尤其是一些毒性较大的药品可因此而超过剂量，造成医疗事故。

（6）色、嗅、味　药品色、嗅、味是药品重要的外观性状，也是药品的物理性质之一，当色、嗅、味发生变化时，经常意味着药品性质发生了变化，所以它们是保管人员实施感官检查的重要根据。如维生素 C 片由白变黄，是由于发生了氧化反应；阿司匹林片出现针状结晶或浓厚的醋酸味，是因吸湿而发生水解反应，产生了水杨酸和乙酸；某些药品的异臭、异味可能是由于微生物引起的发酵、腐败等。

（二）影响药品质量的外在因素

影响药品质量的外在因素很多，这些因素对药品的影响往往是几种因素同时进行或交叉进行，互相促进、互相作用而加速药品的变质和失效。因此，我们所采取的保管措施也应是综合性的。

1. 空气

空气是不同气体的混合物，主要成分是氮、氧以及氩、氖、氦、氙等稀有气体。此外，空气中还含有水蒸气、二氧化碳和尘埃等。在被污染的空气中还混杂有二氧化硫、硫化氢、氨、氯化氢等有害气体。与药品的质量有关的主要是氧、二氧化碳。

（1）氧　许多具有还原性的药品，可被空气中的氧氧化，发生分解、变色、变质，甚至产生毒性。如异丙肾上腺素被氧化后,可由白色变为粉红色,此时即不可供药用。

(2)二氧化碳 空气中的二氧化碳可使某些药品因发生碳酸化而变质。如某些氢氧化物和氧化物易吸收二氧化碳而生成碳酸盐;磺胺类钠盐与二氧化碳作用后,可生成难溶于水的游离磺胺而结晶析出。

2. 温度

温度在药品的保管养护中是重要条件之一,它与湿度有密切的关系,干燥的固体药品受温度影响的程度远比吸潮或呈液体状态的药品小得多。

(1)温度升高 可加速药品的变质,如生物制品、血液制品在室温下保管容易失效,需要低温冷藏(2~10℃);可加速药品的挥发与风化,如咖啡因可失去分子中的结晶水;可破坏药品的剂型,如可使栓剂、胶囊剂软化变形,使糖衣片粘连,使软膏剂熔化分层等。

(2)温度过低 可使一些生物制品、含蛋白制剂、乳剂及胶体制剂析出沉淀或变性分层,如甲醛溶液在9℃以下易聚合成为多聚甲醛而使溶液呈现混浊或析出白色沉淀;可使许多液体制剂析出结晶,其中一些药品因结晶而失效,如葡萄糖酸钙注射液等饱和溶液久置冷处易析出结晶不再溶解,而不能药用;可致容器因药液体积增加而破裂等。

3. 湿度

湿度是药品养护的重要条件之一,湿度过高或过低均会引起许多药品发生变性。

(1)潮解 如钠盐吸湿性较大,最易发生潮解;一些不溶于水的药品,如活性炭及干燥氢氧化铝等也可因物理吸附作用而潮解;胃蛋白酶、胰酶等易于吸湿结成团块。

(2)稀释 一些具有吸水性的液体药品,如甘油、乳酸等在潮湿环境中易吸收水分而被稀释,从而使浓度降低,影响药效。

(3)水解 有些药品因吸潮而分解变质,如阿司匹林易吸湿而水解生成乙酸和水杨酸,不但毒性增加,而且对胃肠道的刺激也增加。

4. 光线

紫外线可促进药品发生分解、氧化、还原、水解等化学反应。如肾上腺素受到光照的影响可发生氧化反应逐渐变成红色至棕色,使疗效降低或失效;又如过氧化氢溶液分解为氧和水等。在很多情况下,光线并不是孤立地发生作用,而是经常伴随空气中的氧、水分、温度等因素同时进行。所以,对光敏感的药品,应密闭于凉暗处保存。

5. 微生物和昆虫

微生物(细菌、霉菌、酵母菌)和昆虫,很容易进入包装不严的药品内,它们的生长、繁殖是造成药品腐败、发酵、蛀蚀等变质现象的一个主要原因。尤其是一些含有营养物质(如淀粉、糖、蛋白质、脂肪等)的制剂,如糖浆剂、片剂及一些中草药制剂更易发生霉变和虫蛀。

6. 时间

药品贮存一定时间以后就会变质。尤其是一些具有有效期的药品,即使贮存条件适宜,久存也易降低效价，如抗生素、生物制品等；一些暂时没有制定有效期的药品，如乳剂、水剂、栓剂等一些性质不稳定的药品，时间长了也会变质。有的药品贮存一段时间后，外观上无变化，但含量或效价降低而不能药用。

除了上述因素以外，尚有药品的包装容器及材料等因素也可对药品的质量发生影响。

二、药品养护的基本要求

（一）养护工作内容

药品养护的各项工作内容都应以保证药品储存质量为目标，养护人员应当根据库房条件、外部环境、药品质量特性等对药品进行养护，主要内容是：

① 指导和督促储存人员对药品进行合理储存与作业。

② 检查并改善储存条件、防护措施、卫生环境。

③ 对库房温湿度进行有效监测、调控。

④ 按照养护计划对库存药品的外观、包装等质量状况进行检查，并建立养护记录；对储存条件有特殊要求的或者有效期较短的品种应当进行重点养护。

⑤ 发现有问题的药品应当及时在计算机系统中锁定和记录，并通知质量管理部门处理。

⑥ 对中药材和中药饮片应当按其特性采取有效方法进行养护并记录，所采取的养护方法不得对药品造成污染。

⑦ 定期汇总、分析养护信息。

（二）养护职责与分工

药品养护是一项涉及质量管理、仓储保管、业务经营等方面的综合性工作，按照工作性质及质量职责的不同，要求各相关岗位必须相互协调与配合，保证药品养护工作的有效开展。

① 质量管理人员负责对药品养护人员进行业务指导，审定药品养护工作计划，确定重点养护品种，对药品养护人员上报的质量问题进行分析并确定处理措施，对养护工作的开展情况实施监督考核。

② 仓储保管员负责对库存药品进行合理储存，对仓间温湿度储存条件进行管理，按月填报"近效期药品催销表"，协助养护人员实施药品养护的具体操作。

③ 仓储保管员负责指导保管人员对药品进行合理储存，定期检查在库药品储存条件与库存药品质量，针对药品的储存特性采取科学有效的养护方法，定期汇总、分析和上报药品养护质量信息，负责验收养护储存仪器设备的管理工作，建立药品养护档案。

（三）重点养护品种

药品的储存质量受储存环境和药品性状的制约和影响，在实际工作中，应根据经营药品的品种结构、药品储存条件的要求、自然环境的变化、监督管理的要求，在确保日常养护工作有效开展的基础上，将部分药品确定为重点养护品种，采取有针对性的养护措施。

重点养护品种范围一般包括：主营品种、首营品种、质量性状不稳定的品种、有特殊要求的品种、储存时间较长的品种、近期内发生过质量问题品种及药监部门重点监控的品种。重点养护的具体品种应由养护组按年度制定及调整，报质量管理机构审核后实施。

三、药品养护的步骤与内容

（一）检查养护储存的合理性

中药饮片
仓库漫游

中药饮片收货
验收及储存养护

我国《药品经营质量管理规范》规定，企业应当根据药品的质量特性对药品进行合理储存，并符合以下要求：

① 按包装标示的温度要求储存药品，包装上没有标示具体温度的，按照《中华人民共和国药典》规定的贮藏要求进行储存；

② 储存药品相对湿度为35％～75％；

③ 在人工作业的库房储存药品，按质量状态实行色标管理，合格药品为绿色，不合格药品为红色，待确定药品为黄色；

④ 储存药品应当按照要求采取避光、遮光、通风、防潮、防虫、防鼠等措施；

⑤ 搬运和堆码药品应当严格按照外包装标示要求规范操作，堆码高度符合包装图示要求，避免损坏药品包装；

⑥ 药品按批号堆码，不同批号的药品不得混垛，垛间距不小于5厘米，与库房内墙、顶、温度调控设备及管道等设施间距不小于30厘米，与地面间距不小于10厘米；

⑦ 药品与非药品、外用药与其他药品分开存放，中药材和中药饮片分库存放；

⑧ 特殊管理的药品应当按照国家有关规定储存；

⑨ 拆除外包装的零货药品应当集中存放；

⑩ 储存药品的货架、托盘等设施设备应当保持清洁，无破损和杂物堆放；

⑪ 未经批准的人员不得进入储存作业区，储存作业区内的人员不得有影响药品质量和安全的行为；

⑫ 药品储存作业区内不得存放与储存管理无关的物品。

药品养护员在日常管理过程中，应对在库药品的分类储存、货垛码放、垛位间距、色标管理等工作内容进行巡查，及时纠正发现的问题，确保药品按规定的要求合理储存。

（二）对仓储条件进行监测与控制

药品仓储条件的监测与控制内容主要包括：库内温湿度、药品储存设备的适宜性、药品避光和防鼠等措施的有效性、安全措施的运行状态。

为保证各类库房的温湿度符合规定的要求，仓库保管人员要在养护员的指导下，有效地对库房温湿度条件进行动态监测和管理，发现库房温湿度超出规定范围或接近临界值时，应及时采取通风、降温、除湿、保温等措施进行有效调控，并予以记录。对库房的温湿度条件

应定时进行观察记录，一般每日上、下午各一次。为确保仓库温湿度条件的全天候监控，药品控制企业在节假日也应安排值班人员，对仓库的储存条件进行监控。

（三）定期对库存药品的质量进行循环检查

1. 检查方法

采用"三三四"药品养护检查法，即：

每季度（3个月）巡查完1次在库、在店药品。根据库房区域位置及放置药品的数量，将库房分为A、B、C 3个区域，存放药品分别占总库存的30%、30%、40%左右。第1个月巡查A区域位置的药品，第2个月巡查B区域位置的药品，第3个月巡查C区域位置的药品。周而复始，每年巡查4次。

2. 主要检查内容

（1）包装情况　主要检查药品包装破损或被污染情况；

（2）外观性状　主要按剂型特点确定检查项目；

（3）药品有效期　主要检查药品标记的有效期时间，发现有效期已过或近效期药品及时采取措施。

例：各种剂型的质量检查项目汇总如表 5-2 所示：

表 5-2　各种剂型的质量检查项目

剂型	类型	外观质量检查项目
片剂	压制片（素片）	色泽、暗斑（中草药除外）、麻面、黑点、色点、碎片、松片、霉变、飞边、结晶析出、吸潮溶化、虫蛀、异臭等
	包衣片（糖衣片、薄膜衣片、肠溶衣片）	色泽、花片、黑点、斑点、粘连、裂片、爆烈、掉皮、脱壳、霉变、瘪片（异形片、凹凸不平）、片芯变色变软等
胶囊剂	硬胶囊剂	色泽、褪色、变色、破裂、漏粉、霉变、异臭等
	软胶囊剂	色泽、粘连、粘瓶（振摇即散不算）、破裂、漏油、异臭、畸形、霉变等
滴丸剂		色泽、粘连、粘瓶（振摇即散不算）、破裂、漏油、异臭、畸形丸、霉变等
注射剂	注射用灭菌粉末	色泽、吸潮、结块、玻璃屑、铝盖松动等
	注射液	色泽、纤维、玻璃屑、结晶析出、瓶盖松动等
滴眼剂	溶液型滴眼剂	色泽、混浊、沉淀、漏药、结晶析出等
	混悬型滴眼剂	色泽、漏药、结块等
散剂		色泽、潮解、结块、异物、霉变、虫蛀等
颗粒剂		色泽、结块、潮解、破漏、霉变、虫蛀等
酊水剂		色泽、澄清度、渗漏、霉变等
糖浆剂		色泽、渗漏、霉变、异臭等
流浸膏剂		色泽、澄清度、渗漏、霉变等
软膏剂		色泽、异物、酸败、霉变、漏药等
眼膏剂		色泽、异物、酸败、霉变、漏药等
气雾剂		破漏等
栓剂		色泽、霉变、酸败、干裂、软化、变形、漏油等
膜剂		色泽、完整度、光洁度、厚度、受潮、霉变等
丸剂		色泽、圆整度等
橡胶膏剂		色泽、药物涂布情况、透油（透背）、老化、失黏等

药品陈列是药品从商品成为消费品的一个重要环节，药品在陈列期间还需要再进行检查养护吗？

（四）养护中发现质量问题的处理

药品养护中发现的问题一般包括技术操作、设施设备、药品质量等方面的内容，养护员应对发现的问题进行认真分析，及时上报质量管理部核实、处理，按照质量管理部的要求，采取措施对质量管理过程实施改进，从而有效地控制药品储存质量。养护员对养护过程中发现的药品质量问题，应悬挂醒目的黄色标牌，并暂停发货，上报质量管理机构进行处理。养护中发现质量问题的处理程序如图 5-5 所示：

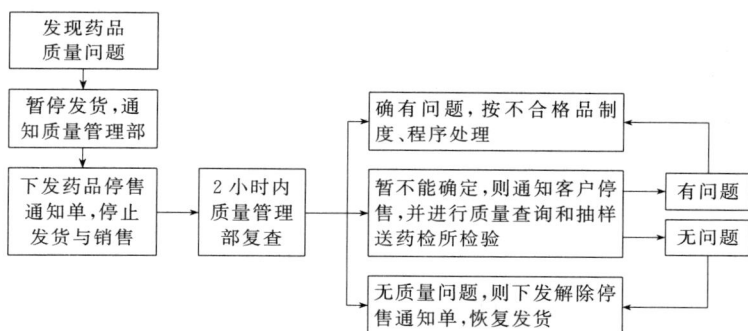

图 5-5　养护中发现质量问题的处理程序

对质量可疑的药品应当立即采取停售措施，并在计算机系统中锁定，同时报告质量管理部门确认。对存在质量问题的药品应当采取以下措施：

① 存放于标志明显的专用场所，并有效隔离，不得销售；

② 怀疑为假药的，及时报告药品监督管理部门；

③ 属于特殊管理的药品，按照国家有关规定处理；

④ 不合格药品的处理过程应当有完整的手续和记录；

⑤ 对不合格药品应当查明并分析原因，及时采取预防措施。

四、药品养护档案与信息

为给药品养护工作提供系统、全面的管理依据，不断提高药品养护的技术水平，企业应针对重点养护品种建立药品养护档案，收集、分析、传递养护过程中的信息资料，从而保证药品养护质量系统的有效运行。

（一）药品养护档案

企业应结合仓储管理的实际，本着"以保证药品质量为前提，以服务业务经营需要为目标"的原则，针对重点养护品种建立药品养护档案。药品养护档案是在一定的经营周期内，对药品储存质量的稳定性进行连续观察与监控，总结养护经验，改进养护方法，积累技术资料的管理手段。其内容包括药品的基本质量信息、观察周期内对药品储存质量的追踪记录、有关问题的处理情况等。药品养护档案的品种应根据业务经营活动的变化，及时调整，一般应按年度调整确定。

（二）药品养护质量信息

按照 GSP 规定，药品养护人员应定期汇总、分析和上报养护检查、近效期或长时间储存的药品的质量信息，以便质量管理部门和业务部门及时、全面地掌握储存药品质量信息，合理调节库存药品的数量，保证经营药品符合质量要求。其报告内容应汇总该经营周期内经营品种的结构、数量、批次等项目，统计并分析储存养护工程中发现的质量问题的相关指标，如质量问题产生的原因、比率，进而提出养护工作改进的措施及目标。

🌐 任务实施

〈 任务描述 〉

小张是某连锁药店仓储中心的养护员，每天要对药品进行相关养护工作。今天又是工作满满的一天，小张是如何进行他的养护工作的呢？

〈 任务目标 〉

1. 能够对一般药品进行保管。
2. 能够按规定对重点养护的药品进行养护，建立档案。

〈 任务准备 〉

以下每种剂型的药品各准备数种：散剂、颗粒剂、干糖浆剂、片剂、丸剂、胶囊剂、注射剂、糖浆剂、含醇制剂、软膏剂、栓剂。

〈 任务实施步骤 〉

1. 对陈列药品进行药品养护，并建立《药品养护档案表》（表 5-3）。

表 5-3　药品养护档案表

检查日期	年　　月　　日	检查人员	
检查养护项目	检查内容	检查情况	

检查日期	年　　　月　　　日	检查人员	
营业场所的陈列环境	营业场所的温度、湿度以及防潮、防虫、防污染、防鼠、防霉、防尘及卫生状况等情况		
营业场所的药品摆放	营业场所内的药品是否按照药品分类摆放,摆放是否合理规范		
药品养护设施设备	调节温湿度、中药调剂及调剂量器等的设施设备情况		
药品的质量检查	对药品的外观性状进行检查,如片剂是否有裂片、霉点等,冲剂是否吸湿结块,口服液等是否浑浊、沉淀,玻璃瓶是否破裂,中药饮片是否虫蛀、霉变,中药饮片是否有错斗、串斗等	检查的药品类别为＿＿＿＿＿＿＿＿＿＿＿,品种＿＿＿个,其中近效期药品品种数＿＿＿个,有质量问题的品种数为＿＿＿个,需要列入重点养护品种的药品明细表及处理情况附后	

需要列入重点养护品种的药品明细表										
药品名称	规格	生产厂家	批准文号	批号	有效期	单位	数量	质量情况	确定理由	养护员

对存在问题的处理情况:

2. 能在规定时间内,根据药品在库或陈列日常养护的要求,正确回答药品的剂型、特点、养护措施等问题。

◇ **任务评价标准** ◇

1. 养护档案填写正确、工整、全面;
2. 剂型识别正确,养护方法正确。

◇ **完成任务提示** ◇

1. 养护的方法与剂型特点有关;
2. 常见要求有遮光、密封、防潮等;
3. 特殊要求有阴凉、冷藏等。

✐ 课后作业

1. 影响药物稳定性的因素有哪些?
2. 如何利用"三三四"药品养护检查法对药品进行养护?

任务4 药品分类陈列

任务引入

高某是某药店的主管店长，有丰富的药品陈列及销售工作经验，现有一名刚应聘上岗的某大专药学专业毕业生小陈，在药店负责药品陈列与销售工作。高某如何指导小陈做好此项工作？

基本知识

当顾客踏入药店时，他会首先注意到药店的环境和布局，然后体验到药店药品陈列带给他的视觉效果。如果东西摆放得杂乱无章，那么这家药店可能会影响这位顾客的购买欲望，也将因此无法提高销售业绩。因此，药店内良好的药品陈列与展示应该能够在第一时间吸引顾客的注意力，使其对这家药店产生信任感并刺激其购买欲望。

药品分类陈列是指药店为了最大限度地方便消费者购买药品，提高营业额和利润水平，利用门店的有限资源，合理规划店内总体布局、货架摆放顺序、药品摆放位置和堆码方式，创造便于顾客购物的环境。因此陈列是为了增加销售额和利润，而它的一个手段和方法就是展示。

一、陈列的目的

① 陈列可以塑造药店的形象。杂乱无章的陈列会使顾客对这家药店毫无兴趣；良好的陈列则会给顾客留下经营有方、认真待客的印象。

② 陈列有体现药店主旨的作用，能集中反映药店的经营范围和特点。如果主柜台第一排陈列的全是保健品，顾客就会认为这是一家以保健品的销售为重点的药店。

③ 陈列有信息功能。量多、巧妙的陈列，可以传递给顾客更多的药品信息；井井有条、一目了然的陈列，可以提高顾客选购药品的主动性。这样会减少顾客询问、药店营业员回答的时间，从而缩短交易过程。

④ 陈列有美化效果。富有艺术性和感染力的陈列将大大增加顾客的视觉美，提高药店的品质与档次。

⑤ 陈列有选择功能。可以诱导顾客下决心选择或多购买店内的药品。

⑥ 陈列可以提高药店的竞争能力。药品陈列具有丰富的表现力和强大的吸引力，哪家店药品陈列得好，那它就能获得在经营上的有利地位。

二、陈列的基本要求

药品的陈列应当符合以下要求：

① 按剂型、用途以及储存要求分类陈列，并设置醒目标志，类别标签字迹清晰、放置准确。

② 药品放置于货架（柜），摆放整齐有序，避免阳光直射。

③ 处方药、非处方药分区陈列，并有处方药、非处方药专用标识。

④ 处方药不得采用开架自选的方式陈列和销售。

⑤ 外用药与其他药品分开摆放。

⑥ 拆零销售的药品集中存放于拆零专柜或者专区。

⑦ 第二类精神药品、毒性中药品种和罂粟壳不得陈列。

⑧ 冷藏药品放置在冷藏设备中，按规定对温度进行监测和记录，并保证存放温度符合要求。

⑨ 中药饮片柜斗谱的书写应当正名正字；装斗前应当复核，防止错斗、串斗；应当定期清斗，防止饮片生虫、发霉、变质；不同批号的饮片装斗前应当清斗并记录。

⑩ 经营非药品应当设置专区，与药品区域明显隔离，并有醒目标志。

三、陈列的类型

药店里的药品陈列类型可分为三种，第一是交易药品的陈列，如摆放药品的货架、货橱、柜台等；第二是样品陈列，如样品橱、橱顶、平台等；第三是储备药品的存放。

1. 交易药品的陈列

不论是何种药品，都具有待售、陈列、流动大、更换快等特点。因此，药店经理在摆放药品时要做到整洁、美观、丰满、定位，要按药品大类、分类、细类，及其规格、用途、价格等方面的特征，分门别类陈列摆放，使之一目了然。整洁，即在药品整齐的基础上药店经理还应勤加整理，保持药品的清洁；美观，即摆放药品时应力求格调一致，色彩搭配和谐，要尽可能归类摆放或适度穿插排列，在不影响美观的前提下，应将滞销的药品搭配在旺销的药品之中，以利于销售；丰满，即做到药品多而不挤，少而不空，及时加货，不留空位，丰富多彩，方便顾客的选购；定位，即固定药品的摆放货位，这样既便于销售又易于管理，当然，药品定位不是永久不变的，而是应随季节变化和需求量的变化，做适当的调整。

2. 样品陈列

样品陈列给人以醒目、明了的感觉。如样品柜、平台的特点是一种局部陈列，具有一定的向导与美化药店的功能。由于陈列空间的范围较小，它只能容纳少量药品的陈列，因此，在陈列内容上，应从新产品、流行药品的颜色款式中，选择适量的样品；在陈列表现形式上，要力求简洁、明快、醒目；在陈列手法上，要顾及四面展示的效果，除沿着样品橱柜要考虑背景设计外，大都以采用无景象衬托的陈列为主，再辅之支架道具的配合，构成一个陈列体的立体画面。

橱柜顶陈列是一种较传统的陈列手法，在大型药店里可以见到。它起着一种标志柜组经营范围的作用，使顾客进入商场后一目了然。橱柜顶陈列除了选择实物作为样品外，还可以通过广告牌或广告灯箱上的图画和文字来代替实物陈列，这样可以避免实物样品受潮、积灰、变色、变质。

3. 储备药品的存放

储备药品的存放是指已进入销售现场但未摆上货架和柜台的备售药品。此类药品虽无需进行陈列，但也要注意摆放整齐，以利于药店经理自身管理药品。另外，切忌在通道口和药店的安全出口处堆放储备药品。

四、陈列的方式

（1）展览陈列　展览陈列是专供顾客参观浏览的陈列，最主要的重点是必须引起顾客的注意，使其产生兴趣、联想，从而刺激顾客的购买欲望。

① 中心陈列法。即以整个展览空间的中心为重点的陈列品编组法。它对于展览主题的表达非常有利，具有突出、明快的效果。

② 线型陈列法。以货架、柜台各层的展览空间为基础，将药品排列成一条平行线。能统一、直观、真实、整齐地表现出展品的丰富内容，使顾客一目了然，并具有强烈的感染力。如图 5-6 所示：

图 5-6　线型陈列

③ 梯形法。即以阶梯式样品陈列的方法。如：小型的药品应摆在前方（距离眼睛最近），大型药品摆在后方；较便宜的药品应摆在前方（容易拿取），较昂贵的药品摆在后方等。

④ 悬挂法。即运用悬挂的方法陈列药品。

⑤ 堆叠法。即将样品由下而上堆叠起来的陈列方法。堆叠使药品个体相叠后的体积升高，从而突出该陈列品的形象。

⑥ 道具法。即利用各种材料制作的支架、托板、码台和模型来陈列药品的方法。

⑦ 配套陈列法。将关联药品组合成一体的系列化陈列。将相关药品组合于同一展览空间内，提高顾客的想象力。

什么是 POP?

POP（point of purchase），意为卖点广告，简称 POP。 POP 广告可分为以下几种。

（1）店头 POP 广告　置于店头的 POP 广告，如看板、站立广告牌、实物大样本等。

（2）天花板垂吊 POP　如广告旗帜、吊牌广告等。

（3）地面 POP 广告　从店头到店内的地面上放置的 POP 广告。

（4）柜台 POP 广告　置于柜台的 POP 广告。

（5）壁面 POP　附在墙壁上的 POP 广告，如海报板、告示牌、装饰等。

（6）陈列架 POP　附在商品陈列架上的小型 POP，如展示卡等。

（2）推销陈列　推销陈列的目的主要是利于顾客的"比较权衡"，使其对药品产生信赖感。

① 依种类分类陈列。大多数的药店在做推销陈列时，都是依照药品种类来分类的。因为依种类来分，无论是统计还是进货都很方便。

② 依原料分类陈列。如将以人参为原料制成的各种药品放在一起。

③ 依使用方式分类。如将药品按外用与内服进行分类，此方法有助于在短时间内找到所需的药品。

④ 依对象分类。根据不同顾客的需要而进行的分类。

⑤ 依价格分类。将某些药品按价格分类会方便顾客的比较选择。

五、陈列的原则

1. 分区定位原则

按 GSP 的要求，药品应按剂型或用途以及储存要求分类陈列和储存。药品与非药品、内服药与外用药应分开存放；处方药与非处方药应分柜摆放；易串味的药品与一般药品应分开存放；特殊管理的药品应按照国家的有关规定存放。

2. 易见易取原则

商品正面面向顾客，不被其他商品挡住视线；货架最底层不易看到的商品要倾斜陈列或前进陈列；货架最上层不宜陈列过高、过重和易碎的商品；整箱商品不要上货架，中包装商品上架前必须全部打码。

3. 利于商品管理的原则

既要符合药品分类原则，还要使最上层货架的高度适宜，靠墙的货架较高，中间的货架较低，有利于防损（防盗）等管理。

4. 同一品牌垂直陈列原则

垂直陈列指将同一品牌的商品，沿上下垂直方向陈列在不同高度的货架层位上。

5. 先产先出、近效期先出的原则

即按时间顺序或按批号先后，先产的商品、近效期的商品摆在前面先销售，后产的或批号较新的商品摆在后面。

6. 关联性原则

药品仓储式超市的陈列，尤其是自选区（OTC 区和非药品区）非常强调商品之间的关联性，如感冒药区常和清热解毒消炎药或止咳药相邻，皮肤科用药和皮肤科外用药相邻等，可使顾客消费时产生连带性，方便了顾客购药。

7. 满陈列原则

就是把商品在货架上陈列得丰满些，可以减少卖场缺货造成的销售额下降。

8. 主辅结合陈列原则

药品仓储式超市商品种类很多，根据周转率和毛利率的高低可以划分为四种商品：第一种为高周转率、高毛利率的商品，这是主力商品，需要在卖场中很显眼的位置进行量感陈列；第二种是高周转率、低毛利率的商品；第三种是低周转率、高毛利率的商品；第四种是低周转率、低毛利率的商品，这类商品将被淘汰。主辅陈列主要是用高周转率的商品带动低周转率的商品销售。

9. 季节性陈列原则

在不同的季节将应季商品（药品）陈列在醒目的位置（端架或堆头陈列），其商品陈列面、陈列量较大，并悬挂 POP 广告，吸引顾客，促进销售。

10. 其他原则

过期及包装破损商品不能出现于货架上。危险药品需要陈列时，只能陈列代用品或空包装。

六、门店空间布局

门店空间布局是一门综合学问，需要考虑的因素包括：药店的定位、顾客需求、竞争需求、市场需求、安全需求、费用需求等，然后在此基础上进行顾客流动线设计、关联设计等，达到布局规划合理、科学，至少能提升门店 5% 的销售业绩。

（一）药店空间构成

通常，药店空间由三个基本空间构成：药品空间、店员空间和顾客空间。

1. 药品空间

药品陈列的场所。

2. 店员空间

店员接待顾客和从事相关工作所需要的场所。与顾客空间相分离，设员工更衣室、员工培训区、服务台和行政办公区等。

3. 顾客空间

供顾客参观、选择和购买药品的地方，以及顾客休闲的区域。设器械体验区、免费吸氧区。

> **知识链接**

消费者基本消费习惯

1. 大部分喜欢直行，不喜欢左转或右转，但有右望的倾向。
2. 避免嘈杂、不清洁或黑暗的地方，光线充足的地方更能吸引他们的视线。
3. 大部分喜欢逆时针而行。
4. 视线的移动速度通常是一米每秒。
5. 视线关注的地方通常是与视线平行的货架和货柜的上方。

（二）货位布局

1. 磁石点理论

磁石点理论是指在卖场中最能吸引顾客注意力的地方，配置合适的商品以促进销售，并能引导顾客逛完整个卖场，以提高顾客冲动性购买比重。在卖场中磁石点分布如图 5-7 所示：

第一磁石点，分布在门店主通道两侧，是顾客必经之地，也是销售最好的地方。主要配置：主力产品；购买力高的商品；采购力强的商品，即顾客随时需要，经常购买的商品。

第二磁石点，主要配置：流行商品；色泽鲜艳、引人注目类商品；季节性商品；超常规，最显眼，隔一段时间进行调整的商品。

第三磁石点，主要配置：特价商品；高利润商品；厂家促销品。

第四磁石点，主要配置：热门商品；有意大量陈列商品；正进行广告宣传的商品。

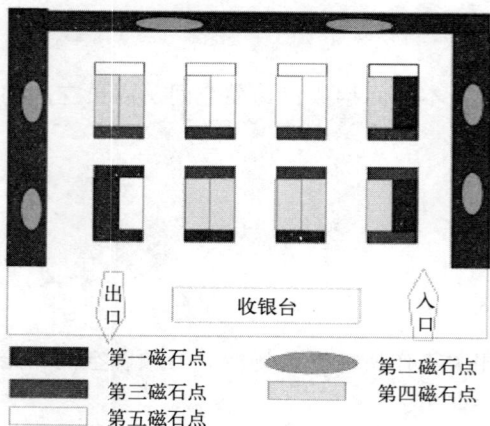

	第一磁石点		第二磁石点
	第三磁石点		第四磁石点
	第五磁石点		

图 5-7　卖场中磁石点分布

第五磁石点也叫余货架，主要配置：进行节日大型展销、特卖活动的一些相关的商品。

2. 货位布局的原则

影响商品销售的其中重要因素之一就是商品货位布局，合理的货位布局可促使消费者购买更多的商品，设计商品货位布局应遵守以下原则。

① 考虑消费者的购物习惯和购物顺序。如：感冒药→清热解毒药→五官科用药→止咳药→消炎药。

② 考虑商品（药品）的特性和商品（药品）分类的关联性。

③ 将妇科用药与儿童用药邻近摆放等。

④ 医疗器械与体育器材邻近摆放。

⑤ 处方区与门诊区相邻设计。

⑥ 洗涤日化、食品等异味商品不能与药品邻近摆放。

⑦ 将保健品等非药品类放在入口处，吸引消费者，而且保健品包装大、美观，可美化卖场。

⑧ 在收银台附近设立小型端架，陈列一些家庭常用药、应季商品、常用小食品或易丢商品，如感冒药、润喉片、风油精、皮肤科软膏、创可贴或口香糖等。

⑨ 从各类商品中精选出主力商品或新品通过端架陈列引导顾客消费。

知识链接

药店销售的模式

1. 闭柜模式　也称前柜后架式。处方药、中药饮片通常采用闭柜销售。
2. 开架模式　其他品类基本采用开架销售。

3. 货位布局的类型

（1）格子式布局　如图 5-8 所示：

图 5-8　格子式布局

优点：可以充分利用卖场的空间；由于商品货架的规范化安置，顾客可轻易识别商品类别及分布特点，便于顾客选购商品；有利于营业员与顾客的愉快合作，简化商品管理及安全保卫工作；易于采用标准化货架，可节省成本等。

缺点：当顾客比较多，较拥挤时，易使顾客产生被催促的不良感觉；室内装修方面创造力有限；卖场气氛比较冷淡、单调。

（2）岛屿式布局　如图 5-9 所示：

图 5-9　岛屿式布局

优点：顾客流动线比较丰富；布局富有创意，采取不同形状的岛屿设计，可以装饰和美化营业场所；增加门店里气氛活跃度，使消费者增加购物的兴趣，并延长逗留时间，进而方便推介；容易引起顾客冲动性购买，对品牌供应商具有较强的吸引力。

缺点：容易造成营业员的局限性；空间利用率低；不方便关联销售。

（3）自由流动式布局　如图 5-10 所示：

优点：货位布局十分灵活，顾客可以随意穿行于各个货架或柜台之间；卖场氛围融洽，可促成顾客的冲动性购买；便于顾客自由浏览，不会产生急切感，增加顾客的滞留时间和购物机会。

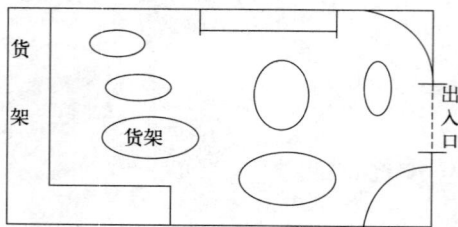

图 5-10　自由流动式布局

缺点：顾客拥挤在某一柜台时，不利于分散客流；不能充分利用卖场，要注意商品安全的问题。

（三）货架布局

在开架式药品销售中，药品陈列的高度不同，其销售效果也会不同。一般说来，与顾客视线相平、直视可见位置是最好的位置。货架上的药品陈列效果会因视线的高低而不同，在视线水平而且伸手可及的范围内，药品的销售效果最好。货架布局如表 5-4 所示：

表 5-4　货架布局

货架位置	高度	陈列商品
最上层	120～160cm	推荐商品，有意培养的商品；到一定时间可移到下一层
第二层（黄金陈列线）	85～120cm	高毛利商品、自有品牌商品、独家代理或经销的商品
中层	50～85cm	低利润商品、上层及黄金层进入衰退期的商品
下层	10～50cm	体积较大、重量较重、易碎、毛利较低但周转相对较快的商品

🌐 任务实施

◆ 任务描述 ◆

依据模拟药店现有情况设计药店布局图，并按照 GSP 的要求对所提供药品进行分类陈列。

◆ 任务目标 ◆

1. 熟悉门店空间布局方式，能设计药店的布局图；
2. 能按照 GSP 的要求进行药店常见药品的陈列。

◆ 任务准备 ◆

模拟药店、药品多种、货柜、货架、隔离板、价签等道具。

◆ 任务实施步骤 ◆

1. 学生通过收集相关信息，制定门店室内总体布局设计图。

2. 学生对药品按照药品品种类型的用途和剂型特点进行分类。

3. 按照药店现场现有的条件、药品用途和剂型特点、预测的销售规律和消费者可能有的购买习惯，并按照 GMP 的要求，确定药品大类的陈列位置和陈列方式。

4. 对药品进行陈列。

<< 任务评价标准 >>

1. 门店室内总体布局设计符合药店布局基本原则。

2. 最大限度地延长顾客流动线。

3. 设计有创意、有主题。

4. 药品分类正确。

5. 药品陈列位置合理，商品说明及标牌设置合理。

6. 药品陈列符合 GMP 要求，陈列美观。

<< 完成任务提示 >>

1. 顾客流动线即顾客进入药店后移动的线路，店堂布局的核心就是设计顾客流动线，最大限度地延长顾客在店内停留的时间。

2. 顾客走动多的地方利于药品的促销，走动少的地方则为滞销区。

3. 陈列要符合 GMP 要求，并满足陈列的基本原则。

4. 陈列要保持量感、突出特点。

课后作业

某大药房又新开了一家连锁药店，这次这个药店开设在某职业技术学院超市旁边，如果你是这家药店的店长，你如何设计你药店的布局，并陈列哪些药品为主打药品？请画出你的布局图，并说明原因。

任务 5　处方调剂

任务引入

张某因咳嗽到某中医院就诊，医生给他开具了处方。但张某并没有在医院的药房抓药，而是来到了某某大药房。某某大药房销售的中药饮片质量好，而且还提供煎药的服务。张某将处方交给中药柜的营业员小王，小王该如何为他提供服务呢？

基本知识

一、处方基本知识

（一）处方定义

根据我国《处方管理办法》规定：处方是指由注册的执业医师和执业助理医师（以下简称医师）在诊疗活动中为患者开具的、由取得药学专业技术职务任职资格的药学专业技术人员（以下简称药师）审核、调配、核对，并作为患者用药凭证的医疗文书。

1. 法定处方

主要指《中国药典》等国家药品标准收载的处方，具有法律约束力。

2. 医师处方

指医师为患者诊断、治疗和预防用药所开具的处方。

（二）处方内容

处方内容包括前记、正文、后记三部分。

1. 前记

包括医疗机构名称，费别，患者姓名、性别、年龄，门诊或住院病历号，科别或病区和床位号，临床诊断，开具日期等。麻醉药品和第一类精神药品处方还应当包括患者身份证明编号，代办人姓名、身份证明编号。

2. 正文

以 Rp 或 R（拉丁文 Recipe "请取" 的缩写）标示，分列药品名称、剂型、规格、数量、用法用量。

3. 后记

包括医师签名或者加盖专用签章，药品金额，审核、调配、核对、发药药师签名或者加盖专用签章。

某医院的门诊处方如图 5-11 所示：

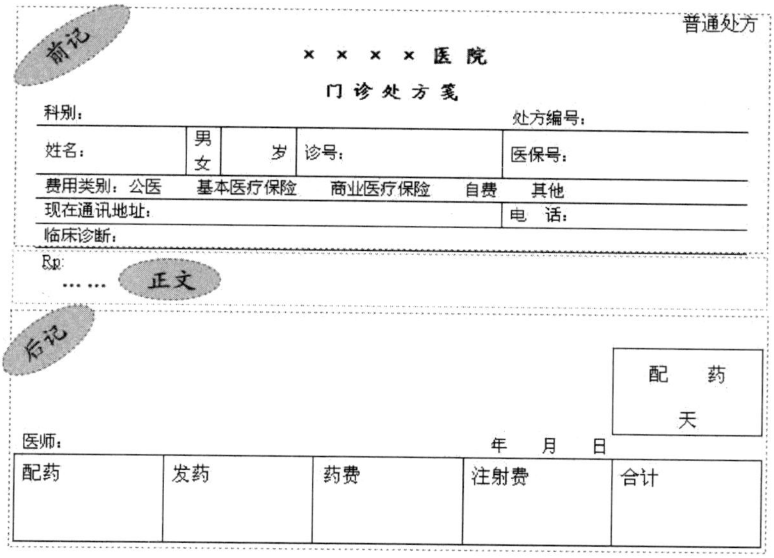
前记

普通处方

× × × × 医院

门诊处方笺

科别：　　处方编号：

姓名：　男 女　岁　诊号：　医保号：

费用类别：公医　基本医疗保险　商业医疗保险　自费　其他

现在通讯地址：　电　话：

临床诊断：

Rp:

……　正文

后记

配　药　天

医师：　　年　月　日

配药	发药	药费	注射费	合计

图 5-11　某医院的门诊处方

（三）处方的书写

处方书写应当符合下列规则：

① 患者一般情况、临床诊断填写清晰、完整，并与病历记载相一致。

② 每张处方限于一名患者的用药。

③ 字迹清楚，不得涂改；如需修改，应当在修改处签名并注明修改日期。

④ 药品名称应当使用规范的中文名称书写，没有中文名称的可以使用规范的英文名称书写；医疗机构或者医师、药师不得自行编制药品缩写名称或者使用代号；书写药品名称、剂量、规格、用法、用量要准确规范，药品用法可用规范的中文、英文、拉丁文或者缩写体书写，但不得使用“遵医嘱”“自用”等含糊不清字句。

⑤ 患者年龄应当填写实足年龄，新生儿、婴幼儿写日、月龄，必要时要注明体重。

⑥ 西药和中成药可以分别开具处方，也可以开具一张处方，中药饮片应当单独开具处方。

⑦ 开具西药、中成药处方，每一种药品应当另起一行，每张处方不得超过 5 种药品。

⑧ 中药饮片处方的书写，一般应当按照“君、臣、佐、使”的顺序排列；调剂、煎煮的特殊要求注明在药品右上方，并加括号，如布包、先煎、后下等；对饮片的产地、炮制有特殊要求的，应当在药品名称之前写明。

⑨ 药品用法用量应当按照药品说明书规定的常规用法用量使用，特殊情况需要超剂量使用时，应当注明原因并再次签名。

⑩ 除特殊情况外，应当注明临床诊断。

⑪ 开具处方后的空白处画一斜线以示处方完毕。

⑫ 处方医师的签名式样和专用签章应当与院内药学部门留样备查的式样相一致，不得任意改动，否则应当重新登记留样备案。

⑬ 药品剂量与数量用阿拉伯数字书写。剂量应当使用法定剂量单位：重量以克（g）、毫克（mg）、微克（μg）、纳克（ng）为单位；容量以升（L）、毫升（ml）为单位；国际单位（IU）、单位（U）；中药饮片以克（g）为单位。

片剂、丸剂、胶囊剂、颗粒剂分别以片、丸、粒、袋为单位；溶液剂以支、瓶为单位；软膏及乳膏剂以支、盒为单位；注射剂以支、瓶为单位，应当注明含量；中药饮片以剂为单位。

（四）处方的颜色

普通处方的印刷用纸为白色；急诊处方印刷用纸为淡黄色，右上角标注"急诊"；儿科处方印刷用纸为淡绿色，右上角标注"儿科"；麻醉药品和第一类精神药品处方印刷用纸为淡红色，右上角标注"麻、精一"；第二类精神病药品处方印刷用纸为白色，右上角标注"精二"。

二、处方调剂的操作规程

药学专业技术人员应按操作规程调剂处方药品：①认真审核处方；②准确调配药品；③正确书写药袋或粘贴标签，应注明患者姓名和药品名称、用法、用量、包装；④向患者交付处方药品时，按照说明书或处方用法，进行用药交代与指导，包括每种药品的用法、用量、注意事项等；⑤药学专业技术人员在完成处方调剂后，应当在处方上签名。

药师调剂处方时必须要做到"四查十对"，即：查处方，对科别、姓名、年龄；查药品，对药名、剂型、规格、数量；查配伍禁忌，对药品性状、用法用量；查用药合理性，对临床诊断。

（一）处方审核

当药师从患者手中接过处方时，药师应依据《处方管理办法》的具体要求，加强对处方的审核，尤其应注意检查用药的安全性、合理性、适宜性，并严谨规范地调配处方，以纠正正在发生或可能将要发生的不合理用药。

1. 人员要求

处方审核人员要具有药师或药师以上专业技术职称人员担任。

2. 收取处方

营业员在接待顾客时，遇到需要审核的处方，要及时将需要审核的处方交予处方审核人员。

3. 审核内容

处方审核人员接到处方后对处方进行审核，主要审核处方形式规范性和用药适宜性。

（1）处方形式规范性　药师应当认真逐项检查处方前记、正文和后记书写是否清晰、完整，并确认处方的合法性。

（2）用药适宜性　主要审核：规定必须做皮试的药品，处方医师是否注明过敏试验及结果的判定；处方用药与临床诊断是否相符；剂量、用法是否正确；选用剂型与给药途径是否合理；是否有重复给药现象；是否有潜在临床意义的药物相互作用和配伍禁忌；是否有其他用药不适的情况等。

4. 处方拒收

处方审核人员对项目不齐或字迹辨认不清的处方拒收，并告知顾客找开方医生补齐或书写清楚；对用量、用法不准确或有配伍禁忌的处方拒收，并告知顾客找开方医生更正或重新签名；对处方所列药品本店没有的处方拒收，并告知顾客找开方医生更换其他药品。

知识链接

计算机软件审核处方

近年来，随着电子处方医嘱系统的实施，计算机辅助在线实时审核处方系统也随处可见。例如合理用药监测系统、用药安全防火墙等软件系统。一般包括药品说明书分类查询、药物相互作用审查、药物过敏史审查、药物超剂量审查、重复用药审查、中药用药禁忌审核及查询等多种功能。

（二）处方调配

1. 人员要求

药师从事处方调配工作。

2. 处方调配的注意事项

① 调配处方前应仔细阅读处方所写的药品名称、剂型、规格和数量，按照药品的顺序逐一调配。有疑问时绝对不可猜测，可咨询上级药师或电话与处方医师联系。

② 调配药品时应检查药品的批准文号，并注意药品的有效期，以确保使用安全。

③ 药品调配齐全后，与处方逐一核对药品名称、剂型、规格、数量和用法，准确、规

范地书写标签。

④ 尽量在每种药品上分别贴上用法、用量、储存条件等标签，并正确书写药袋或粘贴标签。特别注意标识以下几点：药品通用名或商品名、剂型、剂量和数量；用法用量；患者姓名；调剂日期；处方号或其他识别号；药品贮存方法和有效期；有关服用注意事项（如餐前、餐后、冷处保存、驾车司机不宜服用、需振荡混合后服用等）；调剂药房的名称、地址和电话。

⑤ 对需特殊保存条件的药品应加贴醒目标签，以提示患者注意，如 2～10℃冷处保存。

⑥ 调配好一张处方的所有药品后再调配下一张处方，以免发生差错。

⑦ 核对后签名或盖名章。

（三）核查与发药

1. 核查

① 再次全面认真地审核一遍处方内容。

② 逐个核对处方与调配的药品、规格、剂量、用法、用量是否一致。

③ 逐个检查药品的外观质量（包括形状、色、嗅、味和澄明度）是否合格，有效期等均应确认无误。

④ 检查人员签字。

2. 发药

发药是处方调剂工作的最后环节，要使差错不出门，必须把好这一关。要逐一核对药品与处方的相符性，检查药品剂型、规格、剂量、数量、包装。发药时向顾客进行用药指导，告知每种药品的服用方法和特殊注意事项。

🌐 任务实施

《 任务描述 》

学生 4 人一组，分别担任审方人员、调配人员、复核与发药人员、患者角色，实训过程中 4 人轮换角色。请依据现有处方，完成处方调配操作。

《 任务目标 》

1. 能审核中药处方的各项内容，判断其合理性；

2. 能正确使用戥秤；

3. 能按照调配操作规程合理调配中药饮片处方；

4. 能按照复核、发药的要求对调配后的中药饮片进行复核、包装与发药。

《 任务准备 》

处方、调剂台、药橱、中草药、戥秤、包药纸（袋）或装药盘、捣筒、压方板、研钵、铁研船、拌缸、药筛、钢锉、镊子。

◀ 任务实施步骤 ▶

1. 审方

学生审查中药饮片处方，审查内容包括配伍禁忌、超剂量、处方应付、别名和并开药名、特殊处理的药物等。

2. 中药处方的调配

学生根据审方结果，使用正确中药饮片处方进行调配操作。

3. 复核与发药

按照处方复核内容要求对中药处方调配结果进行复核，复核后包装，并按照发药要求向患者发药。

◀ 任务评价标准 ▶

1. 戥秤使用准确、熟练、速度快。

2. 药品调配准确、快速。

3. 药品包装美观。

4. 用药指导准确。

5. 药品调配环节齐全、步骤准确、质量好。

◀ 完成任务提示 ▶

1. 注意处方药名与实际应付品种的正确性。

2. 注意药物的别名与并开药名。

3. 注意称量准确无误。

4. 注意称量顺序和摆放要求。

5. 注意特殊处理要求。

6. 用戥秤称量中药前要对戥，称量误差要符合要求。

7. 中药分剂量调配要按照减重称量法逐一称量，不可以估计分剂量。

✎ 课后作业

张大爷是药店的老顾客了，今天他拿着一张中药处方来到我们药店购买中药饮片。如果你是药店的营业员，你如何为张大爷提供服务？

任务 6　药品柜台销售

任务引入

小赵刚刚从某医药高专毕业应聘到某药店从事营业员工作。在上岗前药店要对她进行为期15天的岗前培训，她觉得很不理解。她认为，药店营业员就是负责销售药品，还需要培训什么呢？其实，药品的柜台销售，除了要具备药品的相关知识外，还有一定的步骤和技巧。

基本知识

药品柜台销售可以分为售前准备、药品销售、售后服务三个部分。

一、售前准备

充分的售前准备是营业员调整好营业工作状态的关键，也是顾客接纳营业员提供进一步销售服务的基础。

（一）个人准备

1. 要保持整洁的仪表

（1）仪容整洁　具体说来，要勤梳头洗手，要及时修面，要保持脸部干净。

（2）穿着素雅　店员的着装是顾客首先注意到的，由于药店店员的工作性质，不宜打扮得花枝招展，以免引起顾客的反感。所以店员的着装应以素雅洁净为好，统一着装，并佩戴工作牌。

（3）妆容清新　女店员可适当化些淡妆，以形成良好的自我感觉，增强自信心，同时也给顾客留下一个清新的印象。男店员要每天刮胡须，头发不宜过长，不宜留中分头。

2. 要保持良好的工作情绪

店员在上班的时间里要有饱满的热情、充沛的精力，在上岗前必须调整自己的情绪，始终保持一个乐观、向上、积极、愉快的心理状态。

3. 要养成大方的举止

在药店里，如果店员的言谈清晰明确、举止大方得体、态度热情持重、动作干净利落，那么顾客会感到亲切、愉快、轻松、舒适；反之，如果店员举止轻浮、言谈粗俗、动作拖沓、心不在焉，顾客会感到厌烦，只希望尽快离开。

（二）工作准备

1. 柜台人员

（1）清洁　负责各柜台相关责任区域的货架、灯箱广告位、装饰玻璃、商品摆放位、计量仪器、冷藏柜、咨询台、寄存柜、店内通道、天花板、柱墙、购物篮、推车以及顾客休息区域卫生。营业场地清理干净，做到通道、货架、橱窗无杂物、无灰尘。

药品柜台销售

（2）备货　复点过夜药品，所有商品补位、物料充填，检查各项商品是否归位、陈列妥当，保证商品正面朝外，件件明码标价，价签与之对应。药品陈列时要做到"清洁整齐、陈列有序、美观大方、便于选购"。药品标签要做到有货有价、货签到位、标签齐全、货价相符。

（3）检修　销售工具有电视、录像机、录像带、信号源和接线设备、产品手册、样品、计算机、计量仪器、复写纸、销货卡、笔、包装纸、剪刀、裁纸刀、绳子以及其他必备的辅助工具。助销用品有灯箱、POP、宣传品、促销品等。用品摆放整齐，如有破损和污损，需及时更换。

（4）辅助设备、设施准备　开放空调系统、自动饮水机等服务设施的电源开关。

2. 收银员

（1）清洁　确保收银区域内收银机、打印机、显示器、扫描仪等的洁净度。

（2）检修　保证收银机、打印机、显示器、扫描仪等服务机器正常运转。

（3）准备　查备用金、找零金是否足够，检查前日保险柜或钱箱等财物保管处有无异常；查前日各项报表是否填写无误，今日应传回或寄回公司的报表、资料准备情况；查备用票据是否够用；查当天营业购物袋、活动赠品等小件物品的准备情况。

3. 早会

开店前 3～5 分钟，由门店店长主持。早会的内容通常为服装礼仪检查、交代上一班遗留事宜、新人介绍、促销活动相关内容安排、今日工作事项说明及交办、服务用语练习等。

二、药品销售

一名普通的顾客在一个完整的购买过程之中，其心理活动一般经历如下八个阶段：注视阶段、兴趣阶段、联想阶段、欲望阶段、比较阶段、信心阶段、行动阶段、满足阶段。根据顾客购买药品时的心理变化，药店营业员必须辅之以适当的销售服务（如图 5-12 所示），才能很好地完成药品的销售。

一般来说，药品销售的基本步骤可分为八个阶段：待机、初步接触、药品展示和介绍、劝说、处理顾客异议、建议成交、收款、送客。

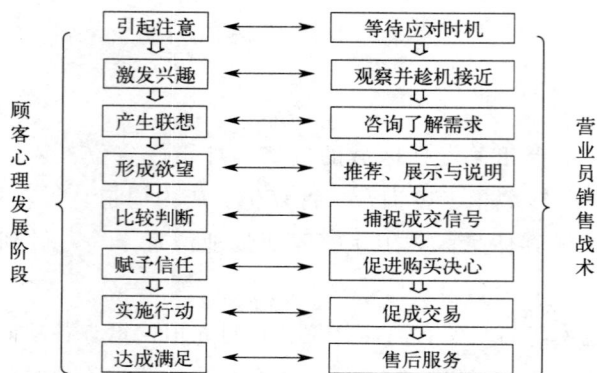

图 5-12 顾客心理发展阶段与营业员销售战术

（一）待机

所谓待机，就是药店已经营业，顾客还没有上门或暂时没有顾客光临之前，药店营业员边做销售准备、边等待接触顾客的机会。待机，是相对顾客"注视"这一心理阶段而产生的，在待机的过程中，不仅要想方设法地吸引顾客的目光，用整理药品、布置药店环境等方法引起顾客的注意，还要随时做好迎接顾客的准备。

1. 正确的待机姿势

将双手自然下垂轻松交叉于身前，或双手重叠轻放在柜台上，两脚微分平踩在地面上，身体挺直、朝前，站立的姿势不但要使自己不容易感觉疲劳，而且还必须使顾客看起来顺眼。另外，在保持微笑的同时还要以极其自然的态度观察顾客的一举一动，等待与顾客做初步接触的良机。

2. 正确的待机位置

正确的待机位置，是站在能够照顾到自己负责的药品区域，并容易与顾客做初步接触的位置为宜。通常，当只有一名药店营业员时，应站于柜台中央，两名药店营业员应分立柜台的两侧，三名药店营业员应均匀分开站立。

3. 待机的注意事项

① 暂时没有顾客时，不能无所事事，可以检查展区和药品、整理与补充药品或者做其他准备工作。

② 要时时以顾客为重。当药店营业员在整理药品时，应随时注意是否有顾客光临或走近，如果有，应立即停止手中的工作，微笑着主动上前打招呼，切忌对顾客视而不理。

③ 禁止出现不正确的待机行为。以下这些不正确、对顾客极不礼貌的待机行为要禁止出现：躲在药品后面偷看杂志、剪指甲、化妆；几个人聚在一起七嘴八舌地聊天，或是隔着货架与同事大声喧哗嬉笑；胳膊挂在药品上、货架上，或是双手插在口袋里，身体呈三道弯

状；背靠着墙或倚靠着货架，无精打采地胡思乱想、发呆、打呵欠；要么百般无聊地站在货架一旁，要么隔一会从衣兜掏出点零食放进嘴里；远离自己的工作岗位到别处闲逛；非常凝神或是不怀好意地观察顾客的服装或行动；专注地整理药品，无暇注意顾客。

（二）初步接触

顾客进店之后，营业员可以一边和顾客寒暄，一边和顾客接近，这一行动称为"初步接触"。

1. 初步接触的时机

（1）当顾客与你的眼神相碰撞时 当顾客光临药店或是在浏览药品的过程中与你的目光相对时，应主动地向顾客轻轻点一下头，用明朗的语气说"您好"，以表示重视顾客。

（2）当顾客四处张望，像是在寻找什么时 当顾客一走进药店或是在浏览过程中突然停下脚步，左顾右盼好像在寻找什么的时候，要赶快走过去向顾客打招呼："您好，有什么需要帮助的吗？"

（3）当顾客突然停下脚步时 在店内边走边浏览货架上和橱窗内药品的顾客，突然停下脚步注视某一药品的时候，是与其打招呼的最好时机。如果顾客已经找到某种想要的药品，但没有销售人员过来招呼他，那么这位顾客可能会走开，继续浏览别的药品。

（4）当顾客长时间凝视某一药品时 这个时候正是打招呼的良机。在与顾客打招呼时，要注意接近顾客时的角度，最好能与顾客面对面，并能兼顾到药品。然后轻轻地说："请问，有什么需要我帮忙的吗？"

（5）当顾客抬起头时 当顾客注视药品有一段时间后，突然把头抬起来，应当立即迎上前去，亲切而热诚地对顾客说："您需要感冒药吗？这些药的药效稍微差了一些，旁边那几种比较有效，您看……"

（6）当顾客主动提问时 顾客主动提问、询问有关药品的情况，说明已经有了比较明确的对象，在回答时，应详细地展开介绍。例如顾客问："这种药有瓶装的吗？"药店营业员回答："有，您看一下。"就这样，在问与答之间药店营业员不仅拉近了主客关系，而且还可以了解顾客的购买需求。

2. 初步接触的方法

（1）个人接近法 这是对经常光顾或曾经见过面的顾客较自然的接近方法。如果知道顾客的姓名，在接近顾客时，最好直呼其姓，那样会显得十分亲切，例如："尉姐，早上好，买药吗？"或"尉姐，您好，您上次问的那种药已经到了。"对于曾经接待过但未达成交易的顾客，可以说："您好，张先生，我见您已经是第二次来看那件药品了，如果您需要的话，我可以再为您介绍一些情况。"

（2）药品接近法 当顾客正在凝神看某一种药品时，这种方法被认为是销售中最有效的接近方法，因为通过向顾客介绍药品，可以把顾客的注意力和兴趣与药品联系起来。

例如，可用手指向那种药品和顾客搭话："您好，您正在看的那种药是新药，如果需要的话，我可以详细地介绍一下。"或"上午好，先生，您现在看的这些药品因为促销，价格比以前降了不少，其实它们都是很不错的名牌保健品，您要拿出来看一下吗？"这种扼要地介绍药品的方法使药店营业员获得了进一步与顾客交流的机会。当药品的某种特性与顾客的需求相吻合时，用这种介绍方法接近顾客十分有效，顾客也会认为这位药店营业员的经验非常丰富，从而乐意接受帮助。

（3）服务接近法　如果顾客没有在看药品，或者药店营业员不知道顾客的情况，那么最有效的方法就是用友好和职业性的服务接近法向顾客提供帮助。一般情况下，可以单刀直入地向顾客询问，例如："您好，请问需要帮忙吗？"

（三）药品展示和介绍

1. 药品展示

药品展示的目的是让顾客产生联想，刺激顾客的购物欲望。药品展示的方法主要有以下几种。

（1）示范法　这种方法就是关于商品的表演，例如医疗器械的功能演示，这是消除顾客偏见的最好方法。

（2）感知法　这种方法就是尽可能地让顾客触摸商品，让顾客实际感知商品的优点，以消除顾客的疑虑。对于 OTC 药和保健品可以开架式来展示，通过刺激顾客的视觉、听觉、嗅觉来激发购买欲望。

（3）多种类出示法　这种方法适用于顾客对具体购买某种商品无一定主见时，营业员可出示几种性能相近或价格相近的商品供其选择。但要注意，有时出示商品过多，会扰乱顾客思路，令其无所适从，最终只好放弃购物。

（4）逐级出示法　这是在顾客可能接受的价格段位上，先出示价格低的商品，再出示高档商品的方法，这种方法不仅适合那些想购买廉价商品的顾客心理，也会使想购买高档商品的顾客产生优越感。

2. 药品介绍

（1）介绍药品本身情况　据调查，消费者在购买药品时希望获得的信息集中在以下几个方面：药效或疗效信息、药品的副作用或安全信息、价格信息、药物品种信息、药品的服用方法。因此，在介绍药品本身情况时，主要从这几个方面进行介绍。

（2）针对顾客的需要来介绍　在介绍药品时，必须围绕顾客的需求来进行介绍。充分了解顾客的需求的方法：观察＋试探＋询问＋倾听。

① 观察顾客的动作和表情。采用观察法，切忌以貌取人。衣着简朴的人可能会花大价钱购买名贵药品，衣着考究的人可能去买最便宜的感冒药。因此，不能凭主观感觉去对待顾客，要尊重顾客的意愿。

② 试探推荐药品。通过向顾客推荐一两件药品，观看顾客的反应，就可以了解顾客的意愿了。

③ 谨慎询问。可以提出几个经过精心选择的问题有礼貌地询问顾客，再加上有技巧地介绍药品和对顾客进行赞美，以引导顾客充分表达他们自身的真实想法。

④ 耐心倾听。让顾客畅所欲言，不论是顾客的称赞、说明、抱怨、驳斥，还是警告、责难、辱骂，都仔细倾听，并适当有所反应，以表示关心和重视。从倾听中，了解顾客的意见与需求。

（四）劝说

经过一番详细说明之后，顾客对药品的特性、使用方法、价格等已经有了全面的认识，甚至会产生强烈的购买欲望。但是，大多数的顾客在这个阶段是不会很冲动地立即掏出钱包的，在他们的脑海中还会浮现出很多曾经看过或了解过的同类药品，彼此间做个更详细、综合的比较分析；有的顾客也可能只是有一些犹豫，不知道这个药品该不该买，买得值不值，在比较之后，也许有些顾客就不喜欢该药品了；也许有些顾客会立即做出购买决定；还有些顾客在这个阶段还是会犹豫不决，左思右想拿不定主意。因为顾客的"比较权衡"是购买过程中买卖双方将要达到顶点的阶段，所以在此时，应把握机会，提供一些有价值的建议给顾客，供其做参考，帮助顾客下购买决心。

1. 劝说的原则

（1）帮顾客比较药品　药店营业员要帮助顾客做药品比较，利用各种例证充分说明所推荐的药品与其他药品的不同之处，并对顾客特别强调此药品的优点在哪里。

（2）要实事求是　接待顾客一定要本着诚实的原则，因为药店营业员是在为顾客服务，而不是在向顾客强行推销。

（3）设身处地为顾客着想　药店营业员必须处处站在顾客的角度，为其利益着想，只有这样才能比较容易地说服顾客购买药品。

（4）让药品自我推荐　把药品自身的特点展示给顾客看，效果会更好。

2. 劝说的方法

针对顾客需求，把最符合顾客要求的药品利益向顾客推介十分重要。最有效的办法是利用特性（F）、优点（A）和利益（B），即"因为……，所以……对您而言"标准句式的方法。这种方法也叫FAB句式（利益推销法），是将所推销药品的特征转化为即将带给顾客的某种利益，充分展示了药品最能吸引和满足顾客的那一方面。

① F：特性（feature）。句式为："因为……"特性是描述药品的一些特征，是有形的，可以被看到、尝到、摸到和闻到。特性回答了"它是什么？"

② A：优点（advantage）。句式为："所以……"优点解释了特性如何能被利用，是无形的，不能被看到、尝到、摸到和闻到。优点回答了"它能做到什么？"

③ B：利益（benefit）。句式为："对您而言……"利益的陈述是将优点翻译成一个或者更多的购买动机，即告诉顾客将如何满足他们的需求。利益也是无形的，利益回答了"它能为顾客带来什么好处？"

（五）处理顾客异议

顾客异议，是指药店营业员在药品销售过程中遇到的各种阻力，即顾客对药店营业员、所推荐的商品、销售活动等所做出的怀疑、否定或反面意见等反应。

1. 异议的种类

（1）真实异议　是指顾客从维护自身利益出发，提出的对产品功能、质量、价格、售后服务等方面的质疑，是顾客不愿意购买产品的真正原因，又称有效异议。

如："这个药一盒7片，却要60多元，真是太贵了。"或者"这个药一天要服用4次，真是太不方便了。"

（2）虚假异议　是指顾客为了拒绝购买而故意编造的各种借口，是顾客对销售活动的一种虚假反应，又称无效异议。

例如："我再考虑考虑。""这种还行，就是服用太不方便。"（同种类的药品没有服用方便的）或"您说的和我们的情况不一样。"顾客的这种反对意见并不是决定药品好坏的重要方面，它只是顾客不想购买药品而找的借口。

2. 处理异议的方法

（1）先发制人法　在销售过程中，如果感到顾客可能要提出某些反对意见，最好的办法就是自己先把它指出来，然后采取自问自答的方式，主动消除顾客的疑虑。例如："您可能认为它的价格贵了一点，但这种药是同类型里最便宜的了。""您现在可能在考虑是否有副作用，不必担心，副作用的影响微乎其微。"

（2）自食其果法　对压价的顾客，可以采用这种方法。例如，某顾客说："你们的制度为什么那么死，不如别的商家灵活，你们能卖出去吗？"此时，要用肯定的语气回答："因为××药品是通过质量创建品牌，而不是通过销量创建品牌，药店一直认为没有一个严谨的、稳定的制度是不能制造出好的产品来的，也不能对顾客负责。您说呢？"顾客对药品提出的缺点成为他购买药品的理由，这就是自食其果法。

（3）摊牌法　在互相不能说服对方的情况下要掌握主动，可以采用反问的方式以表明自己的诚意，借此来答复顾客的反对意见，这样不仅可以获得顾客的好感，还可以使顾客不再纠缠这个问题。例如，顾客一再询问："我用这种药品真的那么有效吗？"可以笑着回答："您说吧，我要怎么才能说服您呢？"或"那您觉得呢？"

（4）归纳合并反对意见　把顾客的几种反对意见归纳起来成为一个，并作出圆满的答复，不仅会使顾客敬佩药店营业员的专业知识和能力，还会削弱意见产生的影响，从而使销售活动顺利进行。

3. 处理异议的要点

①弄清异议的原因；②理解顾客；③尽量说服顾客；④尽量不要争辩；⑤不要讲对手坏话；⑥顾客不买时不要冷落顾客。

例 1（循循善诱）：

顾客看完一种药后对药店营业员说："谢谢你刚才的介绍，我再看看其他的吧！"对于这种以推迟时间为借口的反对意见，必须要找出它背后的真正理由，可以适当询问："请问，您还要考虑什么问题呢？是不是我还有什么地方没有解答清楚？"或者"请问，是不是您对这种药还有其他更关心的地方？"就这样，用询问的方式可以帮助药店营业员揭开借口的烟幕，再次打开话题，推进销售活动。

顾客看到药店营业员这么诚恳，会说："我觉得这种药好是好，就是贵了点儿。"可以继续询问："您说它贵，那么请问您拿它和哪种药品相比呢？"顾客说："这种药和那种差不多，但是差着××钱呐。"

例 2（论证说明）：

在得到顾客的确切回答之后，要先肯定顾客的看法，随后提出问题，诱导其思考，让顾客自己排除疑虑，再摆出此种药与其他药之间的实际区别等事实，随后可以使用高价药品所拥有的更符合顾客需要的附加特性、优点和好处来说明此药品价格的合理性。采用论证说明的方法，实际上是把顾客眼里的缺点转化成优点，并作为他购买的理由。这种方法能把销售的阻力变为购买的动力。在说明事实时语气一定要坚决，因为这能让顾客感到信服，当然，先决条件是要对各种类的药品都熟悉。

（六）建议成交

1. 建议成交的信号

（1）语言上的购买信号

①话题集中在某个药品上时；②反复关心药品的某一优点或缺点时；③询问有无附件或其他赠送品时；④再三询问同伴对药品的意见时；⑤讨价还价，要求降价时；⑥开始关心买后的详情时。

（2）行为上的购买信号

①顾客的瞳孔放大，眼睛发亮时；②顾客突然沉默，不再发问，若有所思时；③同时索取几个相同药品时；④不停地把玩药品时；⑤非常注意药店营业员的动作与谈话时；⑥不断点头时；⑦热心翻阅目录时；⑧离开卖场后再度转回，并察看同一药品时；⑨东摸西看，关心药品有无瑕疵时；⑩当顾客观察和盘算不断交替出现时。

2. 建议成交的方法

（1）二选一法　这是促进成交最好和最常使用的一种方法。可以用含蓄的方式请顾客做一下选择，以促使其早做购买决定。但是一定要注意，是要让顾客选择购买哪种药品，而不是选择买还是不买。应该问："请问您是要那种呢？还是这边这种呢？""这两种的药效都差不多，我建议您不妨选这种便宜的，还是这个更实惠。"像这样稍加一点提示，就会帮助顾客很快地决定购买哪种药品了。

（2）请求购买法　以直接提问的方式来完成销售，这种方法只能在顾客有明确购买意向时才可以使用。例如："我现在给您开票，您看好吗？""把这个这样包起来好吗？"

（3）利用惜时心理法　可以利用"怕买不到"的心理，来促使销售成交。这种方法可以用在当药品的剩余数目不多，错过机会很难再买到的时候；也可以用在药品有销售时间限制的时候；还可以用在处于两难境地的顾客身上。

例如，顾客想买一种药，又觉得有点贵，正在犹豫不决之时，可以说："这种药不多了，下次您再来恐怕买不到了。"顾客因此下定决心购买。采用这种方法时一定要诚实，假如不是药品快要售完就不要这样讲，绝不能欺骗顾客。

（4）价格优惠法　当顾客对药品基本满意，可还是犹豫不决时，还可以在商店规定允许的情况下，采用价格优惠的办法鼓励顾客迅速做出购买决定。

（七）收款

必须做到唱收唱付，清楚准确，并让顾客知道药品价格，避免在货款结算方面与顾客发生不愉快。

（1）让顾客知道药品价格　开票之前，应将价格标签指给顾客看，并说出来："这种药是 150 元。"这样做能避免由于顾客看错金额而导致的纠纷。

（2）收到货款后，要将金额说出来　从顾客手中接过货款时，一定要说："谢谢您，您给我的是 150 元。"假如顾客所付的钱刚好和票据上的价格相符，则应说："谢谢您，您给我的刚好是 150 元。"

（3）最后点清　将钱放进收款箱前，应再次向顾客说："这种药是 150 元，您给我的正好。"

（4）找钱给顾客时，要再次确认　当将余额和票据交还给顾客时，要递到顾客手上，若递给顾客不方便，也可以将余额和票据轻轻地放在台子上，绝不能随便"啪"的一声扔在柜台上或收款台上。在找还的同时，应向顾客说："对不起，让您久等了，应收您 150 元，您给我的正好，请您收好票据。"这才算结束收款工作。

（八）送客

1. 对已购买药品的顾客

在顾客交回票据时不要急着把药品递到他手上，应该等顾客把余额和留底票据收进钱包之后，再以双手将药品恭敬地递给顾客。在送客的时候，要注意以下事宜。

首先，要怀着感激的心情诚心诚意地向顾客道谢："谢谢您，请慢走。"同时也可以有礼貌地请顾客向他人推荐此家药店和此种药品。

其次，要留心顾客是否忘记了他随身携带的物件，如皮包、雨伞、外套、帽子、手套、眼镜等。

最后，在送客过程中，要避免没等顾客离开就匆匆忙忙地收拾货架上的东西，仿佛要赶顾客走似的。

2. 对没有购买药品的顾客

对没有达成交易或是无意购买药品的顾客，应避免恼羞成怒、藐视对方，或是自暴自弃说自己真没用。正确的做法是要真诚地对顾客说："请慢走。"一个好的送客态度能为下一次接触顾客奠定良好的基础和创造条件，这些没有购买药品的顾客，也会因此再度光临。

三、售后服务

药品也是商品，同样存在着售后服务。一般药店的售后服务包括以下内容。

（一）送货服务

很多药店承诺对一些有特殊困难的顾客（老、弱、病、残客人），或是一次购物数量较大的顾客，可提供送货服务。有的药店还提供 24 小时免费送药活动。这极大地方便了广大消费者，但运行过程中需要注意：

① 要遵守承诺。无论明文还是口头，都应言而有信，认真兑现自己的承诺。

② 要专人负责。要组织专门的送货人员和车辆。

③ 最好免收费用。

④ 一定要在规定的时间内送达。

⑤ 要确保安全。在送货期间货物出现问题由销售单位负责，顾客须验收签收。

（二）代客加工

对于一些中药饮片，药店常提供代客加工服务，如一些中药饮片免费打粉、阿胶的免费加工等。代客加工需要注意：

① 要登记售后服务台账；

② 加工前药品的数量和质量要经顾客确认；

③ 认真细致加工，保证成品的质量；

④ 通知顾客或送货上门。

（三）退换货服务

我国《药品经营质量管理规范》中对药品的退换货做了明确规定：除药品质量原因外，药品一经售出，不得退换。

因为药品为特殊商品，退换回来后质量无法保障，假如有人将药品取出后换掉，再用高科技手段将瓶盖和包装恢复原貌，药店则难以识别和防范。即使消费者将药品买回去后没有拆封，但如果保管不当引起药品变质，也并非单看外表就可以发现的。要接受药品退换，必须有专业的人员和设备进行检测，相关成本较高，而且药店也难以承担全部销毁的成本损耗。

但有的药店，在药品没有拆封也不影响二次销售的情况下，也会在一定条件下允许退换货。如买完药品刚出店门，发现买错了，这时，有些药店允许消费者退换货。如果提供退换货服务，在退换货中要注意：

① 要坚持先换后退原则；

② 应该仔细检查是否本店售出和影响二次销售；

③ 若不能退换，应详细说明原因，请求谅解；

④ 无论情况如何，态度要始终保持热情。

（四）用药指导服务

药店应为消费者提供售后药品使用跟踪服务，适时提示消费者在药品使用过程中应注意的相关事项。同时，可设置专用咨询电话提供专业化的用药咨询，为消费者解决售后使用中出现的问题。

🌐 任务实施

‹ 任务描述 ›

学生 2 人一组，分别扮演营业员和顾客。根据顾客类型的不同，营业员能恰当接待顾客并体现药品柜台销售的 8 个步骤。

‹ 任务目标 ›

1. 能够进行药品柜台销售；
2. 能合理运用药品柜台销售 8 个步骤的相关技巧。

‹ 任务准备 ›

模拟药店、药品若干、店服等道具。

‹ 任务实施步骤 ›

1. 角色分配：一是营业员；二是顾客，包括探价的顾客、退换货的顾客、闲逛的顾客、犹豫不决型顾客、爽快型顾客、老年顾客、带小孩的顾客等。

2. 情景设计：①顾客拿不定主意；②顾客自有主张；③顾客结伴而来；④交易繁忙；⑤柜台缺货；⑥顾客退换货；⑦顾客探价；⑧老年顾客来买心脑血管药物；⑨顾客带 3 岁小男孩买药等。

3. 营业员接待顾客，销售药物。

‹ 任务评价标准 ›

1. 药品销售步骤准确。

2. 能做到"三声"服务。

3. 对各类顾客的接待合理，符合要求。

4. 服务礼仪符合规范。

◀ **完成任务提示** ▶

1. 待机：正确的位置、站姿、可以做什么。

2. 初步接触：适当的方法及时机。

3. 药品展示和介绍：在展示之前，要探询顾客需求；展示采用的方法，介绍药品内容。

4. 劝说：FAB 句式。

5. 处理顾客异议：注意缓冲。

6. 建议成交：采用的方法。

7. 收款：唱收唱付。

8. 送客：请顾客慢走。

课后作业

1. **案例描述**：药店里阳光明媚，一个顾客也没有，小李趁着这个时间给妈妈打电话，今天是妈妈的生日。正在通话期间，一位妇女走进药店，对小李说："请问，有阿司匹林吗？"小李对她笑了笑，说："请稍等，我打完电话就给你拿。"妇女等了一会儿，看小李还没有打完电话，就转身离开了药店。小李很困惑："嗯？她怎么走了呢？我态度很好啊？"

请你分析一下，顾客为什么离开了药店？小李接待得是否合适？

2. **案例描述**：一位顾客走进药店，刚一进门，营业员就热情地说："您好！请问你买什么药？"顾客说："我随意看看。"于是顾客就随意看起来。营业员热情地跟在顾客的后面，一边走还一边问："你到底要买什么药啊？"顾客没有回答她的问话，转身离开了药店。

请你分析一下，顾客为什么离开了药店？营业员接待得是否合适？如果是你，你认为什么时候与顾客进行初步接触比较合适？

3. **案例描述**：一位顾客走进药店，问营业员："有消炎药吗？"营业员热情地说："您好！有消炎药。"一边说一边从柜台中拿出一盒消炎药来。顾客问道："多少钱？"营业员回道："68.5 元。""有便宜一点的吗？"顾客又问道。营业员回道："有，45.8 元。"营业员又拿出另外一种消炎药给顾客看。她看顾客仍然没有购买的意思，知道顾客对这种消炎药还是不太满意，于是又拿出一种消炎药说："这种效果也很好，才 26 元。"顾客看看说："谢谢，我再看看。"转身离开了药店。

请你分析一下，营业员进行药品展示的时候使用了什么展示方法？她使用得是否合适？如果是你，你应该怎样进行药品的展示？

4. **案例描述**：一位顾客到药店来买降压药，营业员给他推荐了硝苯地平缓释片。顾客问她："为什么这种药物要比普通的降压药贵很多呢？"营业员支支吾吾说不清楚，只是强调这种药物价格贵是因为质量好的缘故。顾客最终没有购买任何药物，转身离去。

请你分析顾客没有购买的原因，如果你是营业员，你如何劝说顾客购买硝苯地平缓释片？

5. 案例描述：一个顾客惴惴不安地走进店里，进门就说："对不起……"营业员殷勤地跟她打招呼："欢迎您光临！"顾客忐忑不安地说："非常抱歉，昨天在你们这里买的这个药，回去以后才知道，我女儿过敏，不适合用这种药，我不知道能不能退换……"营业员的脸一下就沉了下来："哦，要退货呀……好吧，让我先看一下。"他拿起药品，仔细地检查有没有使用过，有没有沾上污点，直到挑不出毛病了，才说："好吧，药品我收回来，但是您至少要找其他什么药品替换……"顾客为难地说："上次就是因为对药品知识不懂才买错的，还是先让她到医院看看吧。您能不能退现钱？下次我会再上这儿……"营业员不情愿道："好了好了，就退给你吧，下不为例！"

营业员接待得是否合适？如果你遇到这样的顾客，你将如何接待？

任务 7 药学服务

任务引入

小张是某某药店的营业员，她在药店已经工作 3 个年头了。今天来了一个患者，她抱怨说前几天在另一家药店购买的鼻喷剂没有效果。在仔细询问后小张发现原来患者使用鼻喷剂的方法不当，没有在按压喷雾器的同时吸气，因此药物没有达到有效作用部位，而贻误了病情。如果药师在发药的同时能提供有效的用药指导等药学服务，就不会造成患者身体上和经济上的双重损失。

基本知识

零售药店药学服务就是指零售药店的从业人员运用专业知识，向顾客提供合格的药品及以药物治疗为目的相关服务，包括与药品销售相关的安全用药与有效用药指导、疗效和不良反应的监护，以及药品销售之外的疾病治疗指导、健康教育等。

一、药学服务的目的

1. 提供安全的治疗药物

药学人员能够提供合格的、优质的药品，无论是在内在质量还是在外在包装上。

2. 提供有效的治疗药物

药学人员对药品的适应证、作用机理、作用途径、配伍禁忌等都有全面的了解，能够通过患者的病症来提供有效的治疗药物，并善于发现医生处方中的不合理用药，提出改进建议。

3. 提供经济的治疗药物

药学人员能够向患者提供既经济又能提高生存质量的疾病治疗方案，从而大大降低疾病的治疗费用。

4. 提供合法的治疗药物

药学人员能够在国家有关法律法规的基础上，建立一套贯穿药品采购、储存、调配全过程的高效、合理、合法的管理制度和操作规范，大大提高药学服务水准。

二、药学服务的对象

药学服务的核心是患者，注重关心或关怀，要求药学人员在药物治疗过程中，关心患者的心理、行为、环境、经济、生活方式、职业等影响药物治疗的各种社会因素，利用自己的专业知识和技术来尽量保证对患者的药物治疗能获得满意的结果。

三、药学服务的内容与要求

（一）药学服务的内容

主要包括用药咨询，处方审核、调配、核对，用药指导，药品拆零，药品不良反应信息收集，跟踪随访，向顾客提供安全、有效、经济、合理的药品。

（二）药学服务的要求

1. 人员要求

企业应当按照国家有关规定，配备执业药师或药学技术人员，从事药学服务活动。药学服务人员数量应当与企业经营范围、经营规模、药学服务需求相适应。

2. 设施设备

企业应当设置专门的药学服务台或服务室，并有明显标识。药学服务环境应当明亮、整洁、卫生，并有利于保护患者隐私。企业应当配置必要的药学服务设施设备，为顾客提供身高、体重、体温、血压测量等便民服务。通过专用电话、互联网等方式为顾客提供用药咨询、售后投诉等药学服务。

3. 用药咨询

药学服务人员应当为顾客提供用药咨询服务，告知顾客以下事项：仔细阅读药品说明书；处方药必须严格按照医嘱服用；服药期间饮食注意事项；出现药品不良反应或者身体不适时应当立即停止用药，保留剩余药品及相关票据资料，向企业或药品监督管理部门反映，并及时就医就诊；按照药品说明书载明的有效期和贮藏要求保存药品；其他需要告知顾客的事项。

4. 处方审核、调配、核对

销售处方药时，执业药师应当负责处方审核，对处方所列药品不得擅自更改或代用，对有配伍禁忌或超剂量的处方，应当拒绝调配，但经处方医师更正或重新签字确认的，可以调配。

调配处方后，药学服务人员应当对照处方，核对药品名称、规格、剂型、数量、标签以及顾客姓名、性别、年龄等信息，确保无误后方可销售。

5. 用药指导

药学服务人员应当按以下要求为顾客提供个性化用药指导服务，充分告知顾客药品性能、适应证、用法用量、不良反应、禁忌、注意事项、有效期、贮藏要求等信息，帮助顾客正确选择、使用药品。不得夸大药品疗效；不得将非药品以药品名义向顾客介绍和推荐；根据药品说明书，结合顾客表述的疾病症状、用药过敏史等情况，可向顾客合理推荐非处方药；销售乙类非处方药时，应当根据顾客咨询需求，提供科学合理的用药指导；销售甲类非处方药和处方药时，应当主动指导顾客合理用药；对近效期药品，应当提醒顾客使用期限；对光、温度敏感的药品，应当提醒顾客贮藏要求；其他应当提供的用药指导服务。

6. 药品不良反应收集

企业应当关注药品监督管理部门发布的药品不良反应警示公告，按照国家有关药品不良反应报告制度的规定，收集、上报顾客提供的药品不良反应信息，及时处理和反馈顾客对药品质量的投诉。

7. 跟踪随访

用药对象为儿童、老人、孕妇、哺乳期妇女、过敏体质、肝肾功能不全和慢性疾病患者等人群的，药学服务人员应当进行重点关注，防止用药意外发生。必要时，对顾客用药情况进行跟踪随访，提供后续药学服务，指导顾客健康生活。

企业应当至少对上述人群建立用药档案和药学服务记录。药学服务记录应当至少包括日期、对象、服务内容等事项，记录至少保存 5 年。

（三）药学服务的拓展

药学服务还包括其他拓展服务，能够拓宽药学服务的内涵，展现企业的特色，提升企业的知名度和竞争力。

1. 建立药历制度

对有高血压、糖尿病及哮喘等慢性病的患者要建立药历档案。药历是指为消费者建立的用药档案，内容包括消费者的一般资料、家庭史、嗜好、过敏史，以及历次用药的药品名称、剂量、疗程、不良反应记录等。药历制度的建立有利于患者的以后治疗，提高患者的依从性，能够保障用药者的安全、有效、经济，还可增进与患者的关系，提高药学服务水平。

2. 建立回访制度

建立消费者回访制度是药学服务的又一重要环节。通过电话或上门服务，对老顾客进行问候，既加深联系和友情，又对消费者用药后的情况进行反馈，及时了解用药效果，监测药品潜在的不良反应等。

3. 提供健康护理服务

零售药店（连锁）是服务导向的经营行业，消费者对药学服务的期望也会越来越高，而高质量的药学服务应体现在促进消费者健康意识和生活质量的全面提高上。因此，零售药店（连锁）的传统功能可以扩展到为社区提供健康护理服务的领域中，如举办健康教育讲座、合理用药宣传、整理家庭小药箱等活动，向顾客提供疾病科普宣传、健康常识、用药常识、疾病预防和保健知识，引导顾客科学、合理使用药品。

🌐 任务实施

〈 任务描述 〉

学生2人一组，分别扮演营业员和顾客。根据顾客主述病症，问望后售给对症的非处方药物，并指导顾客合理用药。

〈 任务目标 〉

1. 掌握用药咨询与指导的基本程序和注意事项；
2. 能够根据本药店现有非处方药物进行合理推荐。

〈 任务准备 〉

模拟药店、药品若干、店服等道具。

〈 任务实施步骤 〉

1. 角色分配

（1）营业员。

（2）顾客。

2. 情景设计

（1）患者为学生，最近学习紧张，过度疲劳，昨天又淋雨，先头痛、嗓子干、全身不舒服，怀疑是感冒，想买抗感冒药。

（2）患者是男性，30岁，前几天患感冒，现感冒症状已消失，但出现频繁咳嗽，有痰。拟购一种止咳祛痰药。

（3）患者女性，32岁，一年前下岗在家，经常为家庭生活与前途发愁，晚间入睡困难，多梦，白天精神疲乏，感觉昏昏沉沉，怀疑神经衰弱。

（4）患者小儿，4岁，厌食，希望买一种助消化药。

（5）患者女性，45岁，经常出现胃部不适，上腹疼痛，还有些恶心，吐酸水，不想吃东西，想买胃药。

（6）患者女性，16岁，自觉双眼奇痒，畏光、流泪、有异物感，想买对症的眼药水。

（7）患者男性，55岁，粪便干结及排出困难，伴有下腹部膨胀感，寻求相关药物。

（8）患者男性，28岁，脚趾间糜烂，流黄水，刺痒难忍，怀疑是脚癣。

（9）患者男性，32岁，咽部干、疼、有异物感，多痰，热饮时咽疼，怀疑是咽炎，拟选消炎药。

（10）患者男性，24岁，全身出现风疹块，瘙痒难耐，自觉过敏，要求买一种抗过敏药。

3. 进行用药指导

营业员接待顾客，根据顾客主述病症，问望后售给对症的非处方药物，并进行用药指导。

◁ 任务评价标准 ▷

1. 态度和蔼亲切，语言通俗，气氛融洽。
2. 问病要点清楚、全面。
3. 疾病判断准确。
4. 能准确说出所推荐药物的依据、使用注意事项。

◁ 完成任务提示 ▷

1. 问病内容：问病症、问病前、问病后。
2. 问病态度要和蔼亲切，语言通俗。

课后作业

某女患者，24 岁，怀孕 3 个月，今日因扁桃体发炎，来药店买药。如果你是药店营业员，你如何对该患者进行用药指导？

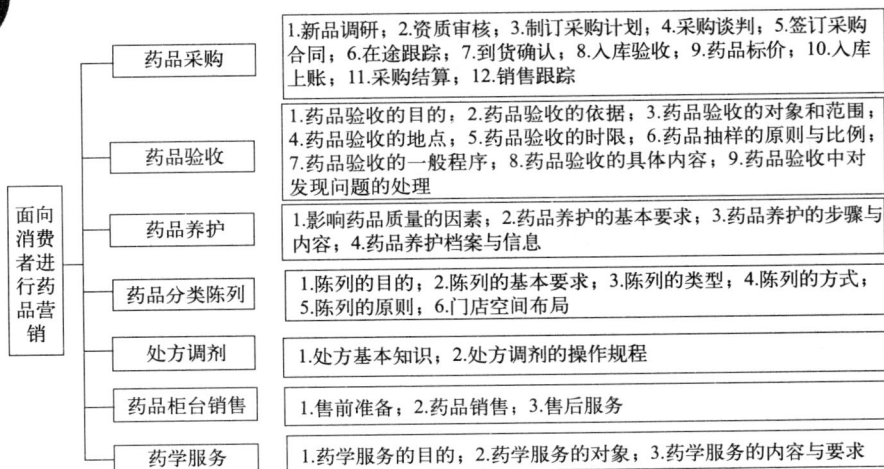

药品线上营销

教学导航

学习目标	知识目标： 1. 了解网上药店的开办意义 2. 了解国内外网上药店开办的概况 3. 熟悉网上药店的开办条件和开办流程 4. 熟悉网上药店开办的常见模式 5. 掌握网上药店开办的基本流程、方法及技巧 能力目标： 1. 能够准备申请网上药店的材料 2. 能够正确认识网上药店与实体药店的差异 素质目标： 1. 遵守药品法律、法规、规章、标准和规范 2. 具备依法诚信经营、保障药品质量安全的意识
学习重点	1. 网上药店开设的意义 2. 网上药店申请流程 3. 网上药店的售后服务
学习难点	网上药店申请流程
教学方法	案例分析法、实际操作法、小组讨论法
建议学时	8 学时

医药电商市场分析

网上药店是伴随着电子商务技术而发展起来的药品服务平台，一方面，网上药店能有效拓宽医药企业的销售渠道；另一方面，网上药店能有效降低成本；此外，网上药店能更好地提供个性化医药服务。

2013 年我国网上药店市场药品销售额仅 13 亿元，2020 年销售额达 243 亿元，年均复合增长率为 51.94%。据米内网统计数据，2021 年我国网上药店市场药品销售额达 368 亿元，同比增长 51.49%。

从实现销售额的药品类型分布来看，化学药的市场份额最大，2021 年占比为 60.48%；中成药销售额占比为 29.82%。

从药品处方药/非处方药分布来看，处方药（Rx）的市场份额最大，2021 年占比为 65.4%；非处方药（OTC）销售额占比为 25.91%。

从企业发展情况来看，目前我国一些电商巨头在网上药店领域发展迅速。此外，一些药店龙头企业也逐步布局线上业务，发展网上药店。

▽ **基本知识**

> **知识链接**

电子商务

电子商务是以信息网络技术为手段，以商品交换为中心的商务活动；或者说是在互联网（Internet）、企业内部网（Intranet）和增值网（Value Added Network， VAN）上以电子交易方式进行交易活动和相关服务的活动，是将传统商业活动各环节电子化、网络化、信息化的一种商务模式。

电子商务过程中买卖双方不谋面而进行各种商贸活动，实现消费者的网上购物、商户之间的网上交易和在线电子支付以及各种商务活动、交易活动、金融活动和相关的综合服务活动，是一种新型的商业运营模式。

一、医药电商市场概述

医药电子商务简称医药电商，是医疗机构、医药公司、银行、医药生产商、医药信息服务提供商、第三方机构等以营利为目的的市场经济主体，凭借计算机和网络技术（主要是互联网）等现代信息技术，进行医药产品交换及提供相关服务的行为。

通过电子商务技术，建立起来的覆盖整个医药购销过程的虚拟市场，能够使药品流通中的买卖双方平等地面对一个公平透明的市场渠道，而在这个渠道中进行的所有的药品购销行为都会被现代化的信息采集手段记录下来，并经过相应的信息处理后成为各级相关政府部门执法监督的依据。这样一种市场渠道以及相应交易模式的形成，不仅可以提高药品流通的效率，降低药品流通的成本，还对规范我国药品生产、流通、销售中的不正当竞争行为有着重要的意义。

在我国，医药电商市场具有以下基本特征：

① 交易过程全部或部分在网络环境下完成，但是参与交易的主体必须通过权威机构实名认证。

② 交易双方必须具备符合法律法规要求的资质。

③ 交易范围、交易行为与方式等均必须完全符合法律法规要求。

近年来，随着习近平新时代中国特色社会主义思想和党的二十大精神的深入贯彻，我国医药电子商务迎来了蓬勃发展的机遇。作为一种新兴业态，医药电子商务以其高效、便捷、智能的特点，正成为推动医药行业创新发展的新引擎。

安全是发展的前提，医药电子商务在维护消费者权益方面发挥着重要作用。医药电商通过创新的监管模式，建立了全程追溯、信息公开的体系，加强了对医药产品质量的监管，保证了消费者权益。同时，医药电商平台积极引进第三方监测机构，加强对商家的审核和评估，打击假冒伪劣产品，维护市场秩序，为消费者提供了放心的购物环境。

二、医药电商分类

2017 年之前，我国网上售药必须要具有《互联网药品交易服务资格证》。这是由原国家食品药品监督管理局给从事互联网药品交易服务的企业颁发的资格证书，分为 A、B、C 三种。自 2017 年起，A、B、C 三证已相继取消，这为医药电商的发展带来了极大的便利。医药电商 A、B、C 证取消后，医药行业的资质证书现在改为《互联网药品信息服务资格证书》（见图 6-1）。自 2020 年 5 月 1 日起，互联网信息服务审批由各省（区、市）业务系统进行办理。

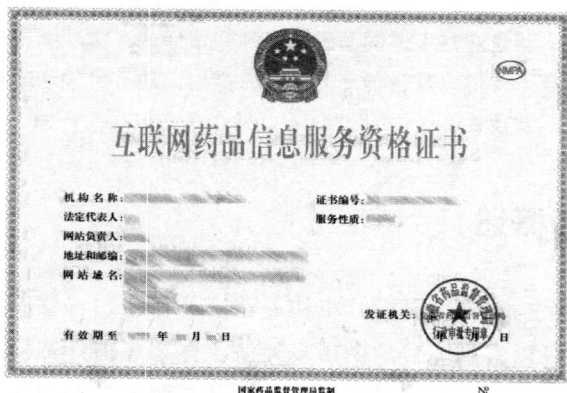

图 6-1　互联网药品信息服务资格证书

医药电商可以分为四类：

1. 企业对消费者的电子商务（Business to Consumer，BtoC 或 B2C）

指的是网上药店和消费者之间通过互联网进行的交易，即网上药店将产品直接卖给消费者。网上药店的经营主要分为两种：入驻型和自建型。入驻型网上药店需要有《药品经营许可证》（见图 6-2）。自建型网上药店是由企业自建网站卖药，需要具有《互联网药品信息服务资格证书》和《药品经营许可证》。除此之外，还要有 ICP 许可证，以及医疗器械销售许可证等。ICP 许可证是网站经营的许可证，经营性网站必须办理 ICP 许可证，否则属于非法经营。B2C 医药电商经营的药品主要有保健品、非处方药和处方药三个类别。其中，处方药医药电商是最有发展前景的。

图 6-2　药品经营许可证

2. 企业对企业的电子商务（Business to Business，BtoB 或 B2B）

指的是企业和企业之间，通过互联网进行商品、信息和服务的沟通交换。B2B 医药电商模式是把传统的医药采购转移到互联网上，将供需两端的系统打通，通过互联网工具提高效率、节约成本。

3. 企业对政府机构的电子商务（Business to Government，BtoG 或 B2G）

指的是企业对政府机构，包括企业与政府机构之间所有的事务交易。随着医改各项政策的持续深入，药品市场的发展趋势将会是价格越来越低，市场准入门槛越来越高，医院使用越来越严，医生处方越来越难。药企已经不是过去那样派出医药代表和某个医院或医生谈合作，而是医药行业和整个国家的医改政策在谈生意。例如，政府划定一定范围的招标目录，各地在总目录的基础上再遴选地市一级的采购目录，最后医院或联合体再勾选需要的药品进入医院。自 2018 年国家医保局组建以来，我国通过带量采购已累计降低药品耗材费用超 4000 亿元。

4. 消费者对政府机构的电子商务 （Consumer to Government, CtoG 或 C2G）

指的是消费者对政府机构的电子商务形式。例如，消费者向政府管理部门投诉药品质量问题，而政府管理部门效仿商业服务模式，通过网络进行投诉的处理。

目前，医药电子商务主要采取 B2B 和 B2C 两种模式。而 B2B 是医药电子商务的主要方式。

三、医药电商的发展趋势

医药电商正是在"创新、协调、绿色、开放、共享"理念的引领下，迅速崛起并取得了长足发展。医药电商的发展也推动了社会的协调发展。医药电商通过在线销售渠道，打破了传统医药流通中的地域限制，促进了医疗资源的均衡分配。人们可以通过医药电商平台获得全国各地的医药产品，尤其是一些偏远地区的居民也能够享受到优质的医疗服务。

医药电商作为数字化交易方式，代表了当今和未来的贸易方式、消费方式和服务方式，医药电商行业正迎来巨大的机会。开放处方药电商和打通互联网医院在线医保支付必将使亿万元的医药市场迎来巨变。

1. 医药电子商务 B2B 将快速增长

在市场交易规模方面，2016～2021 年间，医药电商 B2B 市场增长迅速，到 2019 年，B2B 模式交易规模突破千亿元。2020 年之后，电商购药成为许多消费者的首选，而医药电商 B2B 则趁势而起，实现高速增长，2021 年市场规模达到 2072 亿元。因此可以预见，在政策与市场不断完善的综合作用下，中国医药电商 B2B 市场规模将会继续扩大。到 2025 年，预计将达到 3758 亿元。

在市场成长性方面，目前医药电商 B2B 服务的对象多为药店、诊所、民营医院等，未来院外市场发展迅速，采购量大幅增加，医药电商 B2B 市场规模将进一步扩大。

在行业进入方面，未来医药电商 B2B 将进入成熟发展阶段，行业巨头越来越有进入优势。先进入者将会占据大量客户资源，后进入者则需要投入更多的人力、物力、财力来获取大量用户与先进入者分一杯羹。这必将会对中小企业的发展造成难以解决的困难。即使进入，形成稳定的流量也会非常困难。医药电商 B2B 行业体现的是明显的马太效应。

2. 医药电子商务 B2C 前景广阔

B2C 模式是医药电商最为引人注目的领域，因为个人或多或少会接触到 B2C 的平台。目前，B2C 发展有以下几个特点。

（1）网上药店从大城市向小城市延伸　从地理分布上看，我国医药电子商务逐步由经济发达的大城市和沿海城市向中小城市和内陆城市延伸。

（2）医疗体制的改革促进网上药店的发展　中国医疗体制改革带来医药分业、建立职工医疗保险制度、颁布国家基本用药目录清单、实行处方药（Rx）和非处方药（OTC）分类销售等变化，结合我国网络基础设施和网民数量的发展态势，可以预见我国 B2C 医药商务将是一个潜力巨大、商机无限的领域。

（3）处方药在网上药店的占比快速提升　近年来，国家不断出台推动药品零加成、国谈药品"双通道"、慢性病长处方等处方外流政策。线下药店和医药电商作为处方外流的承接方将获得巨大的利益。根据中康 CMH 数据，B2C 市场处方药销售额占比从 2020 年的 14％增加到 2021 年的 22％，提升 8 个百分点，同期 OTC 药品占比下降 3 个百分点。

3. 建立覆盖全行业的独立的第三方医药电子市场

利用电子商务手段建立现代化的医药虚拟市场，是对医药市场健康发展的一种促进。医药电子市场独立于任何政府部门，相关政府机构对医药电子交易市场的管理主要体现在事前的资格认定和事后的监管，政府部门不直接参与市场平台的运营。同时，基于公平交易的原则，市场平台的运营者不应该与医药交易的收益直接挂钩。所以市场平台的运营者不应该是医药交易的双方，而应该由独立的第三方来承担，并通过提供与交易相关的服务获取利润。

4. 培育完善的第三方物流

第三方物流是指由货物的供方和需方之外的专业物流服务企业去完成物流服务的物流运作方式。成熟的电子商务模式需要完善的物流配送体系与之配套。

医药市场第三方物流企业提供服务质量的好坏，不仅关系到需方及供方，还将直接影响到广大患者的利益。所以，我国政府必须对医药市场的第三方物流企业进行合理管理、正确引导和适度监督，使物流工作健康、有序地开展。

医药电商的发展趋势充分体现了习近平新时代中国特色社会主义思想以及党的二十大精神。医药电商通过坚持创新、协调、绿色、开放、共享的新发展理念，为人民群众提供了更加便捷、高效的医疗服务，推动了医药行业的发展和国家医疗卫生事业的改革。

🌐 任务实施

‹ 任务描述 ›

学生通过对网上药店进行分析，确定其所属电商类型，并对其运行模式进行分析，对其前景进行预测。

‹ 任务目标 ›

1. 培养学生对不同类型的医药电商进行区分的能力，对不同的工作内容进行分析和策划的能力，根据当前的医药及市场政策法规对不同类型医药电商的前景进行预测的能力。

2. 使学生了解医药电商的类型，能够明确自身的职业生涯规划。

3. 提升学生对数据资料进行总结分析的能力。

<< 任务准备 >>

1. 在教师指导下，每组选择不同营销模式的网上药店各两家。
2. 查找相关药店的资料，模拟网购并保留所有数据。

<< 任务实施步骤 >>

1. 每组准备医药电商类型分析的相关资料，对相关资料进行比对和总结。

2. 通过查找相关药店的资料、模拟网购等方式，获取该药店的实际运营流程。

3. 总结不同模式下的网上药店运营中的不同之处，并对该模式下的药店前景进行分析和预测。

4. 对相同模式的网上药店进行比对，找出各自的优点和不足之处，并提出整改意见。

5. 每组完成一份实训总结报告。

<< 任务评价标准 >>

任务评价标准见表 6-1。

表 6-1   任务评价表

序号	评价点	评分项目	组内评分	组间评分	教师评分
1	网店的选择	是否符合不同模式各两家的要求			
2	资料的搜集	①是否按类型分清各药店的资料,资料数量是否充足; ②是否完成模拟网购,资料是否完整			
3	任务完成情况	①是否完成相同模式药店的比对; ②是否完成不同模式药店的运营比对; ③是否完成比对资料的分析和整理; ④是否对药店的运营前景进行预测; ⑤是否按要求完成实训总结报告			

<< 完成任务提示 >>

网上提交小组任务完成清单和实训总结报告，标明每一环节的参与者和总结报告的主要撰写人。

✎ **课后作业**

1. 我国医药电商有哪些特征？
2. 医药电商有几种不同类型？各有什么特点？
3. 我国医药电商的未来发展趋势如何？如何能使医药电商更好地获利？

任务 2　开设网上药店

任务引入

随着互联网的普及，外部环境和政策环境的加速聚集，网上药店迎来高速发展的黄金期。米内网数据显示，2022上半年中国网上药店终端药品销售额已超过230亿元。网上药店快速扩容的同时，国家也逐步出台相关管控新规。

基本知识

网上药店也称虚拟药店或电子药店，是指企业依法建立的，能够实现与个人消费者在互联网上进行医药商品交易的电子虚拟销售市场，是医药电子商务的一个分支，其主要功能是网上药品零售和在线药学服务，消费者可以24小时全天候享受购药的方便。同其他网店一样，网上药店也是借助互联网平台，让人们在浏览网页的同时，足不出户地买到自己需要的药品。与其他网店不同的是，凡是向个人消费者提供零售药品的网上药店，首先应当是实体药品零售连锁企业，符合自建网站审批管理规定。所有取得在网上售药资质的企业，都应该在自己网站的醒目位置上标注资格证书编号，供消费者查询核实。网上药店是在电子商务高度发达的时代应运而生，是医药电子商务发展的产物，在为商家盈利的同时，也为消费者提供了便利。从事药品网络销售的应当是具备保证网络销售药品安全能力的药品上市许可持有人或者药品经营企业。

一、网上药店开设的意义

1. 网上药店方便快捷

网上药店随时为消费者提供服务，使其无时间和地域差异地享受所需要的方便。当消费者确定自己要购买的药品时，只需在网络上输入药店地址、购药品种和数量以及支付方式等信息，药品就会送到消费者手里。这种方式大大方便了那些不便出门或者位置远离药店的人，特别是一些老人和残疾人，使其可以买到更多的药物，方便快捷地满足了消费者对药品的需求。

2. 网上药店具有价格优势

药品的零售价格是药品的成本与药店利润之和。药品的成本高，在利润不变的情况下，其售价必然会高。药品成本的高低不仅仅是药品本身的制造成本，还包括很多因素。例如，药店的房屋租金、门店装修、员工工资、工商税务费用、库存投资等。在一定时期内，药品自身的制造成本是相对固定的，那么降低附加于其上的其他成本，就可以使药品的总成本下降，从而达到降低药品价格的目的。有时网上药店的价格优惠率可以达到30%。

3. 网上药店可以有效地保护消费者的隐私权

网上购药采用的是一种基于客户服务软件系统的人机互动的模式，没有第三方的参与，顾客可以在家中更加隐蔽地购买药品和与医师进行咨询，其个人身份以及交易的内容都得到了很好的保密。

4. 网上药店药品种类多

实体药店由于经营场地的限制，药品一般不是很齐全，只能买到日常所需的一些常用药品。所以比起实体药店，网上药店品种要更为齐全（图 6-3）。一些实体零售药店较难见到的非处方（OTC）药品以及一些医疗器械，消费者可以在网上药店购买到。即使是某一家网上药店没有消费者要购买的产品，只要消费者在互联网上进行搜索，便能足不出户地在其他的网店找到所需要的此种产品，比起实体药店一家家地寻找所需要的产品，将会节省消费者极大的精力。

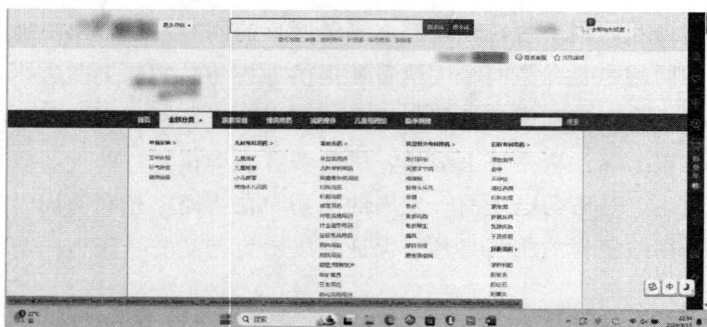

图 6-3　品种齐全的网上药店

5. 消费者可以通过网上药店购买处方药

一直以来，处方药主要在线下医疗机构销售，这限制了行业的发展。2022 年 9 月 1 日，国家市场监督管理总局发布了新的《药品网络销售监督管理办法》，该办法从 2022 年 12 月 1 日起施行。按照这次新规，网售处方药已被允许销售（图 6-4）。但是，该办法也规定，疫苗、血液制品、麻醉药品、精神药品、医疗用毒性药品、放射性药品、药品类易制毒化学品等国家实行特殊管理的药品不得在网络上销售。

6. 消费者容易获得性价比最合理的产品

互联网为消费者提供了强大的药品搜索引擎，用最快捷的方式满足消费者的药品搜索和购买需求。消费者可以通过不同药品、不同病症、不同科室分类进行导航，十分方便、快捷地找到自己需要的药品。再通过对多家药店进行同类产品的比较，从中筛选出性价比最合理的产品。特别是第三方交易平台下，同一种药品在多家药店不仅有价格对比，同时还有各家药店的销售量对比，以及购买者的评价。消费者可以将这些信息汇总整理，以确定哪一家的

图 6-4　网上药店的处方药

产品是自己最终要购买的。如果把这些网上药店改为实体药店，短时间内获取如此大量详细的信息几乎是不可能的。

7. 消费者更容易获得药品说明书

网上药店里的产品都有很详细的说明书，一般情况下，消费者可以自行从中获得所需要的信息。同时网上药店一般都聘请了专业的医生、药师，有的还直接在线连接了专业医院，实现 24 小时的在线服务。消费者在购买药品时既可以咨询医生，也可以在网上搜索该药品的使用方法、治疗效果以及可能出现的副作用等信息，保证用最安全正确的方式用药。

8. 网上药店潜在的消费者数量庞大

网络交易由于不受时间、地域的限制，其潜在的消费者群体庞大，可以说所有的网络参与者都是网上药店的潜在客户。两个处于不同时间和地域的消费者均可以在同一家网上药店购买到相同的产品，而不需要任何附加条件。

课堂思考

为何网上药店成为当今世界医药市场营销的一个必不可少的方式

在医药商务领域中，与老百姓直接相关的就是药品，有些药品必须通过医生诊疗，并在医院的药房中才能买到。但是，在我们生活中，很多时候并不是所有的药品或医疗器械的购买都需要经过医生诊疗过程。因此，在我国，人们除了在医院可以购买到相关的医疗用品外，在实体药店和网上药店均可以购买到药品、保健食品、医疗器械等医药商品。当今网络发展迅速，再加上其他商品网络销售的模式不断成熟，给医药营销带来了巨大的商机。

问题 1：在实际运营过程中，网上药店与实体药店有哪些区别？

问题 2：网上药店的优点体现在哪里？

问题 3：网上药店与实体药店有哪些关系？

二、网上药店的开办条件

作为一种特殊的商品，药品在针对个人零售时主要在医院的药房、实体药店和网上药店进行。国家药品监督管理局对药品经营者的要求特别严格，以达到从源头堵截假药泛滥的现象发生，因此网上药店的准入门槛要比一般网店高。2005年12月1日起实行的《互联网药品交易服务审批暂行规定》第九条规定了向个人消费者提供互联网药品交易服务的企业，即网上药店，应当具备以下条件：

① 依法设立的药品连锁零售企业；

② 提供互联网药品交易服务的网站已获得从事互联网药品信息服务的资格；

③ 具有健全的网络与交易安全保障措施以及完整的管理制度；

④ 具有完整保存交易记录的能力、设施和设备；

⑤ 具备网上咨询、网上查询、生成订单、电子合同等基本交易服务功能；

⑥ 对上网交易的品种有完整的管理制度与措施；

⑦ 具有与上网交易的品种相适应的药品配送系统；

⑧ 具有执业药师负责网上实时咨询，并有保存完整咨询内容的设施、设备及相关管理制度；

⑨ 从事医疗器械交易服务，应当配备拥有医疗器械相关专业学历、熟悉医疗器械相关法规的专职专业人员。

此后，国家药品监督管理部门又对《互联网药品交易服务审批暂行规定》进行了补充说明。

① 申请从事互联网药品交易服务的网站，必须是取得《互联网药品信息服务资格证书》至少期满三个月，系统运行稳定并且连续三个月内没有任何违法提供互联网药品信息服务记录的网站。

② 各级药品监督管理部门所管理的单位以及医疗单位开办的网站不得从事任何形式的互联网药品交易服务活动。

③ 从事互联网药品交易服务的网站，其申请的网站中文名称可以出现"电子商务""药品招标"的内容；申请的网站中文名称不得以中国、中华、全国等冠名，但申请的网站中文名称与申请单位名称相同的除外。

④ 已取得《互联网药品交易服务资格证书》的网站，如果互联网药品交易服务提供单位的地址、单位名称、企业法定代表人、网站中文名称、网站域名、IP地址以及涉及互联网药品交易服务范围的栏目设置发生重大变化时，应当向原受理机关提交《互联网药品交易服务项目变更表》（一式三份）。药品监督管理部门对变更事项进行审核时，不需进行现场检查。审核通过后，应将变更事项记录在《互联网药品交易服务资格证书》副本上。

⑤ 已取得《互联网药品交易服务资格证书》的企业，其所属的子公司或分公司在该企业已获批准的互联网药品交易服务网站上开展互联网药品交易服务活动的，无需向药品监督管理部门提出申请。已取得《互联网药品交易服务资格证书》的企业必须将允许使用其网站从事互联网药品交易服务的子公司或分公司的名单报原审批部门备案。

⑥《互联网药品交易服务资格证书》有效期届满需要申请换发新证的，申请单位应在国家药品监督管理部门网站在线申请，同时提交与在线申请内容一致的纸质《换发互联网药品

交易服务资格证书申请表》（附录8）一式三份，其中一份由负责审批的药品监督管理部门保存，一份由药品监督管理部门报同级信息产业部门备案，一份由申请单位留存。

⑦ 应加强对互联网药品交易服务活动的监管。对在监督检查中发现的违反法律法规规定的情况，应在《互联网药品交易服务资格证书》副本上予以记录。

如果具备了《互联网药品交易服务审批暂行规定》第九条规定的开办网上药店的条件，得到了药监局的认证标识，网上药店便可以开始营业了。

三、网上药店的开设流程

国家药品监督管理局颁布的《互联网药品交易服务审批暂行规定》中规定了网上药店的开办流程。网上开办药店的审批由省、自治区、直辖市的药品监督管理部门负责。申请人应登录省、自治区、直辖市药品监督管理局网站，在"政务服务"中点击"办事指南"，即可进行网上药店的申请（见图6-5）。网上药店的开办流程在药品监督管理局网页里即可找到（见图6-6）。

图6-5　北京市药品监督管理局网页

申请材料应完整、清晰，要求签字的须签字，逐份加盖企业公章。使用A4纸打印或复印，顺序装订成册；凡申请材料需提交复印件的，申请人须在复印件上注明日期，加盖单位公章；核对申请材料真实性的自我保证声明应有法定代表人签字并加盖企业公章。《互联网药品信息服务管理办法》第五条 拟提供互联网药品信息服务的网站，应当在向国务院信息产业主管部门或者省级电信管理机构申请办理经营许可证或者办理备案手续之前，按照属地监督管理的原则，向该网站主办单位所在地省、自治区、直辖市食品药品监督管理部门提出申请，经审核同意后取得提供互联网药品信息服务的资格。

具体申请材料如下：

1. 申请政务服务事项告知承诺书（互联网药品信息服务审批-核发）。

该承诺书申请人需要登录"省统一身份认证平台"后点击进入该事项，填写并下载打印该表格。申请时提供原件2份。填报信息与相关证照所载信息一致，真实有效，加盖企业公

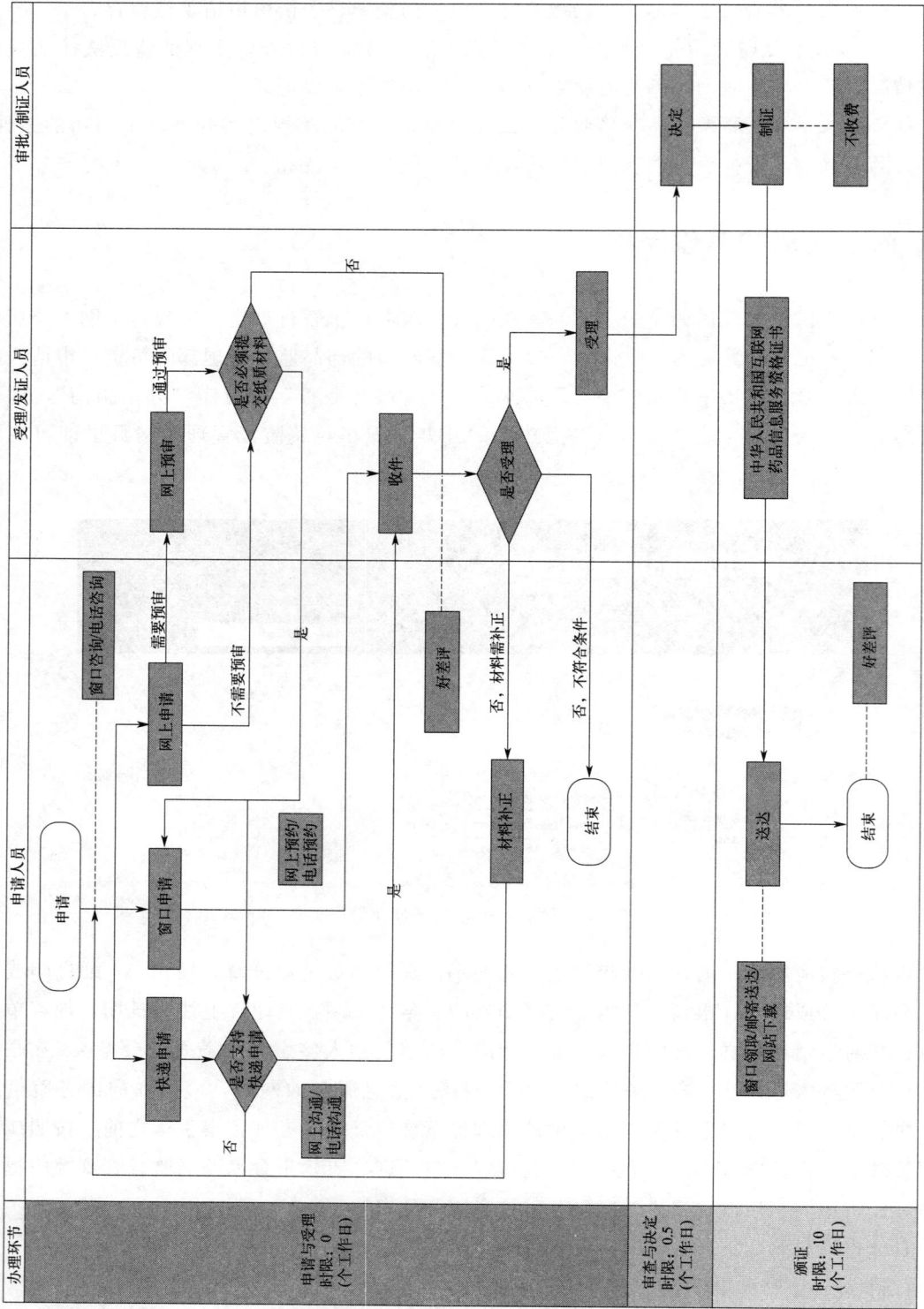

图 6-6　网上药店的开办流程

章；选择全程网办办理途径的，纸质盖章扫描上传即可。

2. 营业执照

申请人需提供营业执照正副本原件各 1 份供工作人员查验，企业持有清晰完整，加盖公章的《营业执照》复印件；A4 纸打印（线下办理）或 PDF 文件（全程网办）。

3. 网站域名注册证书

申请人需提供原件 1 份，以供工作人员查验。复印件应与原件保持一致，清晰完整，加盖公章，A4 纸打印（线下办理）或 PDF 文件（全程网办）。

4. 非经营性互联网信息服务备案说明

此为非必要材料，若有，申请人需提供原件 1 份，以供工作人员查验。复印件应与原件保持一致，清晰完整，加盖公章，A4 纸打印（线下办理）或 PDF 文件（全程网办）。

5. 电信业务经营许可证

此为非必要材料，若有，申请人需提供正本原件 1 份，以供工作人员查验。复印件应与原件保持一致，清晰完整，加盖公章，A4 纸打印（线下办理）或 PDF 文件（全程网办）。

6. 人员资格证书

经营网站的负责人和药品或医疗器械信息审核员毕业证书或网站负责人和药品或医疗器械信息审核员专业技术资格证书。

申请企业的网站负责人应当熟悉互联网监督管理的法律法规、规章规范，并具有国家认可的相关专业大专以上学历或者职称；申请企业应当至少配备 2 名熟悉药品、医疗器械管理法律、法规和药品、医疗器械专业知识，或者依法经资格认定的药学、医疗器械技术的药品医疗器械信息审核员，并具有国家认可的相关专业大专以上学历或者职称；申请人需提供原件 1 份，以供工作人员查验。复印件应与原件保持一致，清晰完整，加盖公章，A4 纸打印（线下办理）或 PDF 文件（全程网办）。

7. 网站负责人中华人民共和国居民身份证及简历

申请人需提供原件 1 份，以供工作人员查验，证件真实、清晰，且在有效期内；复印件应与原件保持一致；简历能反映从事药品互联网信息服务相关工作经历。

8. 授权委托书

授权委托书为非必要文件。当申请企业申报材料时，具体办理人员非企业法定代表人，企业应当提交原件 1 份。要求填写信息真实、清晰、完整，按要求签字并加盖企业公章。

以上各项材料均需提供原件，以供工作人员查验后复印存档。

当网上药店申报时提供的信息内容需要变更时，可登录各省、自治区、直辖市药品监督管理局网站下载变更申请表，按要求填写后在相应的办理地点办理变更事宜。

任务实施

任务描述

每组同学根据任务要求设计一家网上药店。要求从名称确定、商品选择、店铺装修等不同方面进行全面设计。

◁ 任务目标 ▷

1. 强化学生掌握网上药店的相关知识。

2. 提升学生分析网上药店策划、设计、预测的能力。

3. 使学生掌握网上药店设计的内容。

4. 使学生了解医药电商的类型，能够明确自身的职业生涯规划。

5. 加强学生在实训过程中的团队协作精神。

◁ 任务准备 ▷

1. 收集分析信息：小组各成员分别收集不同网店及网上药店的各类信息，找出每一家网店的优点和缺点并进行对比分析，从而确定自己设计网上药店的思路。

2. 确定合适的商品：调查网上药店产品销售信息，明确自己所开设的药店将面向哪些消费者。

3. 制定网上药店的各项规则。

◁ 任务实施步骤 ▷

1. 小组根据各成员收集的信息，讨论并确定网店的模式及名称。

2. 根据所确定的商品类型准备网店的设计方案，方案需包含以下内容：①网店布局装修设计；②商品展示设计；③核心商品突出设计；④购销流程环节设计；⑤售后服务环节设计。

3. 开始设计：各组成员分别对网店各个环节进行设计，然后再组合到一起，经小组讨论后修改并确定。

4. 各组撰写一份网上药店设计的实训总结。

◁ 任务评价标准 ▷

任务评价标准见表 6-2。

表 6-2　任务评价表

序号	评价点	评分项目	组内评分	组间评分	教师评分
1	名称设计	名称是否与药店功能相符合			
2	店面设计	设计风格是否与药店功能相符			
		色彩使用是否合理			
		网店首页是否能够吸引人去浏览			
		药店功能是否划分清晰明了且便于消费者查询			
		购物流程是否简单便捷			
		售后服务条款是否完善			

续表

序号	评价点	评分项目	组内评分	组间评分	教师评分
3	商品选择	商品选择是否符合药店的销售方向			
		核心商品是否突出展示			
		商品信息是否完善			
		能否提供消费者线上用药咨询			
4	营销策略体现	网店设计是否与营销策略相符合			
5	实训总结	是否对网上药店设计的各个环节进行了总结和分析			

◁ 完成任务提示 ▷

完成任务后将网店设计的各环节、各环节主要完成人清单、网店信息、实训总结提交至作业平台。

课后作业

1. 开办网上药店有哪些意义？

2. 开办网上药店应当具备哪些条件？

3. 开办网上药店的流程是什么？

4. 如果你想开办一家网上药店，你如何选择药店的模式？需要做哪些准备工作？

任务 3　网上药店药品销售

任务引入

人民日报：让网络购药更安全更便捷

2022 年 12 月 1 日，《药品网络销售监督管理办法》（以下简称《办法》）正式施行。从规定"药品网络销售企业应当按照经过批准的经营方式和经营范围经营"，到指出"通过网络向个人销售处方药的，应当确保处方来源真实、可靠，并实行实名制"，再到强调"第三方平台应当加强检查，对入驻平台的药品网络销售企业的药品信息展示、处方审核、药品销售和配送等行为进行管理"，《办法》为药品网络销售提供了更加明确的合规指引，对于进一步规范药品网络销售行为，保障网络购药安全具有重要作用。各级药品监管部门要将《办法》落到实处，全面做好药品网络销售监督管理，严查违法行为，维护药品网络销售秩序。

网上药店资质审核和销售行为监管需强化。药品网络销售主体类型多、数量庞大，推广和展示方式复杂多样，监管难度比实体药店更大。《办法》规定，"药品网络零售企业应当对药品配送的质量与安全负责""应当完整保存供货企业资质文件、电子交易等记录"。网上药店基本都有线下实体企业和仓库，加强对网上药店的资质审核和药品检查，就抓住了药品网络销售监管的"牛鼻子"。抓好药品网络销售全过程监管，确保每一笔交易有留痕、可追溯，如有违法违规问题就可以实现快速倒查。

处方药网络销售需从严、从紧管理。我国对非处方药和处方药有着严格的分类管理：非处方药使用比较安全，不需要开具处方即可出售；处方药对人体具有潜在危险，违规出售造成的用药安全风险更大，必须在医生开具处方后方可出售。《办法》规定，"处方药销售前，应当向消费者充分告知相关风险警示信息，并经消费者确认知情"；销售处方药的药品网络零售企业"相关记录保存期限不少于 5 年，且不少于药品有效期满后 1 年"。药品网络销售监管要突出处方药销售这个重点，遵循经营监管"线上线下一致性"原则，加强处方审核，严厉打击伪造处方、随意开具处方等违法违规行为。

第三方平台应担负起管理和监督责任。第三方平台面向大量消费者，进驻的药店多、药品销量大，容易出现违法违规行为。《办法》对第三方平台建立药品质量安全管理机构，配备药学技术人员，建立并实施药品质量安全、处方审核、不良反应报告等管理制度做了详细规定，并要求对申请入驻的药品网络销售企业资质、质量安全保证能力等进行审核，对销售活动建立检查监控制度等。第三方平台要完善内部管理，进一步加强专业能力建设，不断强化对进驻药店销售行为的监督，从而更好地履行平台管理责任。

药品安全关系人民群众生命健康。《办法》对药品网络销售法律责任进行了详细规定，加大了对违法违规行为的处罚力度。监管部门须坚持"以网管网"，加强药品网络销售监测，发挥技术手段在保障药品质量安全方面的突出优势，一旦发现违法违规行为，依法依规严厉查处。药品网络销售企业、第三方平台要把药品安全放在首位，落实主体责任，加强行业自律。统筹协作、共管共治，一定能持续提升药品安全治理水平，让网络购药更安全、更便捷。

基本知识

一、网上药店的常见模式

目前，我国网上药店的主要模式大致有以下几种。

（一）第三方平台模式

1. 第三方平台模式的含义

第三方平台是独立于买卖双方之外的一种中立服务组织。它为买卖双方提供交易所需的药品信息发布、在线采购、在线交易、在线支付、药品跟踪、配合地面仓储和物流等医药流通全过程的各种服务。

这是目前网上药店采用最多的模式，相对而言，它流程更少，需要投入的技术、流量等成本最低，是实现信息流、资金流、物流高度协同的完整的医药电子商务服务模式，是公开、公平、公正的网上医药交易市场。在有效促进医药产业的良性发展方面，具有较大可行性并起到不可替代的作用。

在第三方平台上，只要消费者在网上下单，网站平台就会先将不同药店、不同厂家的同一种药品进行价格比较，将性价比最高的商品为会员送货上门，网站通过成交额获取一定比例的提成。

2. 第三方平台模式的特点

（1）公平服务于购销双方　第三方平台保持中立的立场以得到参与者的信任，从而集成买方需求信息和卖方供应信息，促进买卖双方实现合作，支持交易进行。在平台上，买卖双方可以通过在线自主采购，自由竞价交易，这使得大小型企业之间实现公平竞争，为买方提供更稳定的货源保障、更低价格的药品供应信息，同时也为药品销售企业提供更多的商业机会。

（2）销售信息公开透明　第三方平台模式具备良好的信息集散功能。通过众多来自不同地区参与者的公开发布信息和集中交易，减少中间环节，降低购销成本，在保护商业机密的前提下，可根据需要对政府部门、客户各方公开，使药品购销信息公开透明。事实上，官网一般不会把销售数据全部公布出来，第三方平台则因其独立于买卖双方之外，从而保证了数据的透明。

（3）信息量大且成本低　第三方平台聚集了众多的网上药店，业务辐射面广，又有较强的业务管理能力和市场竞争能力，可以将药店信息低成本地向消费者传递。交易方不需要访问多个交易界面，只需要访问第三方平台，这样节省了大量的费用。大量卖方通过第三方平台发布信息，可以吸引更多的买方访问平台，也增加卖方的商业机会。

（4）交易过程具有公正性　交易用户在线签署具有法律效力的电子交易合同，第三方电子商务平台为交易双方保留电子交易合同三年，为交易纠纷提供第三方证据支持。

（5）操作技术先进　第三方平台的关注点不是销售药品，而在于技术服务。它融合互联网、呼叫中心、电子交易、网上支付等技术，可以为使用平台的购销双方提供功能强大、简单易用的电子商务平台。同时运用安全认证、加密传输等多重技术手段，保障用户在线交易安全可靠。同时这些都可以节约企业电子商务投入成本。

（6）服务方案具有整体性　第三方电子商务平台能够整合上下游资源，并从技术层、业务层对供应链业务提供全面支持和整体化解决方案，满足服务的不同主体的个性化需求。

（7）协助政府进行监管　药品是特殊性商品，其质量关系到人们的身体健康与生命安全。第三方平台可以为政府提供医药流通监管，协助政府针对网上药品交易过程实施全面实时监管，做到及时发现问题、及时解决问题，以保证交易过程的安全、有序，切实维护交易各方的合法权益。

（8）利于健全行业信用体系建设　通过对企业发布信息的监管和在线交易的履约情况等进行诚信企业评估服务，引导行业诚信经营，为健全行业诚信体系建设提供基本依据。

由于第三方平台本身并不面对消费者个体，因而其能够在交易过程中做到公平、公正、透明。在第三方平台上，所有的产品都会分类展示，如果消费者需要某一种产品，则通过第三方平台可以搜索到不同网店的相同产品信息，这些信息中包含有产品本身的信息、销量的多少、价格的高低、消费者的评价等。消费者可以直接在多家药店间进行比较，选择最适合自己的一家产品。因为第三方平台只是起到一个中间人的作用，不用对参与其中的任何一个药店的销售量承担责任，因而在提供这些信息的时候，平台能够获得消费者最大的信任。相反，如果是某药店官网上发布的信息，可能就不能做到完全的透明和精准，因为其中毕竟涉及了自身的利益。

（二）官网模式

官网是官方网站的简称，即药品企业的"官方"网站。采取这种模式的企业主要是开展医药电商时间较长、具有一定规模的药品企业。

开办官网模式的药店与第三方平台药店相比，事无巨细均需要关注。企业利用自己的资金、人力、物力及技术自建网店，自己运营。企业自建模式前期的资金投入非常大，网站的建立和维持、网店的宣传都是需要资金来支撑的。这种模式要求企业首先定位清楚卖什么产品，然后提高消费者的浏览量，当产品售出后，还要有完善的后续服务。从建立到被消费者认可往往需要很长时间。

这种商业运行模式下的制药企业能够最快地获取消费者对产品的反馈信息，进而指导企业的发展。因此，制药企业搭建网络平台未来将是网上药店开办的一大趋势。国内许多制药企业均已纷纷开办自己的电子商务。未来还会有更多的医药企业"挂牌"入场，通过网络迅速放量，提高制药企业的销售额。

（三）网上药店联盟模式

网上药店属于专业性很强的经营企业，只单纯地为消费者提供信息的第三方平台并不能时刻保证信息的准确性。为此，网上药店联盟模式应运而生。

这种联盟模式为确保网上药店会员单位健康、有序、规范地发展起到积极的作用。其最终目标是，通过联合的力量，促进网上药店联盟企业在竞争中取得领先地位并获得更快发展，最终促成一个稳固的药品零售新业态体系。但联盟的条件是资源互享、利益共享、风险共担。因而要有强大的技术作为支撑，这样就可以实现信息实时互联，产品信息、库存信息、线上线下销售信息、客户资源系统等均能支撑联盟成员各地随时办公的需求。

（四）合资共建模式

这是一种由网络电商企业与医药企业合作的模式，电商采取入股、参股形式加入医药企业，以谋求共同发展。这种模式是将电商在网络上的客户资源、运营经验和物流服务等优点与医药企业优质的医药资源相结合，属于互惠互利的模式，弥补了电商与药店各自的短板。

在互联网不断发展的今天，人们的生活越来越离不开网络，网上药店的前景必将是美好的。目前为止的任何一种运营模式都不是最完善的，但是随着各种相关法律的不断健全和完善，互联网覆盖的面积不断增加，任何一种经营模式都会发挥出自身的优点，在满足人们需求的基础上，提高企业的经济效益。

课堂思考

如何选择网上药店模式

网上药店虽然在成本、运营等方面都比实体药店有很大的优势，但并不是每一家网上药店都可以盈利，甚至还有许多家网上药店处于亏损的状态。如何使网上药店摆脱尴尬的境地，不仅盈利，而且还要有大的收益，是每一个从业者要认真思考的问题。

问题 1：哪些条件限制了网上药店的发展？

问题 2：每一种网店模式有哪些优点和不足？

问题 3：如何选择一种适合自己的网上药店模式？

二、网上药店销售流程

网上药店从开办到销售，整个过程如图 6-7：

在网上销售的过程中，需要药店将各个流程尽可能设计得更合理，并在销售过程中不断地完善。否则可能由于某个环节出现问题，而使得消费者的购药过程不太顺利。比如：

① 顾客收到网购的药品后，只能查看包装好坏和包装上的信息，无法对药品质量和具体来源进行判定，导致用药风险完全由顾客自行承担；

② 顾客收到网购的药品后，若存在药品配送错误、包装损坏，甚至药品质量问题，需要退换货或维权时，流程繁琐，举证困难甚至无法举证；

③ 网上远程诊疗因医生只能通过视频查看顾客病情，且因顾客不专业，无法准确表达病情或症状将导致误诊；

④ 药品是特殊商品，快递运输可能无法满足某些药品的特殊要求，且运输途中存在不受卖方和买方控制的不确定因素，或者是某些快递员缺少药品运输的相关知识。

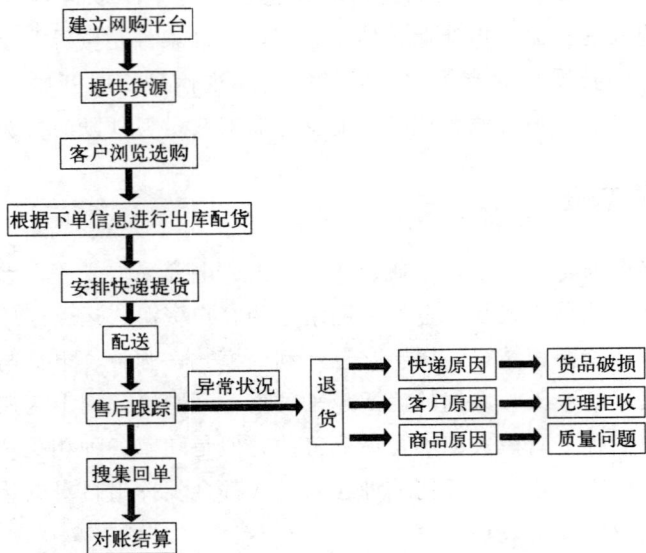

图 6-7　网上药店销售流程

以上这些，都可能为消费者的购买经历带来不愉快，甚至造成不可挽回的伤害。因此，这就需要网上药店在药品销售流程的设计和实施、各种条款的制定过程中要考虑充分，以达到整个销售环节的畅通。

目前已有公司开发了完整的智能销售系统，其中包括公司服务器、移动终端、公司区域仓储中心、公司片区智能配送点、合作药店、药店智能管理系统、药店智能药库以及药店智能发药设备等。该系统通过互联网控制药店智能药库以及发药设备，且能够将所有信息传输至公司，用于药店各种订单信息的服务。

🌐 任务实施

‹ 任务描述 ›

学生参与真实的网上药店的药品销售过程，通过参与网店维护、网页管理、网上销售、售后服务等环节的工作，掌握网上药店的整个销售过程，提升处理实际问题的能力。

‹ 任务目标 ›

1. 使学生熟悉网上药店药品销售的基本流程。

2. 通过对网上药店的经营，增强学生的网上销售能力，包括安排药品出库、物流、售后跟踪、处理药品退换货等能力。

3. 提升学生对网上药店药品准确选择的能力。

4. 提升学生的自学能力和团队协作精神。

◀ 任务准备 ▶

1. 教师随机对各组进行网上药店的分配。

2. 各组通过查阅资料、浏览网店以及实际购买药品等方式对网上药店的经营流程进行熟悉。

3. 各组同学从消费者的角度分析网上药店的销售流程的优点和缺点。

◀ 任务实施步骤 ▶

1. 各组首先熟悉自己网上药店的销售流程和产品信息。

2. 各组按照网店的要求进入不同的销售环节，并实际参与各环节的工作。

3. 各组至少各参与 5 次退货和换货的售后服务工作，记录退换货的原因和处理意见，并写出感受。

4. 各组根据实训期间的感受，为所在的网上药店提供至少 5 条意见或建议。

5. 各组撰写一份实训总结。

◀ 任务评价标准 ▶

任务评价标准见表 6-3。

表 6-3　任务评价表

序号	评价点	评分项目	组内评分	组间评分	教师评分
1	参与销售	是否按药店规定参与各环节工作			
2	售后服务	是否按数量完成任务			
		是否清楚记录退换货的原因和处理意见			
		是否获得消费者的满意评价			
3	意见或建议	是否按数量提供意见和建议			
		意见或建议是否被网上药店采纳			
4	撰写实训总结	是否按要求对各项工作环节进行了总结			

◀ 完成任务提示 ▶

各组完成任务后将实训总结提交至作业平台。

✐ 课后作业

1. 网上药店的常见模式有哪些？

2. 网上药店的销售流程是什么？

复习思考

据不完全统计，目前全国有多家大型连锁零售药店的发展正处于停滞状态。很多实体药店由于租金压力、顾客稀少、利润微薄等原因而难以为继、陆续闭店。某药店由于附近的村子近期正在进行拆迁，导致这里的顾客量锐减，几周之内，原本的货柜、药品及工作人员迅速撤出，并最终闭店。开在社区附近的药店，由于不能使用医保卡，导致买药的人很少，因为有医保的都去社区医院开药，只有急用或是路过的人偶尔会买点。成本上升也是许多药店无法维系的一个主要原因，特别是店面租金，每年平均以 20%～30% 的速度增长，这都大大加重了实体药店的成本负担。与此相反，近年来，网上药店却风生水起，以至于有些大型连锁药店都开办了网上药店。

但是，网上销售处方药可能存在一些问题。一位多年从事网上平台售药的管理人士认为，线上销售处方药还是个新鲜事物，最大的软肋是其安全问题不能得到保障，如采购、物流、配送的管理和监控，对于虚拟网络来说很难监管，不像线下的实体药店和医院，由药监局通过一定程序和手段去监管和审查。尤其是处方药，需要医生与患者面对面诊疗才能开具，仅凭网上简单沟通是很难准确把握患者病情对症下药的。特别是有些网上药店在销售处方药时，根本就不对购买者的处方进行认真的核对。

出现这种现象的原因是什么？如果你是一家连锁药店的管理者，你将如何面对眼前的困境？你也会开办网上药店吗？你怎么去经营管理这个网上药店？如果你是药品监管部门，你如何处理网上处方药销售出现的问题？能否让药品的销售模式再回到全部为实体店的状态？

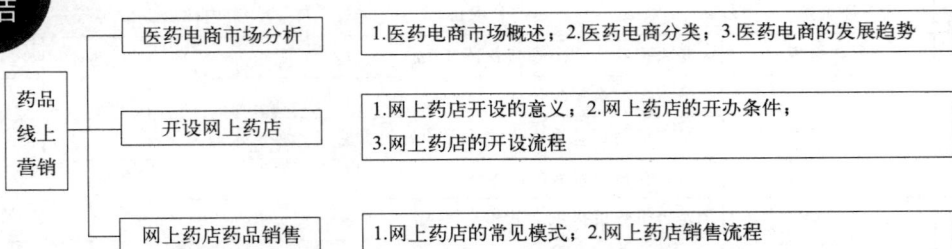

项目小结

药品线上营销

- 医药电商市场分析 —— 1.医药电商市场概述；2.医药电商分类；3.医药电商的发展趋势
- 开设网上药店 —— 1.网上药店开设的意义；2.网上药店的开办条件；3.网上药店的开设流程
- 网上药店药品销售 —— 1.网上药店的常见模式；2.网上药店销售流程

附录 1：投标书（格式）

致：××区采购招标中心

_____（投标人全称）法定代表人或全权代表_____

（姓名）参加贵方组织的招标编号为_____的《××区 20××年度药品招标采购项目》项目招标的有关活动并投标。为此：

1. 我们愿意遵照招标文件中的要求递交投标文件，报价明细见投标一览表。

2. 我们保证及时足额地交纳招标文件规定的各项费用。

3. 我们已详细阅读招标文件及修改通知的全部内容，完全理解并同意放弃对这方面的不明及误解的权力。

4. 我们同意提供按照贵方要求的与其投标有关的一切数据或资料，完全理解贵方不一定接受最低价的投标或收到的任何投标。

5. 如果我们的投标文件被接受，我们将严格遵照招标文件中规定的各项规定和供货清单的要求，保质、保量地按期履行合同。

6. 我们同意投标文件的有效期限为开标后 90 天的规定，如果我们中标，有效期将延至合同终止时。

7. 我们愿意按照《民法典》相关规定履行我方的全部责任。

所有有关本次投标、开标的函、电，请按下列信息办理：

投标人名称：_____

地　　　址：_____

电　　挂：_____　传　真：_____

电　　话：_____

投标人名称：_____（公章）

法定代表人或全权代表职务和姓名（印刷体）：_____

法定代表人或全权代表签字：_____

年　　　月　　　日

附录 2：投标一览表（格式）

投标人名称：＿＿＿＿＿＿＿＿＿＿＿＿＿（公章）＿＿ 招标编号：＿＿＿＿＿＿＿

投标药品品种总计：＿＿＿＿种

药品 编号	药品 商品名	品牌	单价(元)	生产厂家	每件数量	生产企业授权书	备注

法定代表人或全权代表签字：＿＿＿＿＿＿＿＿＿＿ 日期：＿＿＿＿＿＿＿

附录 3：药品简要说明一览表（格式）

投标人名称：＿＿＿＿＿＿＿＿＿＿＿＿＿（公章）＿＿ 招标编号：＿＿＿＿＿＿＿

药品编号	药品名称		生产厂家	剂型	规格	有关药品质量、价格等方面的 简要说明
	通用名	商品名				

药品编号	药品名称		生产厂家	剂型	规格	有关药品质量、价格等方面的简要说明
	通用名	商品名				

法定代表人或全权代表签字：_____ 日期：_____年____月____日

附录 4：法定代表人授权书（格式）

致：××区采购招标中心

现委派_____参加贵部门组织的招标编号为_____的《××区 20××年度药品集中招标采购项目》的招标活动，全权代表我单位处理投标活动中的一切事宜。

全权代表身份证复印件粘贴处

全权代表姓名：_____ 性别：_____ 年龄：_____

职　　　务：_____ 身份证号码：_____

通 信 地 址 ：_____

邮 政 编 码 ：_____ 传真：_____

电　　　话 ：_____

本授权有效期：　　年　　月　　日至　　年　　月　　日

投标人名称：_____（公章）

法定代表人：_____（签章）

年　　月　　日

注：若法定代表人签署投标文件并参加投标，则不需要提供此授权书。

229

附录5：生产厂家产品授权书（格式）

致：××区采购招标中心

作为设在_____（授权企业地址）的_____（生产企业名称）在此授权于_____（被授权公司地址）的（被授权公司名称）就附表中所列的药品（品种号、药品名称、剂型规格）代表我公司参加招标编号为_____的《××区20××年度药品集中招标采购项目》投标工作。该被授权公司就此次招标而提交的各项资质证明文件以及在本招标采购周期内的药品供应由我方对货源保障及产品质量承担全部责任。

该授权书声明如下：

1. 授权书效期在招标采购周期内有效；

2. 在采购周期内无国家或省级发改委、物价部门批文，我公司授权药品价格不予调整；

3. 本授权书空白部分手写及打印均可，出现任何一处涂改现象即视为无效；

4. 本授权书加盖公章及法定代表人签字后生效（复印件无效）。

附表：授权代理的药品列表

1	2		3	4	5	6	7
招标序号	药品名称		剂型	规格	单位	零售价（元）	批准文号
	通用名	商品名					

授权单位名称（加盖公章）：_____

法定代表人（签字）：_____

联 系 电 话：_____

签 署 日 期：　　　　年　　　月　　　日

附录6：药品集中采购自行配送承诺书（格式）

我单位_____（投标人名称）是合法注册的药品生产企业。现承诺：我单位参加药品集中采购中标的药品，由我单位自行承担对采购单位的配送和结算工作。我方保证严格按照药品集中采购规则及合同要求，及时供货并提供全面、完善的服务。如配送不及时，愿赔偿给采购单位带来的一切经济损失。

本承诺书有效期限为：_____年___月___日至_____年___月___日。
注：承诺书有效期限最少一年。

如药品交易合同规定的采购期限超过本承诺书有效期限，我公司承诺本承诺书的有效期限无条件延长到采购期限届满。

药品配送企业名称（盖章）：_____
联系电话：_____
法定代表人或授权代表（签字）：_____
日期：_____年___月___日

附录7：药品集中采购另委托配送承诺书（格式）

我单位_____（投标人名称）是合法注册的药品生产企业，现委托_____（配送企业名称）承担对_____（投标人名称）中标的药品对采购单位的配送工作。_____（配送企业名称）是合法注册的药品批发企业，现在此承诺：_____（投标人名称）中标的药品，对采购单位的配送工作，双方就药品配送事宜，另行订立协议确定，与采购单位无关。我们双方保证严格按照药品集中采购规则及合同要求，及时供货并提供全面、完善的服务。如配送不及时，愿赔偿给采购单位带来的一切经济损失。

本承诺书有效期限为：_____年___月___日至_____年___月___日。
注：承诺书有效期限最少一年。

如药品交易合同规定的采购期限超过本承诺书有效期限，我公司承诺本承诺书的有效期限无条件延长到采购期限届满。

投标人名称（盖章）：_____
药品配送企业名称（盖章）：_____
法定代表人或授权代表（签字）：_____
日期：_____年___月___日

附录 8：《换发互联网药品交易服务资格证书申请表》

原互联网药品交易服务资格证书编号：

换发互联网药品交易服务资格证书申请表

申请单位（盖章）：_____

申 请 网 站 名 称：_____

受 理 机 关 ：_____

审 查 机 关 ：_____

国家食品药品监督管理局制

申请单位名称			
申请网站名称			
原互联网药品交易服务资格证书编号			
互联网药品交易服务的范围			
申请单位地址（详细填写）			
申请单位企业法定代表人			

邮编		电话（区号）		传真		E-mail	

网站主服务器所在地地址/域名/IP 地址（详细填写）	
网站其它服务器所在地地址/域名/IP 地址（详细填写）	

	姓名	联系电话	传真	E-mail
网站负责人				
网站联系人				

熟悉药品管理法律、法规和药品知识的人员情况			
姓名	毕业学校/专业	对药品管理法律、法规和药品知识的熟悉程度	技术职称
		熟悉 □　　　一般 □	
		熟悉 □　　　一般 □	
		熟悉 □　　　一般 □	
互联网药品交易服务企业的上级单位或投资者名称			
互联网药品交易服务企业的上级单位或投资单位的地址（详细填写）			

邮编		电话 （区号）		传真		E-mail	
网站的栏目设置和主要内容							
食品药品监督管理部门意见	（受理意见） （加盖公章） 年　　月　　日						
食品药品监督管理部门意见	（审核意见） （加盖公章） 年　　月　　日						

填表人：　　　　　　　　　　　　　　　填报日期：　　　年　　月　　日

附录 9 《互联网药品信息服务核发申请表》

互联网药品信息服务核发申请表

联系人	姓名	身份证件类型	证件号	电话	传真	电子邮件
		身份证				

<table>
<tr><td rowspan="20">主体信息</td><td colspan="2">企业名称</td><td colspan="4"></td></tr>
<tr><td colspan="2">住所</td><td colspan="4">（严格参照《营业执照住所地址填写》）</td></tr>
<tr><td colspan="2">社会信用代码</td><td colspan="4"></td></tr>
<tr><td colspan="2">服务性质</td><td>非经营性</td><td></td><td>经营性</td><td></td></tr>
<tr><td colspan="6">法定代表人</td></tr>
<tr><td colspan="2">姓名</td><td></td><td>联系电话</td><td colspan="2"></td></tr>
<tr><td colspan="2">身份证件类型</td><td>身份证</td><td>证件号</td><td colspan="2"></td></tr>
<tr><td colspan="6">网站负责人</td></tr>
<tr><td colspan="2">姓名</td><td></td><td>联系电话</td><td colspan="2"></td></tr>
<tr><td colspan="2">身份证件类型</td><td>身份证</td><td>证件号</td><td colspan="2"></td></tr>
<tr><td colspan="6">药品信息审核员</td></tr>
<tr><td colspan="2">姓名</td><td colspan="2">毕业学校</td><td colspan="2">专业</td></tr>
<tr><td colspan="2"></td><td colspan="2"></td><td colspan="2"></td></tr>
<tr><td colspan="2"></td><td colspan="2"></td><td colspan="2"></td></tr>
<tr><td colspan="2"></td><td colspan="2"></td><td colspan="2"></td></tr>
<tr><td></td><td>网站名称</td><td colspan="4"></td></tr>
<tr><td></td><td>非经营性互联网信息服务备案编号</td><td colspan="4"></td></tr>
<tr><td></td><td>电信业务经营许可证编号</td><td colspan="4"></td></tr>
<tr><td></td><td>网站主服务器域名</td><td></td><td></td><td></td><td></td></tr>
</table>

附录 10 《互联网药品信息服务项目变更表》

证书编号： （省、自治区或直辖市）-非经营性/经营性-20＊＊－＊＊＊＊

互联网药品信息服务项目变更表

申请单位名称(盖章)：＿＿＿＿＿＿＿＿＿＊＊＊＊公司（盖章）

申 请 网 站 名 称：＿＿＿＊＊＊（与互联网药品信息服务资格证书一致）

申 请 日 期：＿＿＿＿＿＿＿＿＿＿＿＿＿

国家食品药品监督管理局制

	变更前(与互联网药品信息服务资格证书一致)	变更后(变更哪个栏目填写哪个栏目)
互联网药品信息服务单位名称	＊＊＊＊公司	
网站名称	＊＊＊	
网站主服务器所在地地址	＊＊＊省＊＊＊市＊＊＊区＊＊＊号	
网站主服务器域名	＊＊＊＊＊＊＊＊	
网站主服务器 IP 地址	＊＊＊＊＊＊＊＊＊＊＊	
网站其他服务器所在地地址		
网站其他服务器域名		
网站其他服务器 IP 地址		
法定代表人	张＊＊	
网站负责人	张＊＊	
单位地址	＊＊＊省＊＊＊市＊＊＊区＊＊＊号	
非收费栏目和主要内容	1. 栏目名称:栏目具体内容 2. 栏目名称:栏目具体内容	
收费栏目主要内容		
食品药品监督管理部门意见		

填表人：张＊＊　　　　　　　　　　填报日期：　　　年　月　日

参考文献

[1] 何勤，汪俊，裴学军，等．医药营销实战［M］．北京：中国经济出版社，2023．

[2] 全国食品药品职业教育教学指导委员会，国家药品监督管理局高级研修学院组织编写．医药市场营销实务［M］．北京：中国医药科技出版社，2021．

[3] 王成业，邹旭芳．药品营销［M］．2版．北京：化学工业出版社，2015．

[4] 鄢圣安．OTC医药代表药店开发与维护［M］．北京：中华工商联合出版社，2014．

[5] 大卫·科利尔，杰伊·弗罗斯特．医药代表实战指南［M］．北京：电子工业出版社，2013．

[6] 康震，吴鹏，张旭．像医生一样思考：专业医药代表从入门到进阶［M］．北京：化学工业出版社，2013．

[7] 吴锦．药店经营与管理实用技术［M］．杭州：浙江大学出版社，2012．

[8] 高琳．医药销售技巧［M］．北京：北京理工大学出版社，2011．

[9] 万春艳．药学服务技术［M］．北京：化学工业出版社，2010．

[10] 乔德阳．实用医药市场营销技术［M］．北京：化学工业出版社，2009．

[11] 马清学．医药营销实训［M］．北京：中国劳动社会保障出版社，2006．

[12] 姬涛，凌云．医药代表实战宝典［M］．北京：海洋出版社，2002．